駿台受験シリーズ

国公立標準問題集
CanPass
現代文

清水正史・多田圭太朗　共著

問題編

駿台文庫

目次

◆評論

◆随筆

◆小説

1

次の文章を読んで、後の問いに答えなさい（設問の都合で、傍点や小見出しを省いたところがある）。

数年前に、メディアが凄《すさ》まじい医療機関バッシングを展開した医療事故事件報道がありました。そのときの「世論」の形成について、小松先生(注1)はこう書いています。

「記者が、責任の明らかでない言説を反復しているうちに、マスコミ通念が形成される。これが『世論』として［キンカギョクジョウ］(a)になる。この段階で反対意見をだそうとしても、メディアは取り上げようとしない。（……）記者は詳しく調査することも、反対意見を吟味することもなく、また反対意見が存在することを示すことすらせず、同じような報道を繰り返す。

これは暴走といってよいと思う。なぜ『暴走』かというと、しつこいようだが、この過程に個人の責任と理性の関与、すなわち、自立した個人による制御が及んでいないからである。」

このときの洪水的な医療機関バッシング報道には、「私が最終的にこの報道の責任を負う」と言う個人がどこにもいませんでした。記者たちは先行する誰かの記事を参照して記事を書き、その参照された元の記事もまた、それに先行する類似の記事の文体や「切り口」を参照して書かれていました。そういう無限参照の中で、「定型」は形成されます。

これはほんとうにそうだと思います。僕のところにも、よく取材が来ますけれど、取材しに来るライターたちのうちで、「私は［A］的にこういうことを見聞したのですが、先生はどうお考えになりますか？」というふうに疑問を向ける人はまずいません。彼ら彼女らはほぼ例外なく、「……と世間では言われていますけれど、先生はどうお考えになりますか」と訊《き》いてくる。

週刊誌や月刊誌の記者の場合だと、他社の誌面をその「世間」の証拠に示すことさえあります。他社の雑誌記事を示して、「世間ではこんなことが起きているらしいですが……」と、僕のコメントを取りに来る。具体的現実そのものではなく、「報道されているもの」を平気で第一次資料として取り出してくる。僕はこれがメディアの暴走の基本構造だと思います。

メディアの「暴走」というのは、別にとりわけ b［ジャアク］なジャーナリストがいるとか、悪辣《あくらつ》なデマゴーグ（注2）にメディアが翻弄《ほんろう》されているとかいうことではありません。そこで語られることについて、最終的な責任を引き受ける生身の個人がいない、「［B］」ことの帰結だと僕は思います。

「どうしてもこれだけは言っておきたい」という言葉は決して「［C］」したりはしません。［C］したくても、自分の生身の身体を「担保」に差し出しているから、制御がかかってしまう。真に個人的な言葉には制御がかかる。だって、外圧でつぶされてしまったら、あるいは耳障りだからというので聴く人が耳を塞いでしまったら、もうその言葉はどこにも届かないからです。

だから、ほんとうに「どうしても言っておきたいことがある」という人は、言葉を選ぶ。情理を尽くして賛同者を集めない限り、それを理解し、共感し、同意してくれる人はまだいないからです。当然ですね。自分がいなくても、自分が黙っても、誰かが自分の代わりに言ってくれるあてがあるなら、それは定義上「自分はどうしてもこれだけは言っておきたい言葉」ではない。「［D］」というのは、ここで語る機会を逸したら、ここで聞き届けられる機会を逸したら、もう誰にも届かず、空中に消えてしまう言葉のことです。そのような言葉だけが語るに値する、聴くに値する言葉だと僕は思います。

逆から言えば、仮に自分が口を噤《つぐ》んでも、同じことを言う人間がいくらでもいる言葉については、人は語るに際して、それほど情理を尽くす必要がないということになる。言い方を誤っても、論理が破綻《はたん》しても、言葉づかいが汚くても、どうせ誰かが同じようなことを言ってくれる言葉であれば、そんなことを気にする必要はない。「暴走する言説」というのは、そのような「誰でも言いそうな言葉」のことです。

ネット上に氾濫《はんらん》する口汚い罵倒《ばとう》の言葉はその c テンケイ です。僕はそういう剣呑《けんのん》(注3)なところにはできるだけ足を踏み入れないようにしているのですけれど、たまに調べ物の関係で、不用意に入り込んでしまうことがあります。そこで行き交う言葉の特徴は、「個体識別できない」ということです。「名無し」というのが、2ちゃんねるでよく用いられる名乗りですけど、これは「固有名を持たない人間」という意味です。ですから、「名無し」が語っている言葉とは「その発言に最終的に責任を取る個人がいない言葉」ということになる。

僕はそれはたいへん危険なことだと思います。攻撃的な言葉が d ヒョウテキ にされた人を傷つけるからだけではなく、そのような言葉は、E 発信している人自身を損なうからです。だって、その人は「私が存在しなくなって誰も困らない」ということを堂々と公言しているからです。「私は個体識別できない人間であり、いくらでも e ダイタイ 者がいる人間である」というのは「だから、私は存在する必要のない人間である」という結論をコロラリー(注4)として導いてしまう。

そのような名乗りを繰り返しているうちに、その「呪《のろ》い」は弱い酸のようにその発信者の存在根拠を溶かしてゆきます。自分に向けた「呪い」の毒性を現代人はあまりに軽んじていますけれど、そのような呪詛《じゅそ》を自分に向けているうちに、人間の生命力は確実に衰微《すいび》してゆくのです。「呪い」の力を侮《あなど》ってはいけません。

同じことがメディアの言葉についても言えると僕は思っています。F メディアが急速に力を失っている理由は、決して巷間《こうかん》伝えられているように、インターネットに取って代わられたからだけではないと僕は思います。

(内田樹『街場のメディア論』より)

（注）1 小松先生――小松秀樹氏。臨床医の立場から日本の医療問題に関して積極的な発言を行っている。

2 デマゴーグ――デマを政治の手段として用いるような煽《せん》動政治家。

3 剣呑な――危険な感じがして、不安を覚えるさま。

4 コロラリー――容易に引き出せる結論。必然的な結果。

問一 a～eの［　］の中のカタカナを漢字に直しなさい。

問二 ［A］に入る語として適切なものを次から選んで記号で答えなさい。

ア 個人　イ 心情　ウ 公式　エ 社会　オ 間接

問三 ［B］、［C］、［D］はそれぞれ、本文の語句の引用である。それらに入る語句を本文中より抜きだして答えなさい。ただし、［B］は二十字以内、［C］は二字以内、［D］は八字以内である。

問四 傍線部E「発信している人自身を損なう」とはどういう意味か、本文の表現を用いて六十字以内で説明しなさい。

問五 傍線部F「メディアが急速に力を失っている理由」について、筆者はなぜ、メディアが急速に力を失ったと考えているか。その理由を本文全体を踏まえて七十字以内で説明しなさい。

2

次の文章を読んで、後の問に答えよ。

異文化を体験するとは、本質的にはどういうことでしょうか？　それは、異質な時間と空間を体験することにほかなりません。

異文化の空間が違うのはいわば当たり前といえるかもしれませんが、時間が異質だと言うのは、別に「時差」のことを指しているわけではありません。時間の認識とか感覚に違う面があることを意味します。

たとえば、(1)私たちがいま普通に認識している近代的な時間は、「時計の時間」ということができます。昨日から今日へ、今日から明日へ、限りなく直線的に前に前に進む時間で、限りがありませんし、引き返すこともできません。その近代的な時間を生きる私たちの生活も仕事も、引き返すことが出来ない、前進するしかしようがない時間の中にあるわけです。

しかし、古代ギリシアや古代インドでは、明らかに時間は違った流れ方をしていました。古代ギリシアでは、時間は振り子のように行っては戻るもので、繰り返すものと考えられていました。また、古代インドの時間は円環的にぐるりと回ってくるものでした。この二つの時間の考え方からは、時間が繰り返すものであるために、何らかの意味で人生にも繰り返しがきく、引き返せるという感じ方が芽生え、それが古代ギリシアや古代インドの文化に穏やかさと悠久のイメージを与えているように思います。

時間が繰り返すという考え方は同時に、必ず始まりと終わりがある、とりわけ「時間が一度終わってしまう」という発想を芽生えさせます。この発想はキリスト教の「最後の審判」を預言する終末論に典型的な形で出てきています。仏教でも、五六億七〇〇〇万年という時間が過ぎると登場してきて救済をする未来仏、弥勒菩薩《みろくぼさつ》について語られていますが、それはやはり終末論と言っていいでしょう。

古代ギリシアや古代インドの時間認識は、実は近代的な時間認識の中にも存在しないわけではありません。

現在、暦では確かに多くの国で西暦が採用されていますが、タイなどの仏教国では仏陀《ぶっだ》が亡くなってからの年月（仏暦）でも数えていますから、二〇世紀末といった数え方とは違う時間認識があるわけです。また日本にも皇紀何千年という言い方がかつてはあり、いまでも使われている元号は、明治以降は時間を天皇の在位期間で区切る考え方です。天皇が亡くなると日本の時間は一応そこでとぎれて、次の天皇が即位するとまた新しい時間が生まれてくる。いわば、天皇の生命と時間の持続とが重ねられているわけです。

王の身体がその国の時間を支配している元号のような考え方は、国家や社会の生命は王の生命と同義である「王の身体説」に基づくものですが、こうした考え方は現代世界でも比較的力を持っている考え方です。たとえばタイの王様が八〇年代初めに心臓病でかなり重態になられたことがあったのですが、その時タイの株価が下がりました。それは多くの人が王の病気でタイの国力が弱ると感じたということなのです。現代風に説明するなら、王がいるからタイ社会は安定している、王がいなくなったら社会は混乱しタイ経済が危なくなる（したがって株価は下がる）ことなのですが、いずれにせよ王の身体説はまだ力を持っていると見ることができるのです。日本でも昭和天皇の病気を国中で心配したことを鮮やかに思い出しますが、そこにはやはり「王の身体説」が働いていた面があると思います。王の身体の如何《いかん》は国と国民の運営に重なるという考え方です。

ですから、現代の日本や経済発展したタイ社会の現在を見ると、これは近代社会であり人々は近代の時間を生きていると思いますが、日本にもタイにも(2)近代的時間とは別のいわば象徴的な時間があり、二通りの時間が流れているとみなすことができると思います。日本とタイ以外の多くの文化でもそれを見出《みいだ》すことはできるでしょう。そして、近代的時間と違ったもうひとつの時間認識を生み出したものこそがその地域や社会固有の文化なのですから、その文化の時間を知ることが、異文化理解のうえでも非常に重要なことになるわけです。

異文化を体験し、そこで時間がさまざまに流れている、日本の日常生活とは時間の流れ方が違っていると気づくことは、異文化理解のためだけでなく、私たちが自分の人生を生きていくうえでも非常に重要なことのように思います。

たとえば場所が違えば社会的な時間のありようからして違います。昔はよく「タイ時間」などと言って、約束した時間に二時間は遅れていかないと何も始まらないとか言われたものでした。「ブラジル時間」とか「メキシコ時間」とか、同じような言い方が世界各地についてあったものです。タイ時間などは現在のタイのような経済発展の社会では徐々になくなりつつあると思われますが、香港に行ってもタイに行ってもスリランカに行っても、食事時間というごく基本的なものからしてそれぞれ日本とは違うことに気がつきます。そしてそれが各社会を実際に動かしているわけですから、時間が各文化の中でどうなっているのかを学ぶことが非常に重要になってくるのです。

しかし、ここで私自身が経験し、また貴重なことと感じる異文化における時間の流れ方の意味ということでお話ししておきたいのは、「夕刻」という時間についてです。一日の中で昼はおわったがまだ夜にはならない夕刻という、狭間《はざま》であり一種の境界である時間は、仕事と憩いの、公と私の境目の時間に当たります。よくホテルでは、ラウンジでピアノが流れる「ハッピー・アワーズ」とか「カクテルの時間」を設けていますが、夕刻を過ごすのにちょっとした儀式があって、その時間を上手《うま》く間をもたせて夕食につなげる工夫をしています。

それは伝統的な社会でも同じで、タイやスリランカでは、夕方には多くの人々は仕事を終えて、夕食が始まる前にお寺に行き、お花とか水を捧《ささ》げます。スリランカの仏教徒の間ではそれを「ギランパサ（夕方の水かけ儀式）」と言い、サリーに身をつつんだご婦人たちを中心に、男性、老人、子どもたちが手に手に水差しと花を持って集まり、僧による読経を少し聞いた後、「サートゥ」と唱えつつ合唱しながら、菩提樹《ぼだいじゅ》や仏塔に花を捧げ、水を振りかけるのです。スリランカの仏教徒は、この小一時間ほどの夕べの儀式を終えて初めて、「ビジネス・アワー」とは違った、私的な夜の時間を迎えていました。私もコロンボにいるときは、よくこの時刻にお寺に出かけギランパサに参列しました。それはまことに充実した夕刻のひとときと感じられました。

日本からアジアのさまざまな社会に行って、人々がそういう夕べの儀式を行なっているのに接すると、私自身何かほっとするものを感じます。

私たちの現代日本社会は、のべつまくなしに日常の仕事の時間が全体を覆っており、朝起きてから夜寝るまで、(3)「境界の時間」がどこにも設定されていません。人生という視点から見ても、たとえば成人式などの意義はなくなっています。「成人の日」はありますが「境界の時間」を過ごす日ではもはやありません。結局、現代の直接的な時間に裂け目を作る装置がないために、日本社会はゆとりのない、緊張ずくめの社会になってしまっているとも感じられるのです。だからスリランカに行ってギランパサを見たり、夕刻の紅茶の時間を過ごしたりすると、ほっと充実した気持ちになるのです。

日本でも近代以前には生活の中に「境界の時間」にあたるものが組み込まれていたのですが、近代化と都市化のプロセスの中でほとんど失われてしまいました。今では異文化に接することによって、その中に自文化にないものを見つけていくしかなくなっているわけです。

異文化を理解することの意義は、ひとつには自分たちにないものをその中に発見して、それが自文化ではどうしてなくなったんだろうとあらためて考えさせずにおかないところにもあるように思えます。これは異文化が単にもの珍しい存在というだけではなく、自文化を見直す機会としてもあるということです。また、私たちの時間は、近代的な時間に支配されてしまっているのですが、異文化に接することによって違う時間があることを発見することができます。違う時間に接することで、事物を視《み》る眼《め》が硬直せず、緊張しきった心が穏やかになり、豊かになるはずです。あるいは自分たちが生きる意味も、異文化と出会い、自文化を捉《とら》え直す作業の中で見出されるのではないでしょうか。

（青木保『異文化理解』による）

問一　傍線部分（1）「私たちがいま普通に認識している近代的な時間」とは、どのような時間か、述べよ。

問二　傍線部分（2）「近代的時間とは別のいわば象徴的な時間」とは、どのような時間か、述べよ。

問三　傍線部分（3）「境界の時間」は、どのような働きがあるのか、述べよ。

問四　異文化を体験することには、どのような意義があるのか、本文の趣旨に沿って述べよ。

3

次の文章を読んで、後の問いに答えよ。

充分な機能を実現できない下肢をモビール・スーツでつつみ、円滑な歩行を可能にしたとする。このような[a]ホウトが手に入るにいたることは、身体にかんするひとの理解を本質的に更新するものとなるのだろうか。ことがらのいくつかの側面から考えなおしてみたい。

「生まれたときは四本足で、長じては二本足となり、老いてのちは三本足となるものはなにか」。答は人間である。スフィンクスの謎かけにすでにあらわれているように、遙《はる》かむかしから人間は、加齢による歩行困難をおぎなうすべを知っていた。杖《つえ》の使用がそれである。それでは杖とはなにか。あらためて考えてみる。

杖はとりあえず「道具」であり、「歩行」を補助する用具である。①道具として杖は、とはいえ、その使用が常態化し、その操作に習熟するとただちに、端的に身体の延長となる。杖を使用しはじめた老齢者はおそらく、最初は手のひらに接する握りの部分で路面の凹凸を感知するだろう。おなじ杖を常用するにつれ、老人はやがて杖の先端部分そのもので道路の[b]ビサイな変化を感受するにいたるはずである。私たちが通常、靴裏それ自体で路面のようすをとらえることがみとめられるなら、杖の先にまで感覚が延長する事態を否定する根拠は存在しない。常用される杖は文字どおり、その使用者の身体の一部なのである。

杖の使用は、けれども、それ自身やや特殊な例ではないだろうか。そう問いかえす論者もありえよう。それでは、いま言及した靴の場合はどうだろうか。ひとはふつうの場合でも、とりあえずは身体にとって外的な道具を使用し、それに依存して歩行している。逆に裸足で過ごすことが通例である文化[c]ケンでは、足の裏が強化されて、それ自身が歩行のために特化した道具として形成されてゆくことだろう。たとえば麦踏みのケースでは、私たち自身もじぶんの足裏をむしろ道具として意識しうるように、裸足に慣れた歩行者にとっては、足の裏自身が「靴」に替わる「道具」なのである。道具を使用することは、身体それ自身を道具とすることとうらはらである。どちらの場合でも、②身体それ自体にとってはとりあえず端的に外的なかたちで導入される道具が、あるいは③事後的に外的な道具としても意識されうる身体の部位が、歩行という人間の基本的なふるまいにかかわっている。

歩行という基本動作には、道具的な存在のなかだちが必要である。どうしてだろうか。④言語的には自動詞とされる「歩く」という動詞は、かえって他動詞にほかならないからである。あるいは、「歩く」という動作は端的に自己原因的で自発的なふるまいではなく、その実現においてかならず外界との交渉を前提としているからにほかならない。身体と外界の接触面が、とりあえず「中間項」をかたちづくる「道具」として現象するのである。

歩行は不可避的に環境の内部で「外的」に実現され、歩くことでひとはあらかじめ「みずからの外で」生きている。歩行そのものにおいて、身体の内的環境とその外的環境が交渉し、交叉《こうさ》する。交錯する内外はすでに、固定的に境界づけられた領域ではありえない。

典型的な場合を考えてみる。ひとが歩行するのは、ふつうなんらかの道路であろう。たとえばひとは通常、水面を歩行することはできない。比喩《ひゆ》的な言いかたをべつにすれば、空中を歩くこともできない。氷上を歩むことも、多くのばあい困難である。水面は下肢が沈みこまずに歩くのに充分な抵抗を示さず、空中では（大気と四肢との）相互作用が歩行にとって必要な強度を与えない。氷には歩みを保証する摩擦が不足している。路面の抵抗と摩擦が道路面と足との相互作用を可能にしているのである。歩行とは、地面にはたらきかけることであり、大地からはたらきかけられることにほかならない。「歩く」とはその意味で他動詞であり、潜在的には（フランス語文法の用語でいえば）再帰代名詞をともなう相互的な動詞である。大地と身体とのあいだの交渉を示す、再帰的な動詞なのだ。

歩行は部分的にはかならず「外的」に実現される。道を歩くときひとは、自己の内部に閉じこもることはできない。身体の内部に閉ざされていることもできない。歩行においてひとは自分の外部へと出て、世界へと踏みだしており、自己のふるまいを外部的なしかたで実現している。歩くことそれ自体が、人間が世界内存在であることをあかし、身体であることがそれじしん世界との交渉であることを証《あか》しだてているのである。身体に内部が存在するとしても、それは外部とのかかわりと交錯においてしか存在しない。

モビール・スーツに支えられて可能となる歩行は、そのかぎりでは特殊な事例ではない。そのケースが可視的にするのは、歩行に不可避的にまつわる外部性であるにすぎない。車椅子《いす》を使用した移動がすでにそうであるように、現実的な問題は、移動を円滑にする環境の提供である。環境の整備はそしてそれ自体、そもそも道を拓《ひら》き、路面を平らかにする作業の延長上にある。「環境」ということばを使用するかぎり、身体の内的環境（身体的条件）と外的環境とは連続的であり、内と外はつねに相関している。⑤新たな技術があきらかにするものはかえって、人間存在にまつわる普遍的な条件にほかならない。

人間は、他の人間との交通において存在する。交通を可能にするのは道そのものであり、また移動の手段である。身体自体がその手段となるとともに、自転車から自動車、飛行機にいたるさまざまな用具によって身体運動は補完され、交通が拡大する。モビール・スーツの場合なら、外部化されたその手段が、たんに身体それ自体に密着しているにすぎない。

⑥いわゆる「精神的機能」をめぐっても、おなじようなことの消息を指摘しておくことができる。ある種の論者、精神的機能の典型を「計算」にみとめ、精神の座を「脳」に特化する論者たちに有利ともみえる事例から考えてみる。

いま、大型計算機を使用して、円周率を計算しているとしよう。そのとき、「計算」しているのは大型計算機を使用する者の「脳」であろうか。それとも「計算プログラム」（というソフトウェア）であろうか、あるいは「計算機」（というハードウェア）だろうか。

　さしあたりまず「脳」を特権化する見かたを相対化しておく必要がある。ここで計算者の脳だけをとくにとり出して、それを計算の主体と考える必然性は存在しないからである。

　「だれが（なにが）計算しているのか」という問いに対するもっとも自然な答は、うえの例では、脳を部分システムとする人間－機械系（システム）の全体が「計算」している、というものであろう。そのシステムには、一方ではそもそもハードウェアとソフトウェアを開発した技術者たちが潜在的にはふくまれ、他方ではキーボードを操作する身体の全体が可能性においてはふくまれる。「計算」という思考の一類型は、ここではいくつもの意味で脳自体に対して外部化した状態にある。⑦外部化を可能にし必然的にしているのは、とりあえずはむろん、巨大な計算機そのものである。――類比的なかたちで、たとえば電気洗濯機を使用した洗濯という行為を考えてみる。そのケースでも、ただ家電のスイッチを入れるにすぎない者が、「じぶん（だけ）が洗いものをしている」とdキョウベンするであろうか。逆にまた、洗濯機そのものが（それ自身として）洗濯していると主張されうるだろうか。

　こうした外部化は、とはいえ、大型計算機とともにはじめて立ちあらわれた、未曾有《みぞう》のできごとではない。たとえば「ソロバン」による計算の場合はどうか。ソロバンも計算し、ひとはソロバンとともに一箇の機能系を形成して計算しているのではないか。「筆算」のケースはどうだろうか。鉛筆と紙は、やはり計算にとって不可欠なシステムの一部ではないか。計算の過程と結果とを外部的に可視化する、欠くことのできない装置ではないだろうか。あるいはまた、「暗算」をこころみているさいに細かく運動している指さきはどうか。そうした例のいっさいにあって、計算しているのはたんなる脳ではない。むしろ、脳を部分システムとする系の全体が計算している。計算の「外部化」は、計算一般について当てはまる。――洗濯の場合もそうである。手で衣服を擦りあわせるとき、手のひらの付け根はむしろ一箇の道具である。洗濯板を使用する洗いものは、複数のミゾが刻まれた板という外部を統合している。歩行の例に引きあわせるならば、洗濯板は「靴」であり、手は「足の裏」に相当する。集落の脇《わき》を流れる川辺で洗濯をする者であったなら、そしてなにより川の流れという外部、水流という外的装置を利用している。

計算をその（ひどく）特殊な一例とする思考は一般に、そもそも外部化されて実現する。思考といういとなみそのものを、脳内のできごとに局在化させることはできない。身体の内部で閉ざされたできごととみることもできない。思考にさいして不可欠なさまざまな情報を、ひとは古来、外部化して保存している。文字とテクストがそれである。文字によって（あるいは共同体の口頭伝承のかたちで）伝達されてきた他者の語りと思考の痕跡《こんせき》をはなれて、およそいま・ここで現在の思考がありうるだろうか。思考をこころみるときひとは、時間的な過去にぞくするさまざまな思考の軌跡と交流し、空間的なかなたにある他者たちと接続している。ひとはつまり時間的・空間的に広大なひろがりをもつ「世界」のなかで思考し、世界へと歩みでて、世界という外部において思考している。

（熊野純彦「知と行動の「外部化」が意味するもの」による）

注　モビール・スーツ……ここでは、体に装着して足の動きをモーターで補助する歩行補助ロボットのこと。
　　再帰代名詞……代名詞の分類の一つ。動作主自身を表す代名詞。

問一　二重傍線部a～eのカタカナを漢字で書け。

問二　傍線部①に「道具として杖は、とはいえ、その使用が常態化し、その操作に習熟するとただちに、端的に身体の延長となる」とある。このことを具体的に説明した一文のはじめの五文字を抜き出せ。

問三　傍線部②「身体それ自体にとってはとりあえず端的に外的なかたちで導入される道具」と、③「事後的に外的な道具としても意識されうる身体の部位」が指すものを、それぞれ三字以内で答えよ。

問四　傍線部④に「言語的には自動詞とされる「歩く」という動詞は、かえって他動詞にほかならない」とある。「歩く」という動作について、動詞の種類を問題にすることで筆者が強調しているのはどのようなことか。本文中のことばを用いて簡潔に説明せよ。

問五　傍線部⑤に「新たな技術があきらかにするものはかえって、人間存在にまつわる普遍的な条件にほかならない」とある。ここで筆者の言う「人間存在にまつわる普遍的な条件」とはどのようなことか。説明せよ。

問六　傍線部⑥に「いわゆる「精神的機能」をめぐっても、おなじようなことの消息を指摘しておくことができる」とある。

1　「精神的機能」を本文中の別のことばに置き換えるとすればどのことばが適切か。抜き出して答えよ。

2　「おなじようなことの消息」とはどのようなことか。1で答えたことばを用いて、二十五字以内で説明せよ（句読点を含む）。

問七　傍線部⑦に「外部化を可能にし必然的にしているのは、とりあえずはむろん、巨大な計算機そのものである」とある。筆者はなぜここで「とりあえずは」と述べているのか。その理由を本文中のことばを用いて説明せよ。

問八　この文章では、「歩行」について検討した後、「精神的機能」について述べている。このような順序による説明はどのような効果を持つか。次の五つの語を全て用いて、説明せよ。

身体　　道具　　内部　　外部　　人間存在

4

次の文章を読み、後の設問に答えよ。

私は「自己意識」として世界に向きあっている。このことの意味は何だろうか。さしあたりは、どんな外的対象も「私にとっての何か」（対象）であるということだ。しかしこの意味は、「私」とは単なる「意識」、つまり「対象についての単なる知」ではなく、すでにつねに、何らかの関心や欲望をもって対象に対している存在だということである。

つまり、このときどんな対象も、私の「関心」や「欲望」にとってのある意味や価値をもった存在である。こうして「自己意識」として生きるとは、つねに何らかの「欲望」として外的世界に向かっているということなのだ。

生き物が「欲望」として存在していることは、またつぎのような内実をもつ。

まず、つねに他を「否定」し、それを自己へ同一化しながら自己の「同一性」を保っていること。つまり、他の「生命」を食べて自分のうちに取り込むことで、自己の存立を維持している存在。動物とはまさしくそのような欲望存在としての「生命」なのだ。

さて、A「生命」の本質を「無限性」と呼んでみよう。というのは、ここではいわば「区別」と「統一」の無限の運動が存在しているからだ。

たとえば、一つの個体は、自分のうちに、さまざまな有機体の組織（区別）をもち、それが生み出す複雑な連繋《れんけい》の働きによって、つねに一つの生命としての自己の「統一」を保っている。個体としての「生命」だけではない。種や類としての「生命」も、さまざまな「区別」をもちながら、「種」や「類」としての自己の統一を保っている。

そんな具合に考えると、「生命」とは、さまざまな仕方でたえず複雑な「区分」を生みだしつつ、自分を再編成しながら大きな「生命」の総体を統一的に保っている、という意味で、区別と統一の無限の運動性を本質としてもつ存在だと言える。

また、さまざまな生命のうち、人間だけが「自己意識」をもつが、これは、人間だけが自己が「類」のうちにあることを自覚している生命だ、ということでもある。

動物は「意識」をもっている。しかし動物の「意識」とは、すなわち、ただ他の生命を食べて（否定して）自己を維持しようとする「欲望」である。また無意識ではあれ自己の種を維持しようとする「欲望」でもある。

だが人間は、自分がどのような欲望であるかを自覚し、対象化している存在である。だからこそ人間の「意識」は「自己意識」なのだ。

人間は、自分が生き物の類の一つにすぎないことを知っている。しかし、人間が「自己意識」であるとは、それにもかかわらず、自分が独自の存在であること、つまり自己の絶対的な「個体性」を意識している存在だということだ。「私」は生命であり、生き物でもあるが、しかし最終的には、「ほかの何ものでもないこの私である」。この、「私は私だ」という意識こそ「自己意識」の本質なのだ。

さて、「自己意識」は、「他の否定」を通して自己の絶対的な「個別性」を確保しようとする独自の欲望である。つまり、「自己意識」の欲望は、「自己の自立性の確証」をその本質とする。なるほど、動物の「自我」も自己維持に向かっている。たとえば猛獣は、自己を維持するために世界のなかで他の生命を蕩尽《とうじん》しようとする「欲望」そのものだ。しかし人間の「自我」の欲望の本性はこれとは決定的に違いがある。B

人間は「自己の自立性の確証」（私は私だ）を求める。これは、ある意味で「他者の否定」をふくむが、他者の直接的な否定（殺したり、食べたりすること）ではない。むしろ他者が身を低くし（自己を否定して）「私」の優位を承認することを求めるのだ。そしてこれが「自己確証」の欲望の最終目的である。

自然世界では、ただ体力の強さに応じて、強者と弱者との秩序が自然に成立する。しかし、人間世界では秩序の形成はもっと複雑になる。それは、互いに自己の「自由」（自立性）を相手に承認させようとするせめぎあいとなる。これが「承認をめぐる生命を賭《と》した戦い」である。

自己意識がもうひとつの「自己意識」である他者と向きあうとき、どのような関係が生じるだろうか。ひとことで言えば、互いの「意識」が相互に相手を〝対象化〟しあい、かつまた相手が自分を対象化していることを互いに意識しあうことから現われるような、「相互対象化―相互規定的」な関係である。そして、その中心にあるのは、あくまでまず「自己」（の存在と欲望）を相手に「承認」させようとする自我のありようだ。

人間は、たとえば、単なる「物」に向きあっているときは、つねに絶対的に〝主体〟でいられる。しかし、相手が自分と同じ自己意識の場合には、関係は相互的であるから、自己の絶対的〝主体性〟は持続できない。一つの「行為」さえ自分の独立した行為ではありえず、つねに同時に、他者にとっても何らかの意味をもつ行為となる。

だから「自己意識」は、他者関係のなかでは、自分が相手から対象化されていること、またつねに相手が気になることで、言うなればつねに一種の「自己ソウシツ」の状態（絶対的な自己であることができない）にある。そこで、自己意識が本気で「自己自身」たろうとすれば、「相手の存在を否定することで自己の自立性・主体性を守る」という態度をとることになる。

この、人間における相互規定的な他者関係という独自の関係のなかでは、意識の主体と客体のありようがつねに入れ替わるような運動が生じる。ただし、そこでは、あくまで一つの「自己意識」が運動の中心点だが、ここでは、楕円《だえん》のように二つの「自己意識」という焦点が存在し、ちょうど二つの鏡が互いを映しあうような複雑な運動が現われる。ともあれ、この複雑な運動の中心の動因は、つねに「自己自身」の確証を求める自己意識の欲望なのだ。

自己意識どうしのこの相互規定的な「承認」の運動は、見たように「承認」をめぐる相互の相克という場面からはじまるが、理念的には、両者が「相互に承認をもとめあう存在であることを、互いに承認しあう」という地平にまで進まねばならない。この地平はいわば「承認の純粋②ガイネン」である。

自己意識がたどるこの「承認」の経験のプロセスの全体を詳しく③吟味しなくてはならないが、まずその出発点、つまり、両者が一方的に相手から承認を勝ち取ろうとする〝相互的な承認の戦い〟の場面から、④コウサツをはじめることにしよう。

自己意識とは、純粋な「エゴ」、自分が世界の主人公たろうとするような存在だ。だからそこにもう一人の自己意識、他者が現われると、それは基本的に自分にとって否定的な存在となる。

だが、この事情はお互い様で、相手もそう感じている。もともと親和性をもっていないような他者どうしの関係では、双方が、自己存在の自立性を⑤脅かす危険な存在なのだ。

他者がいる場面では、自己意識は、自分こそ世界の「主人公」であるという意識を保てない。そこで、自己の「主人公性」、つまり絶対的独自性を保とうとすれば、自己こそ世界の中心であることを、自分だけでなく他者にもまた認めさせることが必要となる。

この試みは、これを極端にまで追いつめるなら、他者との命を賭《か》けた戦いへの意志として現われる。なぜなら、自分の絶対的独自性と自立性を〝証《あか》そう〟とすれば、自分の自由への意志が、何ものにも、自分の生命にさえも⑥シバられていないことを示すことが必要となるからだ。

こうして逆に、そのような場面で生命を賭さなかった人間、戦いに尻込《しりご》みした人間は、死への恐れによって自分の「自由」をあきらめた人間とみなされる。

さて、このような命を賭してまで自己の自由を証そうとする意志は、他者を自己にとっての絶対的な否定性として完全に⑦抹殺しようとする行為、すなわち他者の死をめざす行為となる。

ところが、もし実際に戦いの結果他者を殺してしまえば、はじめに意図されていた自己の自由の承認という欲望は、達せられない。死を賭して戦いあうことは、双方が自己の絶対的「自由」を守ろうとする意思の証しではあるが、相手が死んでしまえば、勝利者の「自由」を〝承認〟する他者はいなくなるからだ。

この死を賭した戦いの経験を通して、自己意識は、「純粋な自己意識」だけでなく「生命」もまた、自分の存在にとって本質な要素なのだということを学ぶことになる。死の恐れという痛切な経験が「生命」の不可欠性を人間に教えるのだ。しかし、はじめの段階では、「自己意識」はまだこのことについて明確な自覚をもてない。

ともあれ、純粋な「自己意識」と「生命」という人間存在の二つの本質契機は、ここでは、絶対的な自己の自立性の意識に生きる「主《しゅ》」と、自由を奪われながらも「生命」を守ろうとする「奴《ど》」の意識という、両極のかたちをとって現われるのだ。

承認をめぐる死を賭した戦いの結果、人間は主と奴に分かれる。両者の関係はつぎのようだ。

まず戦いに勝利した主は、奴に対して絶対的な「自立存在」を保つ。つまり奴に対して絶対的な威力、「死によって脅かす威力」を振るい、このことで奴は主のために労働することを⑧ヨギなくされる。これが主の奴に対する関係の第一面だ。

だが、もう一面では、主は「死の威力」によって奴を働かせることで、事物を消費し享受するのだが、これはじつはあくまで奴の労働に依存している。この意味では、主における「物」の支配は、じつは非自立的と言える側面をもっている。

奴のほうはどうだろうか。奴は物に対して自分の労働を加え（＝物に対する「否定力」をもつ）、有用な財を作りだす。ただその成果は、自分のものとはならず主のものとなる。

主と奴はこういう関係だから、そこでは主の自由の一方的承認だけが成立しているように見える。奴のほうでも、みずから、自分の非自立性と主への服従とを認めているからだ。しかし、じつはこの関係において、C潜在的には、かえって主のほうが非自立的であり、労働によって物（自然）に働きかける力を育てる奴のほうに、本来の自立性の契機が存在していることが、やがて明らかになる。

主は、生命を賭けても、ひたすら他に対する自己意識の優位を主張して自立的たろうとした。これに対して、奴は、「死の畏怖《いふ》」によって自由を⑨放棄し、そのことで主の威力に服したのだが、じつはこのことのうちに、むしろ「自己意識の純粋な自立性」の自覚、言いかえれば、実存の自覚の契機があるのだ。

「死の畏怖」の経験は、恐ろしい死の可能性を⑩間近で実感することであり、人が経験するさまざまな日常的な不安の感情を超えて、自己存在の根本的な不安に、魂の底まで震撼《しんかん》させられるという経験である。この恐るべき死の畏怖の経験によって、奴は、いわば自己の実存の取替え不可能な絶対性に触れるのである。

もう一つ重要な点がある。それは「労働」という契機だ。この経験によって奴は、そのつどの欲望を先へ延ばして耐えることを学ぶ。この契機は、主体の本来の自立性にとってもう一つの不可欠な本質契機なのだ。

「労働」は人間の真の「自由」（自立性）にとって本質的な契機である。主奴関係では、主こそ「物」に対して「自由」（支配権）をもつように見えている。だが、主の、物の消費と享受への「自由」は、じつは奴の労働に依存しているにすぎない。

これに対して、奴は自然（物）に労働を加えてこれを有用な財に形成し、生産する。この行為はまた、自分の欲望を抑制し、代わりに技能を鍛えることで可能となる。またそれは、人の生産と能力の持続的向上につながるものだ。

この労働の能力こそ人間の自然に対する支配の本質力であり、奴は労働を通して力を身につけ、そして自分がこの本質力をもつことを直観してゆくのだ。

（竹田青嗣『超解読！　はじめてのヘーゲル『精神現象学』』「第二章　自己意識」による）

問一　二重傍線部①②④⑥⑧のカタカナを漢字に改め、③⑤⑦⑨⑩の漢字の読みをひらがなで記せ。

問二　傍線部Ａ「「生命」の本質」とあるが、その「本質」を端的に表している語句を本文中から十二字で抜き出して示せ。

問三　傍線部Ｂ「決定的に違いがある」とあるが、この「違い」とは、どのような「違い」か。百字以内（句読点を含む）でわかりやすく説明せよ。

問四　傍線部Ｃ「潜在的には、かえって主のほうが非自立的であり、労働によって物（自然）に働きかける力を育てる奴のほうに、本来の自立性の契機が存在している」とあるが、なぜそのように言えるのか。百二十字以内（句読点を含む）でわかりやすく説明せよ。

5

次の文章を読んで、あとの問いに答えよ。

A 昔の歴史学の中心は「制度史」であったように思う。私のように歴史学に取り組んだことのない人間でも、かつては政治制度史、社会制度史、土地制度史といった本を読んだものだった。なぜ制度史が中心だったのかといえば、そこに歴史の核心的な部分が表現されている、と思われていたからである。もちろん制度に関する資料、すなわち文献が豊富であったということも、それを後押しした条件であり、制度の変遷が主観を排した客観的なものと感じられたことも要因のひとつであった。

ところが、もうひとつ別の原因があった。それは歴史が近代へと向かい、近代が形成されていく時代には、「社会制度をどのように改革し、創造していくのか」が、人々の大きな関心だったということである。たとえば日本でも江戸後期に入ると、たてまえとしての幕藩体制はいろいろなかたちで矛盾が生じてくる。一方には台頭してくる町人社会があり、武士の位置づけも戦国時代のものとは変わらざるをえない。さらには天皇家と幕府との関係をどう整理していったらよいのか。内部から制度のあり方を問わざるをえない状況が、少しずつ醸成していた。

さらに幕末となり、明治へとすすんでいくと、制度の問題は社会をどうつくるのかという課題の根本的な問題になっていった。近代天皇制をどのように制度化するのか。ドイツ流の政治制度か、フランス流の政治制度か。土地の所有制度をどのように定め、税制度から軍の制度までをどうつくっていくのか。選挙制度はどうあったらよいのか。

人々は未来の社会のあり方をかけて、制度を論じていたのである。そこに、ある時代を包んでいたもの、があった。だからそのようなものに包まれていた人々は、歴史を制度史を軸にしてとらえ、そこにこそ歴史の核心があるという思いをいだいたのであろう。

ところが近代社会のかたちがある程度できあがってくると、人々の気持ちのなかに違う思いが生じてくる。その原因は、近代の制度やそれを生みだした理念と現実社会の様相がくい違っている、というところにあった。

たとえば一七八九年にフランス革命が成立すると、フランス社会は自由、平等、友愛という理念を①カカげ、それを軸にして社会制度や政治制度の整備をすすめる。だがそのことによって、自由、平等、友愛が社会のなかで実現したのかといえばそうではなかった。自由に生きることを許されても、労働者たちは自分の労働力を自由に売ることによって、不自由な労働者になっていくしかなかった。社会はたえず不平等を再生産し、人々は友愛どころか自分のことしか考えないエゴイストへと転じていった。

このような状況のなかで、近代的な自由とは、社会が認めた自由を自由だと思い込む自由しかない、と述べたのはシュティルナー(注1)だったし、貨幣が力をつけた社会では人間が貨幣の前に跪《ひざまず》くしかなくなるとヘス(注2)は述べていた。トクヴィル(注3)はアメリカ研究のなかで、民主的な制度があっても人々の精神が一元化してしまうと、強権的な社会が発生すると語っていた。

制度の改革だけでは解決できない問題があることに人々が気づきはじめたのである。それは人間とは何か、人間の幸せとは何かという問題意識を生みだす。ところがこの問いは、それまでは宗教を介して答えが出されてきただけに、宗教をはずして答えを出すことは簡単ではなかった。

Bこの課題が二十世紀に歴史学の転換をもたらしたと私は思っている。歴史を民衆の歴史、人間の歴史として書き直さなければならないというマルク・ブロック(注4)等の問題意識は、制度史から人間史へと歴史学の軸を移すことによって、人間の社会とは何か、人間たちがつくりだしてきた社会とは何かを考察しようとする試みだったのではなかったか。ここから生まれてきたのが、今日の歴史学の主流になっているといってもよい、歴史社会学、あるいは社会史という方法である。

歴史学は文献＝文書の読解をとおして、過去を忠実に、正しく描こうとする。ところが過去に向ける人間のまなざしは、その時代を包んでいるものとともにある。人間たちはその時代の問題意識をとおして、過去を考察してきたのである。歴史学の前提には、歴史学への意志とでもいうべきものが存在する。

私たちは過去がどのように形成されてきたのかを考察することによって現在をつかみ、未来をみつけだそうとする。しかしそれは、大きな錯覚のなかでおこなわれている営為なのではなかったか。

C 過去とは現在から照射された過去である。

もちろん私たちは、過去のある事実を知っている。たとえばフランス革命は一七八九年に起こった。その事実は誰《だれ》も否定することはできない。ところが一七八九年にフランス革命が起きたという言葉を発したとき、私たちは単なる事実を述べているのではなく、すでにそれが近代革命であることを知っていて、近代革命のもつ意味を含意させてフランス革命を語っている。すなわちそれは、解釈された一七八九年のフランス革命なのである。そしてその解釈は現在の問題意識をとおしておこなわれ、しかもその問題意識は個人の問題意識であるとともに、その時代に包まれているがゆえに成立する個人の問題意識である。

現在を包んでいるものが、個人にそのような問題意識を成立させ、それを介して解釈された過去が成立する。とするとここに成立した過去とは、事実としての過去ではなく、物語られた過去、ということにはならないか。

同じように、たとえば私たちは一六〇〇年に関ヶ原の戦いが起きたという事実を知っている。しかしそれも戦国時代の最終的な終了であり、幕藩体制の確立という、現在の問題意識からとらえられたひとつの時代認識として、私たちは語っている。やはりここにあるのも物語られた過去である。

とすると、事実としての過去はどこにあるのだろうか。認識された過去が、現在性のなかからつかみとられ、展開された過去であるとするなら、事実としての過去はつかみえないものになるはずだ。

だが、しかし、と多くの人は言うかもしれない。たとえ正しく認識することには多くの困難があるとしても、事実としての過去は実際に成立していたのだ。だからそれを正確に読み解こうとして、人々は多くの文献を読み、それを正確に読解しようとして、これまで努力してきたではないか。それを積み上げていけば百パーセント正確な過去はとらえられなくても、事実に近似的な過去は描けるはずではないのか。

このように述べられたなら、私はそれを半分は肯定し、半分は否定するだろう。たとえば近代になって自動車が開発され、移動、運搬手段の中軸になっていった歴史がある。そしてこの歴史は、どのようにして自動車が開発され、いかに改良、量産化され、社会のなかで利用されていったのかを多くの資料を使って②セイミツに考察すれば、事実としての自動車の歴史に近似的な歴史を描くことはできるだろう。

だがそこで問わなければいけないもうひとつのことは、自動車の歴史をとおして研究者は何を語ろうとしているのか、である。近代的な産業の発達史なのか、技術者たちの③クトウの歴史なのか、そこで働いた労働者たちの近・現代史なのか。今日なら環境破壊の大きな原因がいかに形成されていったのかという視点もありうる。私たちを包んでいる世界が、このような視点も要求しているからである。

とすると結局生まれてくるのは、現在の問題意識によってとらえられ、物語られた自動車の歴史、ということになるだろう。

だが、さらに次のように述べるかもしれない。私は一切の主観を排して、客観的事実だけをとらえようとしているのだ。とすればみえてくるのは、純粋な事実だけなのではないか、と。

このような問いかけに対して、私はふたつのことだけを述べておくことにしよう。ひとつは、人間は主観を排することができると思うことはできても、主観を排することはできないということである。なぜなら人間は、主観とは個人的に産出したものだと錯覚しているけれど、実際にはその個人を包んでいる世界のなかで個人的に形成されたものだからである。つまり、包んでいる世界がたえず主観を要求し、それと向き合うとき生まれてくるのが主観である。だから自覚的であれ、無自覚的であれ、包んでいるものと向き合うことをやめることができない以上、人間は主観を捨て去ることはできないだろう。

もうひとつ指摘しておかなければならないのは、「客観的事実」とは何か、である。たとえば、一八六八年に明治政府が成立したのは客観的事実である。ところがそれを語ろうとするとき、前提として、そのことによって歴史が動いていったという主観が介在する。つまりこういうことである。一八六八年に江戸は東京に変わり、東京に新しい中央政府が設立された。だがそれがすべての人の出来事だったのかといえばそうではない。まだ各地の藩も残っていた。村々では一八六八年になっても、変わることのない村人の生活と労働があった。一八六八年に何の④テンキも迎えなかった多くの人々がいたのである。

とすると、そのどちらを重視するのか。描かれているのは主観によって選択された「客観的事実」である。

だが、と再び反論する人はいるだろう。確かに一八六八年になっても何の変化もなく暮らしていた人がいたことは事実だとしても、その人たちも次第に明治政府の成立によってさまざまな影響を受けることになるではないか。そうであるなら、その人たちにとっても一八六八年は、変化がはじまる年であったと考えてもよいはずだ、と。

確かにそのとおりである。村で「明治維新」がはじまるのは、それから何年かたってからかもしれないが、その方向性が一八六八年から引かれていたことは確かだ。

しかしそのことを指摘するなら、次のこともまた指摘しておかなければいけない。それは明治政府の成立によって、そのときも変わることなく生活していた人々が影響を受けたように、明治以降の政治史もまた、土を耕し、村に暮らした人々の影響を受けつづけたということである。その人たちの変わることのない生活と労働の態度に無言の圧力を受けながら展開していくのが、日本の近代史である。

とすれば、一八六八年の明治政府の成立だけを選択するのは、異論をさしはさむ⑤ヨチのないことではない、ということにはならないか。生活や労働の態度を変えることなく暮らしていた人々の様子を一八六八年の出来事として選択し、その人たちが日本近代史にどのような影響を与えつづけるのかという視点から、歴史を読み解くこともできるのである。

（内山節『日本人はなぜキツネにだまされなくなったのか』による。ただし、原文を一部改変した。）

（注1）シュティルナー……ドイツの哲学者。
（注2）ヘス……ドイツの哲学者。
（注3）トクヴィル……フランスの政治思想家。
（注4）マルク・ブロック……フランスの歴史学者。

問一　傍線部①～⑤のカタカナを漢字に直せ。

問二　傍線部A「昔の歴史学の中心は『制度史』であったように思う」について、昔の歴史学が制度史中心であった理由を、本文に即して一二〇字以内で説明せよ。

問三　傍線部B「この課題が二十世紀に歴史学の転換をもたらしたと私は思っている」とあるが、筆者の考えでは「歴史学の転換」はどのようにして起こったのか。「この課題」の内容を明らかにしつつ、一二〇字以内で説明せよ。

問四　傍線部C「過去とは現在から照射された過去である」とはどういうことか。六〇字以内で説明せよ。

問五　波線部「歴史学は文献＝文書の読解をとおして、過去を忠実に、正しく描こうとする」とあるが、筆者はこのような歴史学の方法をどのように批判しているか。その批判の内容を、「主観」「客観的事実」という言葉を用いて、一二〇字以内で説明せよ。

6

次の文章をよく読んで、後の設問に答えよ。

人間は言語を媒介にした意味の世界に生きる存在であり、他の生物とは比べものにならないほど外界に開かれた認知構造に支えられている。固定した本能に縛られていないおかげで人間は①文化という複雑な意味体系を生み出した。

ところで、生物はすべて必ず何らかの閉鎖回路の内部でしか安定した生を営むことはできない。体温、水分の割合、カリウムなどの無機物含有量が一定の範囲以上に変化しないように生物は自らの内部環境を絶えず調節しているが、この一定に保たれた内部環境のおかげで、変化に富んだ外界に随時適応しながら生存できている。

同様に、認知的に外に開かれているからこそ、外部に拡大した自己を閉じるための装置が人間にはよけいに必要になる。そしてそれがまさしく文化に他《ほか》ならない。文化とはすなわち体外に創出された〈内部〉であり、したがって、社会制度に対して人間が強く依存するのは論理的な必然性に則《のっと》っている。諸個人が文化からの影響を免れることが難しいのは、生物学的な本能から自律するようになった事態の見返りとして支払わねばならない、当然の代償なのである。

文化は様々な規範・価値を通して我々の思考・行動に制限を加える。その意味において、人間の自由は限定を受けるが、しかしまたその社会規定性のおかげで日常生活の様々な場面での行為が可能になっている。相手に対して攻撃するつもりがないことを示すために犬ならば尻尾《しっぽ》を振る。この行動は遺伝子的にほぼ決定されている。しかし生物としての所与に対して人間はもっと自由であり、好意を示すという同じ目的のために多様な表現が形成されている。したがって社会制度が我々の思考や行動に制限を加えなかったならば、相手に好意を示すためにどのような表現をすべきかの決定さえ困難になる。また相手の方としても、示された表現がどういった意味を持つのかを判断できない。生物学的所与から多大の自由を獲得しつつも安定した生を人間が営めるのは、その補償作用として社会が人間の自由を制限しているおかげなのである。②人間の思考や行動が社会制度によって規制されることはしたがって、人間の生を可能にする必要条件を成す。かといって、③人間の作り出す規則の恣意《しい》性がそのまま露《あら》わであるうちは、他者が行使する強制力として規則が感じられてしまい、社会生活が円滑に営まれない。したがって、社会環境が行使する規制に何らかの正当性が付与されなければならない。言い換えるならば、集団が及ぼす力は、外部から強制する暴力としてではなく、内面化された規範の形を取って自然な感情の下に服従を促すのが望ましい。そしてそのためには社会秩序が人間全体から超越した相において我々の前に現れる必要がある。社会制度は人間が決めた慣習にすぎないが、その根本的な恣意性が人間自身に対して隠蔽《いんぺい》され、さも自然の摂理であるかのように表象されて初めて正常に機能する。

　支配という概念を例にとってこの点をみておこう。支配と言うと通常は悪いものとして理解され、打倒すべきものと思われがちだが、それは浅薄な見方にすぎない。マックス・ヴェーバーによれば支配とは次のような関係をいう。すなわち、少なくとも二人の個人あるいは二つの集団の間に上下序列制度のような非対称的な相互関係が存在しており、ある個人・集団Aがもう一方の個人・集団Bに発した命令あるいは示唆に適合した行動をBが取り、かつ、Aからの命令あるいは示唆がなければBはその行為を実行しなかったであろうという場合に、「AはBを支配している」と形容される。

　ここで問題になるのは支配を可能にする手段・方法が何であるかだが、物理的な強制力や拘束力、すなわち殺傷したり飢餓状態においたりして直接的にまたは間接的に苦しみを与える能力だけが支配形態の発生と存続とを可能にするのではない。それどころか反対に、継続する安定した支配はこのようなむき出しの強制力によってはもたらされない。「一定最小限の服従意欲、すなわち服従することに対して外的あるいは内的な利害関心のあることが、あらゆる真正な支配関係の要件である」とヴェーバーが述べるように、真の支配においてはその命令意志を根拠のあるものとして現象させ、この支配関係に対する被支配者自身の合意を前提としている。

そしてこの合意が強制力の結果として現れずに自然な感情として表象されればされるほど支配は強固なものになる。言い換えれば、支配が理想的な状態で保たれているとき支配はその真の姿を隠蔽し、自然の摂理の表現であるかのごとく作用するのである。正当性の感覚を生み出す源泉としての信頼関係の性質によって、「伝統的支配」「合法的支配」「カリスマ的支配」という三つの理念型をヴェーバーは提唱したが、いずれの場合にせよ④支配の本質が正当性の合意にあることには変わりない。

このように根源的な意味で理解された支配は、安定した社会秩序を維持するために必要不可欠な条件である。支配から自由な社会というようなものは空想の産物にすぎず、そのようなユートピアは、「どこにもない場所」というギリシャ語の原義通り、建設しようがない。それは人類の努力がまだ足りないから、支配から解放された世界が実現していないというようなことではない。支配は社会および人間の同義語だと言ってもよいほど我々の生活の根本的部分を成している。したがって支配関係が消失することは原理的にあり得ない。

社会の構成員の間には必ず上下関係が発生するが、彼らの地位の違いは何らかの方法で正当化される必要がある。そうでなければ構成員間で絶えず争いが生じ、社会が円滑に機能し得ない。十分な正当化がなされることなしに地位の差が長期間にわたって維持される状況は人間に耐えられるものではない。平等を理想として掲げる民主主義社会の出現を前にして、フランスの思想家トクヴィルは早くも次のような鋭い指摘をしていた。

> 彼らは同胞の一部が享受していた邪魔な特権を破壊した。しかしそのことによってかえって万人の競争が現れるようになる。地位を分け隔てる境界そのものが消失したわけではない。単に⑤境界の形式が変化したにすぎないのだ。(……)不平等が社会の常識になっているときには、最も著しい不平等にも人は気づかない。それに対して、すべ

ての人々がほとんど平等化されている時には、どんな小さな不平等であっても人の気持ちを傷つけずにはおかない。だからこそ平等が増大するにしたがって、より平等な状態への願望は常に一層いやしがたいものになり、より大きな不満が募っていくのだ。

現在の支配体制を受け入れよと主張しているのではもちろんない。社会はその内部に必ず矛盾を含む関係態であり、その矛盾のおかげで変化が生成されてゆく。したがって支配者と被支配者とを交代させながら、時間が経《た》てば必ず他の支配形態にとって変わられる。しかし支配の具体的形態は変遷しても、ヴェーバーが言及する根本的な意味での支配関係自体は決してなくならない。あるいは無理になくそうと企《たくら》むことは同時に⑥社会的動物としての人間を破滅させる道だと言ってもよいだろう。

近代民主主義社会といえど構成員の間に上下階級のない平等な社会などではまったくない。不平等は社会生活の本質的姿でさえある。もちろん時代によりまた地域により不平等の形態は様々であり、またそれに対する正当化の仕方も異なる。しかしどんな形態の社会であれ、不平等が完全になくなることはあり得ない。⑦支配のない自由な社会を建設しようという目論見《もくろみ》は、四辺を持った三角形を描こうとするのと同じく原理的に矛盾しているのである。

近代社会に孕《はら》まれる問題点を鋭く指摘するフランスの文化人類学者ルイ・デュモンは、近代になって奴隷制が廃止され人間の平等が認められるようになったまさしくその時に人種差別イデオロギーが擡頭《たいとう》した事実を踏まえ、次のように警告している。

これこそ、平等主義が意図しなかった結果の恐らく最も劇的な例だろう。（……）平等よりも身分制の方がよいとか、あるいはこの場合に即して言えば、奴隷制度の方が人種差別よりましだとか主張しているのでは決してない。（……）イデオロギーが世界を変革する可能性には必ず限界があるということ、そしてまたその限界に無知なゆえにこそ、我々が求めるところと正反対の結果が生じてしまう危険があるということをこの事実は示唆している。

（小坂井敏晶『民族という虚構』（東京大学出版会、二〇〇二年）より）

問一　傍線部①「文化」と対義的に使用されている言葉は何か、問題文から抜き出して記せ。

問二　傍線部②において「人間の思考や行動が社会制度によって規制されること」は、「人間の生を可能にする必要条件を成す」とあるが、これが十分条件ではないのはなぜか、わかりやすく説明せよ。

問三　傍線部③「人間の作り出す規則の恣意《しい》性」とはどういうことか、わかりやすく説明せよ。

問四　傍線部④「支配の本質が正当性の合意にある」とはどういうことか、わかりやすく説明せよ。

問五　傍線部⑤「境界の形式が変化した」とはどういうことか、具体的に説明せよ。

問六　傍線部⑥「社会的動物としての人間」とはどういうことか、わかりやすく説明せよ。

問七　傍線部⑦において「支配のない自由な社会を建設しようという目論見《もくろみ》」は、なぜ「原理的に矛盾している」のか、わかりやすく説明せよ。

7

次の文章を読んで、後の問いに答えなさい。

アリストテレスの自然学は、地球を不動とした「目的論的秩序」のもとで理解される。まず、宇宙全体は、生成変化しない天体の世界と、生成変化する月下の世界とに階層的に区別され、われわれの知覚経験が示す「上下」を絶対として方向づけられている、と解される。

生成変化しない天体は、位置を変えるだけで、永遠の円運動から構成されると考えられ、これは、何らかの物理的原因によって引き起こされるものではなく、それ以上分析できない一様単純運動とみなされる。これに対して地上の存在は、それぞれに固有の「自然的場所」をもっており、その場所から離れているときは、そこへと自然的に直線的に回帰すると考えられる。重い物体が落下するのは、それ固有の自然的場所であり目的地である地球の中心へと自然的に向かうということなのである。

このような「自然的運動」以外の、物体を押したり引いたりしてなされる運動、あるいは「投射体」などの運動は、「強制運動」と規定される。

さらに、物体の運動変化を規定する因果律として、アリストテレスは、「運動するものは何であれ、ほかのものによって運動させられる」ということと、その「運動を引き起こすもの（起動者）」は「運動体」と接触しているのでなければならない、ということを立てる。これも、われわれの日常経験に忠実に表された原理である。われわれの日常生活では、物体は、それに触れて動かすというのでなければ、動くことはない。日常世界では、何らかの外的障害がなければどこまでも同じ運動を続けうる、と考えられるような物体の運動は見られないのである。(A)

また、「加速度（運動の運動）」も、アリストテレスにおいては、原理的に認められない。というのも、物体の加速度とは、当の物体の運動の速度の(1)ゾウゲンということになるが、この概念を導入すると、物体がそれに固有な目的地に向かうという、「本性上の方向性」が棚上げされてしまうことになるからである。加速度という二次的概念を持ち込むことは、経験される絶対的な方向性のもとに、目的論的に構成された宇宙の秩序を、無視することになるのである。

このように、アリストテレスの自然学は、われわれの日常の知覚経験に基づいた存在論、認識論、分類学に従って、きわめてよく組織されたものであった。その自然学は、われわれの日常の知覚世界から帰結されることを原理とし、次に見るような近現代の科学（物理学）の原理を、本質的に排除するものであった。第一に、彼の自然学は、あくまで知覚性質に満ちた具体的な環境世界を記述するものであって、「抽象的数学」を軸とした構成という構想を、原理的に斥《しりぞ》ける。第二に、天体の運動は、永遠の回帰的な円運動によって構成されると考えられるために、「宇宙の無際限性」を受け入れられない。第三に、その「因果律」によって、「物体は、外的原因に阻害されないかぎり、どこまでも等速直線運動（あるいは静止状態）を続ける」という、「（近代力学の）慣性概念」を、原理的に排除する。また、その宇宙は、知覚世界が示す方向性を絶対として、目的論的に秩序づけられているということから、加速度の概念も原理的に認められない。これらの点は、近現代の科学によって解体されることになるが、それはアリストテレスの体系の、存在論、認識論、学問論に基づく一貫性によるものであり、それだけ、このアリストテレスの自然学にとって代わるものの構築はたいへんな作業となったのである。

近現代の科学（物理学）は、以上のようなアリストテレスの体系を、その存在論や認識論や学問論において解体することで成立した。B それは、一時期唱えられたように、ルネサンスにおいて、人間が中世以来の宗教的支配から解放され、自然現象を偏見なしに観察することによって形成された、というものではない。また、その成立は、われわれ人間における外的事物からの「(2)シゲキ」と、それに対する「反応」とを観察し、その観察経験から説明できる、というようなものでもない。それは、アリストテレスの存在論そのものの解体からなされた、文字通りの「科学革命」だったのである。

その科学革命を引き起こしたのが、ガリレオ（一五六四―一六四二）であり、デカルト（一五九六―一六五〇）なのである。ガリレオの方が年長であり、彼の科学的活動は一六世紀末にはじまるが、彼らの主要な活動時期は重なっている。いずれも、学問的経歴をアリストテレスの体系の影響下ではじめ、その体系に対する根本的な批判的作業を経て、自らの科学を形成したのである。

ガリレオが、彼の時代まで支配的であったアリストテレス自然学の影響から抜け出すことができた第一の事情は、一六世紀の後半になってようやく本格的に紹介され吸収されることになった、アルキメデス（前二八七ごろ―前二一二）の科学の修得にある。アルキメデスは、「梃《てこ》」や「釣り合い」を扱う「静力学」の(3)ソウシ者であり、その問題について数学的定式化を提示した数学者である。それは、数学が自然現象の法則性を表現し、その現象を統御するという端的な例であった（このアルキメデスの科学は、デカルトにおいても、その科学的活動を方向づけるものであった）。「抽象的数学」は「具体的自然学」を実質的に構成しえないとする、アリストテレスの自然学の立場を揺るがすものであったのである。

ところで、ガリレオを、歴史上、最も有名たらしめたのは、「ガリレオ裁判」の原因となった、コペルニクス（一四七三―一五四三）の「地動説」の積極的な(4)ヨウゴだろう。彼は、自身の天文観測と理論的根拠から、地動説を積極的に支持した。第一に、彼が行った太陽黒点の観測は、黒点の生成消滅を示しており、このことは、不生不滅と考えられてきた天体の世界（太陽）にも、地上の世界の特質と考えられてきた生成消滅があり、C二つの世界は異質ではないということを意味する。そのような天体観測はまた、ガリレオにとって、天体に固有な運動と考えられてきた円運動が、地球自体に帰せられてもよいのではないかということを意味した。地球が公転や自転という円運動を行っていると考えていけない理由はないのである。

第二に、それまで地動説が斥けられてきた大きな理由は、もし地球が回転しているのであれば、地上の諸物体が、自然的、または強制的運動以外は、みな静止しているという事実、あるいは、動いている船の高いマストの上から物を落とした場合、物体はマストの真下に落ちるという事実が、説明できないではないか、というものであった。しかし、これに対してガリレオは、地上の諸物体は、地球の水平方向の一様運動を共有しており、同じ方向の一様運動を共有しているものは相互に静止している、という議論で説明した。これはのちに「ガリレオの相対性原理」と呼ばれることになった説である。

この、天文観測や理論的根拠に基づく地動説の正当化は、アリストテレスの自然観や宇宙観を根本的に解体することにつながる。第一に、宇宙や地上の世界の実在の構造が、日常の知覚経験に従ってではなく、「地球の回転」という視点から理解しなおされることになる。天体の世界と地上の世界は、同質の世界とみなされることになり、「上下」の方向も絶対的なものでなくなり、ただわれわれの知覚に相対的なこととして理解されることになる。そこでは、宇宙や自然を構成すると考えられてきた目的論的・階層的秩序は、根本的に解体されることになるのである。

こうして、われわれの感覚知覚によって経験される現象は、自然の実在の構造を示すものではなく、われわれの感覚知覚に相対的な現象にほかならないということになる。そこでさらに、自然の実在の構造の方は、「数学」によって知られると主張されることになる。ガリレオは、「この（宇宙という）最も巨大な書」は「数学の言語で書かれており、その文字は三角形、円、その他の幾何学的図形である」という。ここにおいて、ガリレオによる宇宙や自然の現象の理解は、アリストテレスのそれと本質的に異なることになる。アリストテレスによれば、われわれが面する具体的な自然世界は、数学によっては、その抽象的性格からして、実質的に記述されえないものであった。これに対してガリレオは、この宇宙や自然の構造は、「数学」によってこそ表現されるというのである。

ガリレオは、このような主張が、日常の常識やそれを代弁するアリストテレス主義者の大きなテイコウ(5)にあうことを、十分に自覚していた。彼は、地動説の正当化を展開し、「ガリレオ裁判」の引き金となった『天文対話（二大世界体系対話）』（一六三二年）において、わざわざアリストテレス主義者を登場人物に立て、アリストテレス自然学の見解を主張させて、それを論駁《ろんばく》する議論を展開している。

小林道夫『科学の世界と心の哲学』（中央公論新社、二〇〇九年）十一頁から十七頁まで一部改変の上、引用

問一　傍線部(1)〜(5)の片仮名を漢字で書きなさい。

問二　傍線部Aの「何らかの外的障害がなければどこまでも同じ運動を続けうる、と考えられるような物体の運動」は、近現代の科学（物理学）ではどのように位置づけられていると筆者は述べているか、説明しなさい。

問三　傍線部B「それは、一時期唱えられたように、ルネサンスにおいて、人間が中世以来の宗教的支配から解放され、自然現象を偏見なしに観察することによって形成された、というものではない」とあるが、なぜそのように言えるのか、筆者の考えを説明しなさい。

問四　傍線部C「二つの世界は異質ではない」とあるが、アリストテレスは「二つの世界」についてどのように考えていたと筆者は述べているか、具体的に説明しなさい。

問五　近現代の科学（物理学）はどのような特徴を持っているか、文章全体の内容をふまえて、百三十字以内で述べなさい。

8

次の文章を読んで、後の問いに答えよ。

二〇世紀の末になって、ようやく私たちは、「エコロジー」という名で呼ばれている思想の本質的部分が人間の未来の可能性をほとんど決定するほどに重要な意味を持つかもしれないということに気づきはじめた。人間が、地球というけっして無尽蔵ではない資源と環境を抱えたシステムの存続自体に、その将来を全面的に依存していることを、私たちはいまようやく科学的な理性をもって確認しようとしているのだ。

エコロジーとともに生きること。この新しい生存の基盤の認識は、おそらく二一世紀の私たちの生活のスタイルを大きく変える可能性をもっている。だがそのためには、私たちの生存にとっての「エコロジー」の真の意味とは何かについて、(1)現在のエコロジー思想の表層的な展開への批判もふくめて、考えてみる必要がある。

現代の「エコロジー」は、人間の生存と地球の存続のイメージが重ね合わされたとき、はじめて生まれた。核テクノロジーを中心とした科学技術の加速度的な展開・拡張と、世紀末の黙示録的な社会心理とが人間のなかに芽生えさせた「未来のカタストロフ」を漠然と予感するような感覚は、この「終焉《しゅうえん》の意識」とちょうどバランスをとるようなかたちで、「エコロジー」という名において地球と人間の「再生」を夢見ようとしはじめたのだ。だがその意識のなかの「エコロジー」には無数の変種が存在している。資本主義や科学主義の体系を超え出た、まったく新しい精神の「生態学的叡智《エコソフィア》」をめざそうとする動きはまだかすかな萌芽《ほうが》をみせているにすぎず、むしろ今日の世界を覆い尽くしているのは、(2)エコロジカルな認識がうみだす心理的危機意識を社会の諸領域のなかで巧みに利用して、現実的で実質的な効果をあげようとするムーヴメントの方である。

現在のエコロジー・ムーヴメントが社会に投影される場は、おおまかにいって二つあると考えることができる。そのひとつは、いうまでもなく「政治」の領域だ。フランスやドイツにおける「緑の党」の運動が典型的に示しているように、近年のエコロジストたちは環境保護の思想を社会改革のヴィジョンの基本に据えることによって、人々の政治意識を新しいかたちで動員することを思いたった。そこでは、環境開発に対する抵抗とともに、反核、反公害、反消費主義といったスローガンがエコロジー推進のための政治的態度として選びとられ、中央政府の強固な行政的主導性を転倒し無化することを目的とした市民運動的戦略のかなめにエコロジーは位置づけられることになったのである。

エコロジーの発想が、反戦や平和主義のような（一時代前に興隆をみた）思想よりも現代において市民の政治的動員の原理として優れているのは、それが「科学的真理」という［ア］的な論理的基礎を持っているようにみえる点にある。「反戦」や「平和」というような考え方があくまで利害関係のなかでの［イ］性の問題でしかないことがわかりはじめたいま、「地球の生態学的維持」という科学的なテーマの万人にたいする正当性に裏打ちされたエコロジーは、まさに特権的な立場にあるといえる。

だが、市民の動員を成功させて政治勢力として自己を確立したかにみえるエコロジー運動も、フランスの哲学者フェリックス・ガタリが指摘するように、「組織」としてみた場合、旧来の政党が[a]ゲンワクされてきたリーダーシップをめぐるスターシステムと、運営上の官僚主義にすっかり陥りかけている。柔軟なエコロジー思想を喧伝《けんでん》するかに見えた政治集団が、集団内の人間関係や対社会的姿勢に関してまったく反エコロジー的に硬直化しているという[b]ギャクセツを、環境保護団体はもろくも露呈してしまったのである。

エコロジーの発想が現代社会に投影される第二の領域としてあげねばならないのが、「産業」、すなわち「ビジネス」の領域である。これは、無農薬野菜の栽培やフロンガス処理器の開発、あるいは光分解性のプラスティックやフェイクファーの発明などといったように、地球の生態学的維持そのものに貢献する製品の開発というかたちで行われる場合もあるが、いまむしろ注目しなければならないのは、エコロジーをイメージ戦略として利用したビジネスの興隆である。エコロジー・ファッションにせよ、地球意識《アースコンシャス》を反映した商品のネーミングにせよ、そこにあらわれているのは「エコロジー」という「時代の感性」をいちはやく製品のイメージに付与することで、消費者による製品の使用意識にある種の健全な「主張性」をもたせようとする意図である。これは、エコロジーの健康的でポジティヴなイメージを徹底的に「消費」しつくそうとする、(3)きわめて狡猾《こうかつ》なビジネス戦略といわねばならない。

しかし、社会のあらゆる場面において「自然」のイメージが喚起され、消費されてゆくという状態は、すでにアメリカの批評家ジョン・バージャーが動物の文化的消費をめぐって鋭く指摘したように、「自然」そのものの物理的消滅を前提としたときにはじめて生ずる。私たちが「自然」について持つことになった科学的・社会的知識は、すなわち私たちの「権力」の指標なのであって、それこそが私たちを自然から遠ざけることになった力を示している。

自然について知れば知るほど、そして自然について語れば語るほど、自然は私たちから遠のいていったのだ。科学的知識の獲得が「自然」の維持に直接結びつくというような一部のエコロジストたちのナイーヴな信仰と、それに乗じた産業側のイメージ戦略は、まさに「知識」というかたちで人間が発動してきたこのサクシュ(c)的な権力装置についてあまりにも無自覚であるといわねばならない。

「政治」の領域に投影されるにせよ、「ビジネス」の場に呼び出されるにせよ、エコロジーをとりまく現在の環境を見るかぎりひとつあきらかなことがある。それはすなわち、現代のエコロジー推進者たちが、あるとき、エコロジー的叡《えい》智《ち》が本質的に胚胎《はいたい》していた「言語」への関心をすっかり見失ってしまったということだ。

「言語」への関心とは、(4)「詩」への関心といいかえてもよい。カリフォルニアの大学で「野性の思考《ウィルダーネス・ソート》」講座を教えるアメリカの詩人ゲイリー・スナイダーは、「エコロジカルな生存の技術としての詩について」という副題のついたあるエッセイのなかで、アメリカ・インディアンのようなプリミティヴな民族文化のなかでシャーマンの身体のなかに実現されていた自然への連続的感覚が、じつは「詩」の実践によって内実を与えられていたことを述べている。「声」という息によって言語化された「詩」は、それ自体のなかにあらゆる生成変化への力を宿していたが、それはプリミティヴな感性にとっては、人間をふくむ自然環境が示す生成ルテンと雑考受精（"cross-fertilization"）の動きに対応していた。アメリカ・インディアンが憑依《ひょうい》状態になって踊ることをつうじて大地との一体化を示すとき、彼らはかならずこんなふうに歌った。

「私はまわる／大地のへりを／長い羽根の翼をつけ／舞いながら……」。

自然界に満ちあふれる無数の「音」の連続体のなかから繊細なことばたちを選びだし、それを歌や踊りとして身体的に表現することを通じて、インディアンは彼らがまぎれもない「土地の棲息《せいそく》者」であることを主張している。大地がはぐくむあらゆる生命にたいする鋭敏でエロティックですらある感知力によって、インディアンたちは彼らの「棲息」の感覚を語るための限りなく厳密なことばが、「詩」としてしか存在しえないことを知悉《ちしつ》していたのだ。

彼らは、人間がたんに肉体器官の複合体というだけでなく、精神的叡智がたぎり、ほとばしりあう混沌《こんとん》とした豊饒《ほうじょう》な「場」であることを知っていた。だから彼らは、大地にたちあがる自然の世界のなかに抱かれた自分自身の存在を、このエコロジカルな充満によってうめつくされた自分という「場」にゆらめく力強くしかも繊細な詩的「ことば」のかたまりとして取り出すことができたのである。

その意味で、プリミティヴなエコロジーは、詩の世界とおどろくべきシンワセイを示していた。そして現代世界に生きる私たちがいまふたたび回復しなければならないのは、まさにこうした美学的な核心をそなえたエコロジーだ。歌えなくなったエコロジストたちが、必死に政治や科学という権威を援用して、彼らの枯渇した詩精神をひたかくしにしているのが現代だとすれば、なによりも私たちがとりもどさねばならないのは、大地と人間とのつながりをはっきりと名指すための精密でリズミカルな魂をもった「ことば」なのだ。詩神《ミューズ》を宿すエコロジー……。言語的アートとしての精緻《せいち》な表現能力を与えられたエコロジーだけが、二一世紀にむけて生まれはじめている新たな「主体性」と「自然」との関係をめぐる倫理学《エシックス》を、真の生態学的叡智《エコソフィア》へと導いてゆくことができるのである。

（今福龍太『ここではない場所　イマージュの回廊へ』による）

問一　傍線（1）「現在のエコロジー思想の表層的な展開」とあるが、それはどのようなものか。簡潔に説明せよ。

問二　傍線（2）「エコロジカルな認識がうみだす心理的危機意識」とあるが、なぜ「エコロジカルな認識」が「心理的危機意識」を生み出すことになるのか。説明せよ。

問三　空欄［ア］［イ］に当てはまる最も適切な語の組み合わせを次の（a）～（e）からひとつ選び、記号で答えよ。

（a）ア 絶対　イ 相対　　（b）ア 人工　イ 偶発

（c）ア 仮想　イ 現実　　（d）ア 全体　イ 限定

（e）ア 一般　イ 専門

問四　傍線（3）「きわめて狡猾《こうかつ》なビジネス戦略」とあるが、どのような点を「狡猾《こうかつ》」であるとしているのか。説明せよ。

問五　傍線（4）「「詩」への関心」とあるが、ここでいう「詩」とはどのようなものか。最も適当な答えとなる部分を本文中から四〇字以上四五字未満で抜き出して答えよ。ただし、句読点等の表記記号も一字に数える。

問六　波線部「自然について知れば知るほど、そして自然について語れば語るほど、自然は私たちから遠のいていったのだ」とあるが、

①　どのような状態を言っているのか。筆者の趣旨に即して説明せよ。

②　この見解について、あなた自身の考えを、三〇〇字前後で述べよ。

問七　傍線a～eの片仮名を漢字で書け。

a　ゲンワク　b　ギャクセツ　c　サクシュ　d　ルテン　e　シンワセイ

9

次の文章を読み、後の問いに答えなさい。

Ⅰ　[1]リスク社会は、古代ギリシア以来の倫理の基本を否定してしまう。どういうことか？　アリストテレスが述べたことは、美徳は中庸の内にある、ということだった。だが、リスク社会のリスクを回避するためには、中庸の選択は無意味である。中庸が最も価値が低く、選択は両極のいずれかでなくてはならない。たとえば、地球の温暖化を避けるべく、二酸化炭素の排出量を下げる――石油の使用を抑制する――べきかどうか、が問題だとしよう。近い将来――このまま石油を使用し続けた場合に――、地球がほんとうに温暖化するのかどうかは、誰《だれ》にも分からない。このままでは地球が温暖化するのだとすれば、われわれは、二酸化炭素の排出量を大幅に下げなくてはならない。だが、逆に、温暖化はまったくの［a］なのかもしれない。その場合には、われわれは今のまま、石油を使用し続けてもかまわない。確率論が示唆する選択肢は、両者の中間を採って、中途半端に石油の使用量を減らすことだが（被害の大きさと生起確率が互いに互いを[あ]相殺するような効果をもつので「期待値」が中間的な値をとるから）、それこそ最も愚かな選択肢である。もし温暖化するのだとすれば、その程度の制限では効果がないし、また温暖化しないのだとすれば、何のために石油の使用を我慢しているのか分からない。結果が分からなくても、結果に関して明白な確信をもつことができなくても、われわれは、両極のいずれかを選択しなくてはならないのである。

　さらに、こうした態勢は、[2]民主主義的な決定の基盤を切り崩すことになる。政治的な意思決定に、民主主義が採用されるのは、何が真理なのか、何が正義なのか、誰にも分からないからである。こうした状況で、民主主義は、次のような次善の策を採る。普遍的な真理や正義があるとすれば、それは、理性的な人間のすべてが合意するはずなのだから、多数派が支持する意見こそ、正義や真理に最も近似しているに違いない、と。つまり、民主的な決定は、多様に分散する諸意見の中から、多数派の見解が集中する平均・中間を真理や正義の代用品として用いるのだ。だが、述べてきたように、リスクへの対応においては、平均や中間は無意味である。半数前後の者が反対する極端な選択肢を採らなくてはならないのだ。

リスク社会がもたらすもうひとつの効果は、「知」と「倫理的・政治的決定」との間の断絶があからさまなものになってしまう、ということである。学問的な認識と実践的な決定との間には、決して埋められることのない乖離《かいり》がある。前者から後者への移行には、原理的に基礎づけられない飛躍がある。だが、しかし、近代社会は、両者の間に自然な移行や基礎づけの関係が成り立っているとの幻想によって、支えられてきた。たとえば、特定の経済政策は、経済学的な認識によって正当化されると考えてきた。あるいは、生死についての倫理的な決断は、医学的・生理学的な知によって支持されうると信じてきた。だが、リスク社会は、知と倫理的・政治的決定との間にある溝を、隠蔽《いんぺい》しえないものとしてカロテイさせざるをえない。なぜか？

科学に関して、長い間、当然のごとく自明視されてきた3ある想定が、リスク社会では成り立たないからだ。科学的な命題は、「真理」そのものではない。「真理の候補」、つまり仮説である。それゆえ、当然、科学者の間には、見解の相違やばらつきがある。だが、われわれは、十分な時間をかければ、すなわち知見の蓄積と科学者の間の十分な討論を経れば、見解の相違の幅は少しずつ小さくなり、ひとつの結論へと収束していく傾向があると信じてきた。収束していった見解が、いわゆる「通説」である。科学者共同体の見解が、このように通説へと収束していくとき、われわれは、——その通説自体が未だ真理ではないにせよ——真理へとい漸近していくのではないかとの確信をもつことができる。そして、このときには、有力な真理候補である通説と、政治的・倫理的な判断との間に、自然な含意や推論の関係があると信ずることができたのである。だが、リスクに関しては、こうしたことが成り立たない。

というのも、リスクをめぐる科学的な見解は、「通説」へと収束していかない――いく傾向すら見せないからである。たとえば、地球がほんとうに温暖化するのか、どの程度の期間に何度くらい温暖化するのか、われわれは通説を知らない。あるいは、人間の生殖系列の遺伝子への操作が、大きな便益をもたらすのか、それとも「人間の終焉《しゅうえん》」にまで至る破局に連なるのか、いかなる科学的な予想も確定的ではない。学者たちの時間をかけた討論は、通説への収束の兆しを見せるどころか、まったく逆である。時間をかけて討論をすればするほど、見解はむしろ発散していくのだ。リスクをめぐる科学的な知の蓄積は、見解の間の分散や懸隔を拡張していく傾向がある。このとき、人は、科学の展開が「真理」への接近を意味しているとの幻想を、もはや、もつことができない。さらに、当然のことながら、こうした状況で下される政治的あるいは倫理的な決断が、科学的な知による裏づけをもっているとの幻想ももつことができない。知から実践的な選択への移行は、あからさまな飛躍によってしか成し遂げられないのだ。

Ⅱ　以上の考察は、リスク社会をもたらした究極の要因が何であるかを示唆している。リスク社会論を唱える論者は――ウルリヒ・ベックやギデンズ、ルーマン等は――、二つの要因を挙げるのが通例である。第一に、つまり近代社会が、自然を固定的なものと見なさずに、自然を制御することを選んだこと、そして、より一層、重要なこととして、第二に、依拠すべき伝統が崩壊したこと、これらの要因が挙げられてきた。要するに、再帰性(注1)の水準が上昇したことが、リスク社会化をもたらした、というわけである。実際、われわれの生活をあらかじめ規定してしまう、伝統的な規範やコスモロジー(注2)が深く信頼されていれば、リスクは出現しない。たとえば、たとえ災害にソウグウしたとしても、それが、伝統的なコスモロジーに従って天罰や神意として解釈されるならば、それは――「危険」ではあっても――リスクとは見なされない。伝統的な規範が行為を固定的に規定しているときには、――選択の所産と見なされることがリスクの条件である以上――リスクは出現しない。

とはいえ、しかし、伝統的な規範やコスモロジーに従った社会的な紐帯《ちゅうたい》（注3）が崩壊し、個人の選択の自由が顕揚されるようになったのは、近代の当初の段階からのこと——一九世紀以来のこと——ではないか。たとえば、一九世紀の社会変容を眺めて、フェルディナンド・テニエスは、「ゲマインシャフト（注4）からゲゼルシャフト（注5）への転換」を——「本質意志によって宿命的に規定されていた社会的紐帯から選択意志によって規定される紐帯への転換」を——、描いたのではないか。そうだとすると、二〇世紀の末期になってやっと本格的なリスク社会が到来したことには、もっと別の要因が、もっと立ち入った要因があったはずである。ここまでの考察が示唆しているのは、まさにこの点である。

このことを分かりやすく提示するためには、まず、個人の選択性——再帰性——が容認されている状態が、テンケイ的には、どのような形態を取るのかを参照しておくのがよい。[b]、そうした状態を最も分かりやすく例示しているのが、市場経済であろう。自由市場においては、諸個人は、自分自身の利害のみを考慮して、自由に選択することが許されている。すべての市場参加者は、自らの利潤や効用の極大化を目指して行動することができるのだ。[c]、市場経済の「理論」が教えるところによれば、——諸個人の利害は互いに葛藤《かっとう》しているにもかかわらず——こうした諸個人の行動の集積を通じて、キンコウ価格が成立し、財の——ある意味での——最適な分配が実現する。諸個人の自らの利害しか想定しない、局所的な自由で合理的な選択が、結果として、市場全体の合理性をもたらすのである。[d]、よく知られているように、アダム・スミスは、市場の全体が「神の見えざる手」によって調整を受けているかのようだ、と表現したのである。この「見えざる手」を、市場から、歴史や社会の総体へと一般化して捉《とら》えなおしたのが、ヘーゲルの「理性の狡知《こうち》」である。歴史の中で、諸個人は、盲目的に自らの好むところのことを選択しているだけなのだが、結果的には、理性の目的の実現に資するように行動しており、まるで理性によって知らぬ間に操られているかのように見える、というわけである。

こうした感覚・イデオロギーの原点にまで遡《さかのぼ》れば、マックス・ヴェーバーが資本主義の精神の由来をそこに見た、プロテスタンティズムの倫理——とりわけカルヴァン派の予定説(注6)——に到達することになる。人間を絶対的に超越する神の意志——誰が救済され、誰が呪《のろ》われているのかという意志——は、人間にははかり知れない。全知の神は、すでに結論を出しているが、人間は、原理的にそれを知ることができないので、結局、自らの自由意志で個々の行為を選択していくしかない。が、まさに、そうした個人的な選択こそが、あらかじめすべてを見通していた神が規定していたことに合致しているのであり、そのことが明らかになるのは、歴史の最後の日——最後の審判のとき——なのである。

これらの例では、すべて、あるタイプの「第三者の審級」(注7)（見えざる手、理性、予定説の神）が前提にされている。その第三者の審級の「本質」に関しては、不確実で、原理的に未知であり、それゆえ空虚である。［e］、人は、その第三者の審級が何者であるのか、何を欲する者なのか、何を意志しているのかということに関して、あらかじめ知ることはできない。だが、その第三者の審級の「実存」に関しては、確実であり、充実している。予定説の神は、何を考えているのかは分からないが、確実に存在しているのだ。諸個人が選択するということは、何を欲しているかは不確実だが、間違いなく存在している第三者の審級の意志や選択に、彼が——結果的に——コウケンし、参加することを含意しているのである。

リスク社会の特徴は、以上のような状況を背景にしたときに浮上させることができる。リスク社会化とは、「本質に関しては不確実だが、実存に関しては確実である」と言えるような第三者の審級を喪失することなのである。第三者の審級が、本質においてのみならず、実存に関して空虚化したとき、リスク社会がやってくる。たとえば、先に、リスクをめぐる科学的な討議が通説へと収束せず、人類が真理へと漸近しているという実感をもつことが困難になっている、と述べた。あるいは、正義をめぐる判断が中庸へと収束していくことがない、とも指摘した。このことは、言い換えれば、われわれが、普遍的な真理や正義を知っているはずの理念的な他者（第三者の審級）が、未来に、歴史の先に待っている、と想定することが困難になっている、ということを含意する。つまり、われわれは、今や、第三者の審級の意志が分からないだけではない。そもそも、第三者の審級が存在していないかもしれない、との懐疑を払拭《ふっしょく》することができないのだ。第三者の審級が、二重の意味で空虚化し、真に撤退した社会こそが、リスク社会である。リスク社会が、近代一般（第三者の審級の本質が空虚になる段階）ではなく、後期近代[6]に対応する所以は、ここにある。

（大澤真幸『不可能性の時代』より）

（注1）再帰性…社会学では、対象に対する言及がその対象自体に影響を与えることをいう。
（注2）コスモロジー…宇宙論。宇宙の起源・構造・状態・変化などについての理論。
（注3）紐帯…ひもとおび。ここでは、血縁・地縁・利害関係など、社会を形づくる結びつき。
（注4）ゲマインシャフト…共同社会。人間が血縁・地縁・精神的連帯などによって自然発生的に形成した集団。家族や村落など。
（注5）ゲゼルシャフト…利益社会。人間がある特定の目的や利害を達成するため作為的に形成した集団。都市や国家、会社や組合など。
（注6）予定説…キリスト教教理の一つで、人が救われるのは、人間の意志や能力によるのではなく、全く神の自由な恩恵に基づくという聖書の教理。パウロからアウグスティヌスを経てカルヴァンの救済と滅亡の二重予定説に至る。
（注7）第三者の審級…社会学者である筆者の用語。それぞれの社会において、価値や規範の正当性・妥当性を保証してくれるように思われる超越的な他者のこと。

問一　空欄　a　に入る、もっとも適切な成語を次のうちから選び、記号で答えなさい。
ア　矛盾　　イ　杞憂　　ウ　推敲　　エ　四面楚歌　　オ　呉越同舟　　カ　五十歩百歩

問二　傍線あ〜おの漢字の読み方を平仮名で記しなさい。

問三　傍線カ〜コのカタカナを漢字になおしなさい。

問四　傍線1「リスク社会」が「古代ギリシア以来の倫理の基本を否定してしまう」のは、どのような事情からか。本文中の語句を用いて六十五字以内で説明しなさい。

問五　傍線2「民主主義的な決定の基盤」にあるのはどのような考え方か。次のうちから最も適切なものを選び、記号で答えなさい。
ア　半数前後の者が反対する極端な選択肢であっても、有効ならば採ることもやむをえないという考え方
イ　何が真理で何が正義なのか誰にも分からないので、仮説こそ真理をあらわすものだという考え方
ウ　時間をかけて討議をすればするほど、多様な意見が出てきて公平な結論が得られるという考え方
エ　時間をかけて討議をするほど、多数派の正しい意見が政治的な意思決定に採用されるという考え方
オ　意見が分散しても、多数派が支持する意見こそ正義や普遍的な真理の代用品となるという考え方
カ　真理と正義を判断できる人物はいつの時代もかならずいるので、選挙などで委ねられるという考え方

問六　傍線3「ある想定」が成り立たなくなった理由について四十五字以内で述べた箇所を、本文中よりそのまま抜き出しなさい。

問七　傍線4「リスク社会論を唱える論者」たちによって、近代社会のリスク社会化をもたらしたと考えられてきたものは次のうちどれか。もっとも適切なものを選び、記号で答えなさい。

ア　局所的で自由な選択であっても、「神の見えざる手」により全体の合理性がもたらされること
イ　依拠すべき伝統的な規範やコスモロジーが崩壊したために、天罰としての災害がふりかかったこと
ウ　近代社会が、災害を神意と切り離して、自然をコントロールするものとして選んだこと
エ　マックス・ヴェーバーが、プロテスタンティズムの倫理に資本主義の精神の由来を見出したこと
オ　個人の自由な選択も、理性の目的の実現に資するように知らぬ間に操られていること

問八　空欄［b］～［e］に入る語を次のうちからそれぞれ選び、記号で答えなさい（正解では一つの記号が複数箇所で用いられることはない）。

ア　すなわち　　イ　それゆえ　　ウ　たとえば　　エ　そういえば　　オ　だが

問九　傍線5「そのこと」とは、どのようなことか。本文中の語句を用いて六十字以内で説明しなさい。

問十　傍線6「後期近代」にあたる時期を端的に言い換えた語句を本文中より七字で抜き出しなさい。

問十一　［Ⅱ］以降において筆者は、本格的なリスク社会の到来した要因をどのように指摘しているか。本文中の語句を用いて五十字以内で説明しなさい。

10

次の文章を読んで、後の設問に答えなさい。

地域は「共通の空間」や「座」を失い、場所として機能しなくなっている。地域の下にあった生活空間、消費空間、政治空間などの異質な空間を並置統合できなくなり、地域には各空間の勝手な理屈や作法でモノが配置されるようになる。地域から見れば、モノの配置が無秩序になるのは当然である。また、一つの空間を取り出してみても、空間全部を特定の地域内にとどめおくのが困難になっている。これが「没場所性」の正体である。

たとえば、A消費空間は、加工食品から白物家電までどのような商品でも、最前線にあるスーパーの売場のバックヤードで世界に大きく張り出している。また、消費者は、廉価で優れた商品やサービスを簡単に域外から購入する。消費者から見て、原料やパーツの調達も、加工組み立ても、運搬配送の経路も、地域を大きく逸脱し、消費者がどんなに想像力を駆使しても、モノ、金、人の動きの全貌を捉えることはできない。消費空間に限らず、地域からの諸空間の分離が、地域を混在郷《ヘテロトピア》に変え、さらに活動空間としての地域を限定的にした。ただ、混在郷は、他ならぬ私たちが日常生活でむしろ悦んで選好した結果でもある。私たちは、混在郷をそこそこ快適に生活している。

ウェブ空間も、また混在郷である。ウェブ空間において、私たちの足場は、アプリケーションが提供してくれるが、それぞれの空間を、場合によって別名、別人格で同時に利用する。アプリケーションは統合されることなく、クライアント側のインターフェース（ＯＳ）上で初めて並置される。このようにウェブ空間は、目的や機能の異なる数多くのアプリケーションが混在する多元的空間である。

地域も、ウェブ空間も混在郷となり、活動空間全体で多元的空間化が進行している。これは、私たちが選好した結果に違いないが、その代償として、私たちは得体の知れなさや、漠然とした不安を感じている。混在郷がもたらしたこの不安の正体は一体何だろうか。

　ギデンズの言葉を借りれば、近代社会は「時空間の分断」が可能にした「脱埋め込み」に特徴づけられる。前近代社会では、直接的な相互関係に支配されていたが、近代では、そのようなローカルな文脈から社会関係を時間的、空間的に切り離して（脱埋め込み）、時空間の無限の広がりのなかで社会関係の再構築（再埋め込み）が目指される。しかし、そこでは自己の同一性や継続性が担保されにくい状況となり、自己のアイデンティティを巡って大きな混乱が起こる。共時的に見れば、自己はもはや再帰的にしか位置づけられず、通時的に見れば、その時々の自己が分断され、連続性への確信が持てない。「再埋め込み」の成れの果てが混在郷なら、この漠然とした不安とは、自己を巡る「存在論的不安」といえるだろう。

　混在郷に生きる私たちは、共時的に見ると「共通の名前」や「共通の言葉」を失ってしまう失語症（aphasia）に似て、「共通の空間」を失っている。また、通時的に見れば、帰るべき場所を失って「故郷喪失」に陥っている。時間的にも、空間的にも場所を失った私たちは「失郷症《アトピア》（atopia）」を患う。atopiaは、場違い、捉えどころのなさ、得体の知れなさを意味するギリシア語だが、否定の接頭語aと、場所《トポス》（topia）の組み合わせから、もともとは「あるべき場所にない＝正常ではない状態」を表わしている。アトピー性皮膚炎の「アトピー」もatopiaに由来し、捉えどころのない病気という意味がある。

　「故郷喪失（displacement）」は、近代社会に広く見られる特徴である。故郷を捨てて都会を目指した近代人は、簡単に故郷に帰ることができず、また、捨てられた故郷もその間に大きく変質して、帰るべき場所ではなくなってしまう。

　近代社会は、徹底的な未来志向の社会であり、固定的な過去の社会関係を常に解体、再編し、変化を志向し続けてきた。

夢見る近代人は「ここ」から「あそこ」へ、今自分が於てある場所（ここ）を捨て、別の場所（あそこ）を探しにいく。近代の望郷詩人なら、ハーディであれ、石川啄木であれ、佐藤春夫であれ、それは「田舎から都会へ」であり、ロレンスなら「下流階級から中流階級へ」となるだろう。

トマス・ハーディの『帰郷』は、近代の絶頂期であるビクトリア朝時代の一八七八年に発表された小説で、都会を憧れてやまない女性ユウステーシアと、都会生活に疲れて帰郷した男性クリム、というパラドキシカルな構成で書かれた物語である。ユウステーシアは、退役大佐の父親と田舎エグドンに暮らしている美しい娘だが、ワイルディーヴと秘密の関係にあり、村人の評判はよくなかった。そこにパリのダイアモンド商人のクリムが帰郷する。二人は惹かれあい、クリムの母親の反対を押し切って結婚する。クリムは教育者として故郷に奉仕する決意を持つが、ユウステーシアはいつしか村を抜け出したいと思っている。その後、クリムの目が不自由になり、都会に出られないことが明らかになると、ユウステーシアはワイルディーヴとよりを戻す。それが、和解を望んでいた母親を死に追いやり、彼女もワイルディーヴとの駆け落ちに失敗し、二人とも溺死する。クリムの帰郷は、ユウステーシアやクリムの母親、ワイルディーヴたちの運命を変転させたが、クリム自身も、苦悩に満ちた人生を生き延びることになる。

このように『帰郷』は、決して故郷に帰ることが許されない近代人の悲劇的物語である。故郷エグドンは、「海変じ、野変じ、河変じ、村変じ、人変じても、ただエグドン・ヒース（荒野）は残ってきた」という「雄渾壮大にして万古不変で、畏怖感を与える、時間から隔絶された絶対者としての自然」である。ハーディは、近代人をエグドンに帰郷させることで、一大悲劇を演出しようとした。「エグドン・ヒース」は、変化する近代人にとって接することも許されない場所である。

①室生犀星の「ふるさとは遠きにありて思ふもの」（「小景異情・その二」）は有名な一節だが、これには続きがある。

ふるさとは遠きにありて思ふもの
そして悲しくうたふもの
よしや
うらぶれて異土の乞食《かたゐ》となるとても
帰るところにあるまじや
……

「帰るところにあるまじや」に表われているように、犀星にとってふるさとは、遠くから思うもので、決して帰るべき場所ではなかった。実際に犀星は、流行詩人になった後、ふるさと金沢にほとんど帰っていない。

近代人は故郷を捨てた後、痩せ我慢してでも故郷に帰らない。故郷を否定し、退路を断って前進あるのみの姿勢を貫いた。D近代人にとって、故郷はいつか「帰るべき場所」として位置づけられ、帰郷はリタイアを意味していた。故郷を捨てて都会を生きた近代人には、望郷の念が募るばかりになる。

現代人も、前進の姿勢はそれほど変わらないのかもしれない。しかし、現代人は失郷者として、それも若者世代であれば生まれながらの失郷者として、初めから帰ろうなどと発想しない。そもそも没場所性によって「帰るべき場所」を失っている。近代人が「帰郷」を否定したのとは対照的に、E現代人は「帰郷」を忘却している。たとえば、地方出身者の「Uターン」も、「帰る」のではなく、前向きの選択肢の一つとして出身地方に「行く」のであり、「帰る（帰郷）」という行為が忘却されている。

故郷忘却のなかで地域は、現代人が「帰るべき場所（故郷）」に適合する必然性を失う。こうして地域は、歴史に対する責任を免れる一方で、生き残りをかけて現代人が「野営する場所」、あるいは「不時着する場所」へのゲイゴウを進めていく。そこでは、社会資産を継承し、伝統習慣をボクシュする意味がなくなり、不変不動のエグドン・ヒースも必要ない。細分化して高度になっていく数多くの専門空間との接続と適応を怠らないことが最重視され、地域は、ウェブ空間と同様、高次のシミュラークル環境を志向する。しかしながら、「共通の空間」だけでも機能不全に陥る地域に、より高次の機能が備わるとは考えにくく、地域はますます置き去りにされる。

人は生まれ育った地域（土地）で言葉を覚え、食べ方や挨拶などの作法を身につけ、自我を形成し、行動様式や世界との対峙方法を獲得する。たとえその土地を発った後も、それは本人に息づき、迷いが生じたらそこに遡って自分を確認しようとする。故郷は自らのルーツであり、生涯にわたる心の拠り所として、何かあったら「帰るべき場所」になる。

ジョージ・オーウェルは、『1984年』でディストピア（絶望郷）を描いたが、実生活では故郷に対する思いはひとしおであった。オーウェルは、故郷に対する愛着心《パトリオティズム》を、「自分では世界中でいちばんよいものだとは信じるが他人にまで押しつけようとは思わない、特定の地域と特定の生活様式に対する献身」と述べている。パトリオティズムとは、一言でいえば「場所への愛」、生まれ育った場所への愛である。それは、場所の働きで束ねられた親密で慕わしく感じられる人々へのフヘン的な愛であり、それゆえパトリオティズムは甘美で、過剰な愛情や献身を生みやすく、ときにナショナリズムに利用されてきた。

しかし、現在の故郷は、生まれ育った地域にはない。そこから離れて、あくまでその人の記憶として辛うじて残っている。故郷とは、母の顔、食卓、通学路、友だちの家、小学校の校庭、空の色、水の匂い、言葉、繰り返し見た夢など「内面に宿る情景」であり、生まれ育ったモラトリアム期の身体化された記憶が、故郷の実体である。

このように故郷は、地域（場所）から遊離し、記憶（時間）で構成されている。故郷は、本来着地すべき現実の場所を失い、しかたなく記憶のなかを彷徨っている。前近代社会では時間で天体の位置を知るように、「いつ」は「どこ」と深く関連づけられ、また、記憶が必ず場所に関連づけられていたように、時間と空間は渾然一体としていた。故郷も、個人の記憶にだけでなく、地域という現実空間のなかに見いだすことができたが、今や故郷は記憶だけの存在となっている。

（丸田一『「場所」論』による）

問一　傍線部ア〜オの、漢字をひらがなに、カタカナを漢字に直しなさい。

問二　傍線部①「室生犀星」の作品ではないものを以下のa〜dの中から一つ選び、記号で答えなさい。

a『杏っ子』　b『性に目覚める頃』　c『青猫』　d『抒情小曲集』

問三　傍線部A「消費空間は、加工食品から白物家電までどのような商品でも、最前線にあるスーパーの売場のバックヤードで世界に大きく張り出している」とは、具体的にどのような状態を言うのか。簡潔に説明しなさい。

問四　傍線部B「漠然とした不安」とは、具体的にはどのようなことに関する不安か。「〜ということ」につながるように本文中から十八字で抜き出しなさい。

問五　傍線部C「故郷」とは、本来、人間にとっていかなる場所のことを言うのか。その定義として最もふさわしい部分を、「〜場所」につながるように、本文中から四十五字以上五十字以内（句読点を含む）で抜き出し、その最初と最後の五字を書きなさい。

問六　傍線部D「近代人にとって、故郷はいつか「帰るべき場所」として位置づけられ、帰郷はリタイアを意味していた」とあるが、このことを言い換えると、次のようなことになると思われる。[X]、[Y]に入る語を考えて書きなさい。ただし、[X]には「立」の字から始まる四字熟語、[Y]には漢字一字が入る。
〈故郷を離れた近代人が夢見たのは、[X]を果たし、故郷に[Y]を飾ることだったが、多くの人にとってそれはあくまで夢でしかなかった。〉

問七　傍線部E「現代人は「帰郷」を忘却している」とあるが、「「帰郷」を忘却している」とはどのようなことを言うのか、わかりやすく説明しなさい。

問八　傍線部F「故郷は、本来着地すべき現実の場所を失い、しかたなく記憶のなかを彷徨っている」とあるが、これは現代人にとっての「故郷」がいかなるものとしてあることを言うのか。「混在郷」という言葉を必ず用いて説明しなさい。

11

次の文章を読んで、後の問いに答えよ。

先日、朝日新聞の「日記から」というコラムに深作光貞氏が日の丸の旗のことを書いていた。その中に、①欧州にいた時「日の丸が朝日なら、なぜバックをブルーにしないのか」と、フランス人にきかれ、当惑した話があった。いわれてみると、なるほどそうにちがいない。だが、フランス人にいわれて、はじめてそれに気がつくとは、どういうことなのだろう。ただ白地に赤く丸を染めただけで、これを日の丸と思いこんできたわれわれ日本人に共通の何かがあるのではないだろうか。

戦後間もなくのころ、西洋の事情にくわしい人の書いたものの中にも記憶に残った話があった。

ヨーロッパで各国の旗をかかげることがあった際、あちらの娘さんが、日の丸の旗を見て「あれも国旗なの」といってケラケラ笑ったというのである。もちろん第二次大戦のまえのことである。その文の筆者の名は忘れたが、もと外交官であったかと思う。彼のいうところによれば、一般にそれほど日本はヨーロッパで知られていないし、彼らが知らなくてもすむほど世界での日本の比重は低かったが、日本人自身はそうは思わず、たいへん自惚《うぬぼ》れていたという論旨であった。日の丸の旗を、デザインがaチセツで滑稽だと笑ったなどということは、敗戦前には書けなかった。だから、私もそれに気がつかなかった。今でも滑稽だと感じて笑うほどチセツとは思っていない。戦争にともなうさまざまな思い出から嫌悪感をもつ人はあっても、日本人はいっぱんに日の丸を滑稽とは感じないだろう。もし笑った白人の娘が平均的なあちらの娘の感覚なら、われわれの日の丸に対する感覚にはやはり別の共通の何かがあるとしか思われない。

まず、われわれは日の丸の旗をデザインとは考えていない。要するに赤い丸がかかれていればそれを日の丸としてうけとるくせがある。アメリカの煙草のラッキーストライクが敗戦後洋モクとして、ひどく流通したが、あの赤い丸のデザインを見て日の丸に似ていると感じた人は多かったであろう。さらにあれが懸賞募集に当選して多額の賞金を獲得したデザインであるときいて奇異の念をもった人も少なくなかったであろう。

　煙草の袋の寸法がタテとヨコ幾センチ、その上端から幾センチを中心とし、半径幾センチの円といったようなことは、一ミリもゆるがせにできないデザイナーの苦心のあるところである。だが、日本人は自分らの国旗といわれるものに対しても、そのようなゲンミツさを要求していない。だから、日の丸をデザインとは考えていないのだ。白地に赤い丸があればそれで日の丸の旗だと思っている。このばあい赤い丸が重要なのであって、白は赤のための地にすぎないから「白地に赤く日の丸染めて」などと歌って平気でいるし、その白地のところに署名をして兄弟や友人を戦場に送りだしたりしていたのだ。白いごはんをアルミの弁当箱に入れてまんなかへ梅干し一つ置くと、日の丸弁当といい、扇のまんなかに赤い丸を書けば、地紙が白であっても金であっても日の丸の扇という。つまり問題なのは赤い丸なのであって、地は白・黒・金・銀という色彩でないイロであれば日の丸とわれわれは認めて疑わなかったのである。

　このようなわれわれの感じかたについて、山崎正和氏がおもしろいことをいっていた。

「芸術というのは、広くわけて、二つの側面を持っていると思うんです。人間が意識的に計算して表現するという側面と、個人がどうしても表現したり、つくり出したりすることのできないある原型のようなものへもどっていくという側面と、両方あると思うんです」

と指摘し、アメリカの旗は星一つ線一本がたりなくてもアメリカの旗でなくなるが、日本の旗はそうでもない。つまり片方は意識的に計算して表現したデザインであるに反して、日の丸は原型的なものだ、と説いていた。

　日の丸は日本の絵画に相当古くからすでに見えている。近代になって、いつとはなしに国旗になったが、誰が図案したという個人的制作ではない。いわば共通の無意識といったようなものがささえになっていたから、国旗を連想して日の丸弁当もありえたのであろう。意識的なものからいえば、たいへんあやふやなもので、近代国家との結びつきかたも外国とはちがう。したがって外国の国旗をひきおろして焼いたなどという国際問題もぴんとこない。②国旗への感覚のちがいは、れきぜんたるものである。たとえば、われわれはフランス国旗を三色旗というが、青・白・赤のそれぞれの幅がどういう比率であるかを注意したことさえない。そのことを注意し知っている人は、まことにめずらしい日本人だといえるだろう。ただ自由・博愛・平等をあらわしているという程度の関心のもちかたにとどまっている。

それはとにかく、フランス国旗のばあいは白が青や赤と同じく意味をもっている。出征兵によせ書きをするという余白ではない。だから三色の対比はカクゼンとして寸分くるわず固定している。それは観念が明晰だということでなければならない。ところが日本では、赤い円が大きくも小さくもなり、余白との対比が量的に固定しにくい。数学的な明晰さに欠けている。山崎氏の説にしたがえば、西欧的な意識的表現と、個人を超える文化の原型を志向する表現とのちがいといえるのかもしれない。

日の丸にはとどまらない。それは、たとえば光琳の梅、観世の水、宝生の雲などといわれる類型的なかたちにもうかがえる。霞や霧が多い風土だから日本の絵画は霞や霧の多いぼやけたものになるといわれるが、西欧にだってそれらの自然現象はある。輪郭も色彩も明確でない霞や雲につつまれたものに関心があったからこそ、えがいたと見るべきだろう。意識的表現と文化の原型へ戻ろうとする志向表現との二傾向を色彩の方からいえば、前者は色の対比の計算でなりたち、後者は対比無視を条件としてなりたつ。色そのものを色相・明度・彩度という三属性に分析し、マンセルの記号とか、オストワルトの色立体などとシステム化してきたいわば科学的な方法が西欧にはあったが、日本にはなかった。そのかわり特異なボカシがある。ボカシは色相の対比による異色の相互認識ではなく、区別・境界をはっきりさせない何かだ。「雲を［A］ような話」とか「霞を［B］生きている仙人」とかいう日本語があって、とんとつかみどころのない形容につかうが、ボカシはそのような不分明なことがらとつながっている。

うちの娘が幼児であったころ、目とまゆ毛との位置をさかさにかくので気にしたことがあったが、心理学者の説明だと、幼児は目は目、まゆはまゆとして別に見るから大人の見かたとちがうのだという。つまり目をまゆとおなじ秩序の平面で同時的に相互存在として見ていないから、さかさまにかいても平気なのであった。旗の日の丸は、それと同様に青空の中にある太陽ではない（もっとも青空の太陽はまぶしくて赤くは見えない）。赤い丸だけが存在なのであって、それ以外は無視されている。天空は非存在なのではなく見えるレベルがちがうのだ。幼児が目を見ているとき、まゆを見ていないのと同様である。彼女のばあいもまゆは非存在なのではない。そこに在る。だが目との対比においては見えていない。いわばレベルがちがうのである。レベルのちがうものを、そのまま別にとらえて一つにすると対比ではなく齟齬[d]とかズレとかいうかたちになる。だが、そこには人間の計算を超える何かがある。ズレそのものの中に大人の判断を超える幼児（原型）の思議すべからざるもの[II]がある。もし、それに形態を与えたら、あるばあいには霞となり、あるばあいには雲となろう。日本の絵画的認識は、主として神韻縹渺[e]にあって、対象の把握にあったのではない。松樹は霞の中に隠顕し、水は網代木[f]にせかれて流紋をえがかねばならなかった理由はそこにある。

ところで話はとぶが、日本では絵画や文学にくらべて音楽の伝統が貧弱に思える。楽器といえば琵琶に三味線に笛、あとは太鼓などの拍子を打つものにすぎない。ピアノもオルガンもなかった。私は能にしたしんでいるから、説明をたのまれると、オペラと比較して話すことがある。ハヤシがオーケストラ、地謡がコーラス、シテ・ワキ・ツレが歌手というわけだ。しかし、能のオーケストラは構成が貧弱である。笛一つ、小鼓一つ、大鼓一つ、そして太鼓は、入る曲と入らない曲がある。この中でメロディーの出るのは笛だけである。能の中の舞には神楽・序ノ舞・中ノ舞・男舞・早舞などといろいろあるが、これらは全部歌詞がなく、ただ笛のセンリツ(g)によって舞うのである。小鼓・大鼓は笛につれて拍子をうってゆく。オーケストラにくらべると、なんとも淋しい。よくいうと清潔で質実でカンソ(h)で気迫がこもっているのだが、たしかに淋しい。このオーケストラと能のハヤシとの相違は、絵画でいえばヨーロッパの近代絵画と日本の墨絵のちがいと相応するであろう。色彩の対比が意識的に計算された表現になっているのと、墨ひといろの何かわからぬ神韻縹渺との差である。

周知のように音楽は［C］を基本としている。笛がメロディーを出せるのは指でおさえる穴の距離がきまっているからである。絃も長さの比例で音階が出る。これは精密を要する。計算をほかにしてはなりたたない。色彩と色彩との対比と分割との精密な計算が近代絵画の条件であったのに似ている。日の丸の大きさを問題にしない精神のありかたでは音楽はだめにきまっている。しかし、それは別のもの、未開人たちが愛する太鼓の拍子音楽とでもいったようなものを生み出す。

たとえば能の「安宅」に滝流しという一演出があって、弁慶が舞うとき、テン・テン・テン・テン・テンと太鼓が小きざみに拍子をうつにつれて橋掛りから舞台へするすると進んでくるところがある。滝の水が音をたてて流れているようでもあり、弁慶の颯爽(i)たる足の運びのようでもある。とにかく、見るものの胸にひびいて心が躍るのである。

ふるさとの祭りの太鼓の音を遠くきいて血のさわぐ思いをしない人はまずいまい。これらはみな計算された音楽ではない。身体そのものが感じる無意識な共鳴であって、原初的なものであろう。人間の心臓は一分間に約七十回の脈搏をうち、肺は約十七回の呼吸をする。この自律的な反復は生命のリズムをかたちづくっている根底であるらしい。そして、そのリズムは月が海の干満に作用しているように、自然の周期に適応しているのであろう。女性の生理を潮でいっているのも意味のあることだ。海浜の水が波形をえがきつづけて存在していることは、われわれのリズム感を波形でイメージするもとであったのかもしれない。

私は海岸の砂浜に腰をおろして、うちよせる波を眺めながら、いつも一種のなつかしさにおそわれる。波がしらがもりあがり、やがて白くくだけてうちよせてくる。Ⅲ耳をそばだてると、どどんざァーという音の強弱のくりかえしである。そのどどんざァーという音がはてしなくつづいているある瞬間に音がとだえる。いや、とだえるのではないだろう。音は持続しているのだが、どどんと一度くだけてさァーと波うちぎわへきて、音もなく静かにひいてゆく。つぎの波がどどんとすでにくだけているのだが、その瞬間に音のとだえを感じるのだ。私は音のせぬ瞬間に永遠を感じ、それにひきこまれる。魂のおののきを自覚する。

この瞬間はG・バシュラール(『瞬間と持続』)にならっていえば垂直の時である。この時が生命の充実と同時に光を発する真の瞬間であろう。jケイキし連続する時間は計量されうるが、この時は計量されない。言葉にすればただ深さだけがある。

とっぴなようだが、ここで源実朝の歌をひこう。

大海の磯もとどろによする波われてくだけて裂けて散るかも

上の五・七・五を「よする波」と D にし、下を「われて」「くだけて」「裂けて」とてをくりかえしながら「散るかも」と結んでいるのは、波がつぎつぎにおしよせてくるさまの音調化といっていいだろう。磯もとどろとよせる波を写生したにしてはいささか技巧的すぎる感がある。だがこの技巧的なもの(計算する精神)を超えて生命的なリズムが音調をひびかせている。この歌のよさは波のおしよせる様の写生においてすぐれているのではなく、そのとどろく波音のとだえる瞬間を感じさせる意味ですぐれているのだと、私には思える。つまり③太鼓のとどろとうちならされるばあいと同じなのだ。バチがうちおろされ、音がし、つぎのバチがうちおろされ音がする。その音の連続がなければその間《あいだ》もありえない。大事なのは音色であるよりは間《ま》なのである。

間《ま》は魔だと六代目菊五郎はいったそうだが、考えてわかるというものでなかっただけに魔物の感があったのだろう。計算し判断しただけでは間《ま》は把握されるものではない。指示的に体験されるだけである。

誤解をさけるために一言つけくわえておけば、私はここで西欧の意識的な芸術、計算と判断にもとづく芸術と、指示的に直接体験をもととする日本の芸術との優劣をいっているのではない。たとえば音楽について考えかたを異にしているように、絵画においての色彩もありかたを異にしているといっているだけなのである。

西欧人も日本人も赤を赤と見ることはおなじである。赤い色に感じる心理的なものもおそらくおなじであろう。しかし、日の丸の赤となればちがうのである。そのちがいかたが、絵画においても音楽においても共通したちがいかたとしてあらわれるにちがいない。そのことをいいたかったまでである。


（戸井田道三「日本人と色」より）

（注）洋モク――西洋タバコの俗称。
光琳――尾形光琳。江戸中期の画家（一六五八～一七一六）。
観世――能楽の流派の一つ。
宝生――能楽の流派の一つ。
マンセル――アメリカの画家（一八五八～一九一八）。
オストワルト――ドイツの科学者（一八五三～一九三二）。
橋掛り――能舞台で、楽屋の鏡の間から舞台後方へ斜めにかけ渡した板張りの通路。
G・バシュラール――フランスの哲学者（一八八四～一九六二）。
六代目菊五郎――尾上菊五郎。歌舞伎役者（一八八五～一九四九）。

問一　波線部a～jについて、カタカナの部分は漢字に直し、漢字の部分はその読み方をひらがなで記せ。

問二　破線部Ⅰ「白地のところ」を言い換えた二字の熟語を本文中から抜き出して記せ。また、破線部Ⅱ「思議すべからざるもの」と破線部Ⅲ「耳をそばだてる」の意味を、それぞれわかりやすく説明せよ。

問三　空欄［A］と空欄［B］に適切な言葉を補え。また、空欄［C］には本文中に用いられている二字の熟語を、空欄［D］には該当する修辞法を記入せよ。

問四　傍線部①「欧州にいた時「日の丸が朝日なら、なぜバックをブルーにしないのか」と、フランス人にきかれ、当惑した」とあるが、筆者はこの「フランス人」の問いについてどのように考えているか。八〇字以内（句読点等を含む）で記せ。

問五　傍線部②「国旗への感覚のちがい」とあるが、筆者は欧米と日本では「国旗への感覚」にどのような「ちがい」があると述べているか。一二〇字以内（句読点等を含む）で記せ。

問六　傍線部③「太鼓のとどろとうちならされるばあいと同じ」とあるが、何がどう「同じ」なのか説明せよ。

問七　二重傍線部「われわれの日の丸に対する感覚にはやはり別の共通の何かがある」とあるが、筆者はこの「何か」をどのように説明しているか。絵画と音楽の例が持ち出されている意味も含めて、二〇〇字以内（句読点等を含む）で記せ。

12

次の文章を読み、後の問いに答えなさい。

たとえ話をしよう。その王様は、世界のすべてが自分のものだとして育てられてきた。その結果、彼は「自分のものではない」ものが何ひとつ想像できず、「これは私のものだ」などという庶民的な考えをもつこともなかった。「私の」という所有格は、彼にはまったく無用だった。

ウィトゲンシュタインは『論理哲学論考』において、「独我論を徹底すると純粋な実在論と一致する」と述べている。独我論は、世界とは私が捉えたかぎりのものでしかないと考える。（世界は私の世界である。だから、私が死ぬと世界もまた消滅する。）それゆえ「他人が捉えた世界」は意味をもたない。だとすれば、すべてを所有する王様のように、それを「私が捉えた」と言い立てることにも意味はない。つまり、独我論が言う「私の世界」は、つきつめればたんに「この世界」に等しいものになるのである。かくして、独我論は実在論に一致する。

そしてデイヴィドソンもまた、同様の方向で論じていると言えるだろう。ウィトゲンシュタインが独我論を徹底したように、デイヴィドソンは①相対主義を徹底し、その結果、相対主義を蒸発させてしまうのである。

ひとは自分の概念枠を離れられない。これは相対主義の言い分にほかならない。それゆえ、自分の概念枠の下に翻訳することができないものは、理解できない。だとすれば、私は私の概念枠をはみ出たもの、自分と異なる他の概念枠の存在を捉えることができないだろう。かくして、相対主義をつきつめることによって、まず「他の概念枠」という考えが却下される。そして、他の概念枠がありえないのであれば、「自分の概念枠」という言い方にもポイントはなくなる。（例の王様のように。）「自分の概念枠によって捉えられた世界」などという言い方をせず、たんに「この世界」と言えばよいのである。かくして、相対主義の考え方を徹底することによって、概念枠という考えは消失する。

ウィトゲンシュタインとデイヴィドソンが同じことを言っているというのではもちろんない。しかし私は、相対主義を擁護[a]し、[②]デイヴィドソンと格闘しながら、その背後に『論理哲学論考』を透かし見て、自分が『論理哲学論考』のウィトゲンシュタインと戦っているようにも感じるのである。

デイヴィドソンの議論の大筋はこうであった。――異なる概念枠をもつ言語は翻訳不可能でなければならない。しかし、絶対翻訳できないようなものなど「言語」とは言えない。だから、異なる概念枠などありはしない。

なるほど、絶対翻訳できないものなど「言語」とは認められないように思われる。例えば、「タコが足をくねらせているが、あれは実は手話なんだ。意味はさっぱり分からない。でも、言語なのだ」などと言われても、何をおっしゃいますやら、という気持ちになるだろう。まったく翻訳不可能なものを、どういう根拠で「言語」と言いうるのか。

だが、例えば日本人は、翻訳できないものをこれまでさんざん取り入れてきたのである。明治期にはそうしたことがさかんに行なわれた。「哲学」は“philosophy”に対応する言葉として西周が作ったものである。あるいは“society”は最初「交際」とか「仲間」とか「社中」と訳されていたらしいが、どれもぴったりせず、けっきょく福地桜痴が「社会」という新たな語を作り、「ソサイチー」のルビをつけて使用し始めたという（『日本国語大辞典』）。「哲学」や「社会」は、実は訳語ではなく、“philosophy”や“society”そのものを表わす造語なのである。だから、「哲学」や「社会」という語が使われるようになっても、その意味するところは当時はまだ十分に理解されていなかったに違いない。だが、現在ではそうした語もふつうに日本語の仲間入りをしている。つまり、われわれは「哲学」や「社会」といった概念を新たに（時間と手間をかけて）カクトク[b]したのである。そして私は強調したいのだが、これはけっして「翻訳」ではなかった。

では、それは何と呼ばれるべきか。彼らは、異国の言葉に含まれていた未知の概念を新たに学ばねばならなかった。それゆえそれは、「習得」と呼ばれるべきだろう。ひとは、未知の概念に出会ったとき、それを翻訳するのではなく、新たに習得することによって理解する。

議論を先に進める前に、「論理空間」について、もう少しきちんとした規定を与えておきたい。

論理空間とは、いま私にとって考えられるかぎりの世界のあり方の可能性である。それは意味不明でないかぎり、どれほど非常識であっても非科学的であってもよい。富士山が液状化して崩れるとか、その上空をブタが群れをなして飛ぶとか、なんでもありである。言いかえれば、論理空間とは理解可能なことがらのすべてにほかならない。まちがいであれ、まったくありそうにないことであれ、私に理解可能ならばそれは私の論理空間に属している。

論理空間を構成している要素の各々は現実の世界からとられている。現実の事実を分節化して、タマやウィトゲンシュタインや富士山といった個々の対象と、猫や人間や山といった概念を取り出す。（さらに〈……は……を飼っている〉のような関係概念も含まれる。）これらの諸対象と諸概念が論理空間のソセキ[c]であり、論理空間のあり方は、私がどのような対象と概念を知っているかにかかっている。そうして、それら諸対象と諸概念を意味のある仕方で組み合わせたものを、非常識でも非科学的でも、すべて列挙する。これがつまり、論理空間であり、私の理解可能性の全体である。

そこで、このような考え方の線上で考えるならば、「［ア］」とは、相手の言葉を私の論理空間において理解することであると言えるだろう。ところが、明治の人たちの論理空間には“philosophy”が表現する概念も“society”が表現する概念も、含まれてはいなかった。そこで、新たな言葉を作ったのである。ここにおいて「［イ］」とは、新たな概念の［ウ］であり、それゆえ論理空間の拡大を意味している。つまり、「［エ］」とは手持ちの論理空間を変化させずに相手を理解することであり、「［オ］」とは自分の論理空間を変化させることによって理解を進めることにほかならない。

「哲学」や「社会」の事例は論理空間の部分的な変化だったが、それを極端にすれば、まったく新しい論理空間の［カ］ということもありうる。いつか宇宙人と遭遇し、われわれはもしかしたら全面的に新しい論理空間を学ばねばならないかもしれない。そんなものが［キ］可能なのかと問われるだろうか。いや、われわれもまた、そのようにして母国語

を ク してきた。われわれは、子どもの頃、はじめての言語を学び、はじめての論理空間を編み上げていったのである。

異文化理解のような場面ではなく、日常のコミュニケーションに目を向けよう。新たな概念習得によって相手を理解することは、日常会話でもけっして稀ではない。ここで、会話のあり方を次のように分類してみたい。

（1）　会話が何も問題なくなめらかに進行している。

（2）　相手の言葉の意味がよく分からず、会話が滞る。

（2a）　翻訳が必要。

（2b）　概念習得が必要。

会話がなめらかに進行していても、実はよく聞いてみると話が食い違っていたということも、珍しくはない。しかし、いまはそうした問題にあまり深入りせず、なめらかに進行した場合には、それでよしとしよう。問題は、相手の言葉の意味がよく分からない場合である。まず、翻訳が必要となる場面から見よう。「翻訳」といっても、いま考えるのは日本語を日本語に「翻訳」する場面である。

例えば相手が私の知らない言葉を使ったとする。「ふきこぼれそうになったらびっくり水を入れて」「どこにあるのさ。そのびっくり水って」聞いてみると、なんのことはない、お湯がふきこぼれそうになったときに水を差すことを「びっくり水」と言うのである。お湯が驚いてしゅんとなるからであろうか。ともあれ、私はこうして「びっくり水」を既知の言葉に翻訳して理解する。ここで私が学んだのは、すでに知っている概念に対する新たな表現であり、新たな概念ではない。それゆえ、これは「翻訳」のケースである。

あるいは、翻訳による理解にはこんな場面もありうる。ある人が「この仕事は私には役不足でできそうにないです」と言う。この場合、ほぼ瞬時に私はこの「役不足」という語を、私が正しいと考えている意味で理解するのではなく、「力不足」のような意味に翻訳して理解するだろう。

だが、翻訳ですべてが解決できるわけではない。「三枚におろす」という言い方が分からなかったとする。それを「魚を身と骨の三つの部分に切り分ける」と言葉で言われても、よく分からない。実際にやってもらい、「これが三枚におろすってことだ」と教えてもらわねばならない。私はそうして「三枚におろす」という概念を習得するのである。

相手が私の知らない概念を用いて話をしたとき、私はその概念を学ばねばならない。それはときに時間と手間のかかることともなる。例えば、碁を打っている人が、「薄い手だったか」とか「厚みには近寄らぬが肝心」とか言っていたとする。この「薄い」だの「厚い」だのを理解するには、碁を学ばねばならない。しかも、たんに碁の規則を知るだけではだめで、ある程度実践を積んで「薄い」とか「厚い」と言われる独特の感覚を身につけねばならないのである。

日常のコミュニケーションは、けっしてつねによどみなく進むわけではない。それでも、相手の用いている概念がすべて私にとって既知のものであるならば、つまり相手が私と論理空間を共有しているならば、相手の使っている未知の表現を私は私の知っている言葉に［ケ］することで理解できる。だが、私の信じるところでは、二人の人が論理空間を完璧に共有していることなどありはしない。そしてそのギャップはしばしば日常の会話において[e]ロテイし、コミュニケーションをよどませる。その場合、もはや［コ］は無力でしかない。［サ］は相手の言葉をあくまでも私の論理空間の内で理解することである。それゆえ、私の論理空間をはみ出たものは、［シ］によっては理解できない。しかし、これまでにもしばしば遭遇してきたそのような場面を、われわれは新たな概念を［ス］することによって、そうして自分の論理空間を変化させることによって、乗り越えてきたのではなかったか。

翻訳不可能なものは言語ではないというデイヴィドソンの主張に対して、私は、［セ］不可能であっても［ソ］可能な場合がある、ということを強調したい。

あるいは、デイヴィドソンはそのことを認めるかもしれない。彼が本当に言いたかったことは、習得可能性も含めて、まったく理解しえないものは言語ではない、ということだったのかもしれない。それならば私も反対はしない。翻訳もできず習得もできないもの（タコの「手話」）は、もはや「言語」と呼べるようなものではないだろう。しかし、そうだとすると、デイヴィドソンが為そうとした「異なる概念枠など存在しない」ということの論証は、失敗と言わざるをえない。というのも、習得による理解は、まさにそこに異なる概念があったことを示しているからである。

慎重に語ろう。異なる概念枠は、実のところ、［タ］で確かめることができない。私は、「ここに私の知らない概念がある」と言うことができないのである。どういう概念であるかを知らないのに、どうしてそれが概念であると分かるだろう。宇宙人が「ポックン」という音を発したとする。それはたんにくしゃみのような意味のない音かもしれない。それが確かに概念を表わしていると分かるのは、私が「ポックン」の意味する概念を理解しえたときである。だから、その概念を習得する前には、未知の概念の存在を私は確かめることができない。ところが、習得したならば、そのときにはもうそれは「未知の概念」ではなくなっている。つまり、未知の概念とは、「かつての私にとって未知の概念であった」という過去形でしか、姿を現わさないのである。

異なる概念枠は、私がそれを理解する前には姿を現わさず、理解したときにはもう異なる概念枠ではないものとなっている。この点を捉えて、「だからどの時点においても異なる概念枠など存在しないのだ」と言いたくなるかもしれない。だが、そうではない。なるほど、どの特定の時点においても、私は「異なる概念枠」なるものの存在を認めることはない。しかし、最初理解できなかった相手の言語を、そこに含まれる新たな概念を習得し、私の論理空間を変化させることによって、私は理解できるようになった。その理解の運動において、異なる概念枠の存在は示されるのである。

翻訳不可能でも言語でありうる。デイヴィドソンに反して、私はそう結論したい。

（野矢茂樹『語りえぬものを語る』に基づく）

（注）◎ウィトゲンシュタイン――一八八九～一九五一。オーストリア出身の哲学者。
◎デイヴィドソン――一九一七～二〇〇三。アメリカ出身の哲学者。
◎西周――一八二九～九七。幕末から明治期の啓蒙思想家。
◎福地桜痴――一八四一～一九〇六。幕末から明治期のジャーナリスト。

問一　文中の傍線部aからeについて、漢字はその読みをひらがなで、カタカナは漢字に直して、解答欄に記入しなさい。

問二　文中の傍線部①「相対主義を徹底し、その結果、相対主義を蒸発させてしまう」とはどういうことか説明しなさい。

問三　文中の傍線部②「デイヴィドソンと格闘」について、「私」はデイヴィドソンとどのように格闘したのか文章全体の論理の流れを踏まえて説明しなさい。

問四　文中の空欄アからソには「翻訳」と「習得」のどちらかの語句が入る。それぞれが該当する空欄のカタカナを解答欄に記しなさい。

問五　文中の傍線部③「「役不足」という語を、私が正しいと考えている意味で理解する」の「私が正しいと考えている意味」とは、これまで正しいと考えられてきた意味を指すが、それはどのような意味か答えなさい。

問六　文中の空欄タにあてはまる最も的確な語句三文字を解答欄に記しなさい。文中の他の表現との対応関係に留意すること。

13

つぎの文章について後の問に答えよ。

シャネルの靴の話で、白洲正子の自伝の一節を思いだした。

正子はまだ少女の頃に、帝国劇場で見たバレエ、アンナ・パヴロヴァの『瀕死《ひんし》の白鳥』にいたく感動を覚えたという。アンナ・パヴロヴァはヨーロッパでも一世を風靡《ふうび》したバレリーナだが、子ども心に見たアンナの踊りは一生忘れられないほどの絶品だったらしい。

バレリーナにとってはトウ・シューズがいのちだが、アンナ・パヴロヴァはそのシューズを職人につくらせていたらしく、正子はこう書いている。「イタリーの何とかいう靴屋の名人が御ひいきであったが、稀《まれ》にほかの人に作って貰《もら》うとぴったりせず、「きっと機械ヌ[A]いなんだわ。だから、シューズに魂がないのよ」といったという」。

手作りの作品には「魂」がこもるのである。生地であっても服であっても靴であっても、この事実は変わらない。魂がこもるほどの時間と精神をかけてつくられるものが贅沢《ぜいたく》品なのだ。この「贅沢」は、消費者にとってもそうだが、[1]作り手の職人にとってもそうである。

近代の機械制大工業は、生産工程をバラバラに分解して働き手を機械の「部品」と化し、能率的な生産をめざした。そうしてできあがったのが大量生産・大量消費のシステムだが、このシステムから生まれる規格品は消費者にとってラグジュアリーのよろこびをあたえないのはもちろん、働き手の側にも、自分の手で何かをつくりあげたという創造のよろこびをあたえない。これにたいして職人生産は、靴でもバッグでも、一つのもののすべてを自分がつくりあげるという創造のよろこびと誇りをあたえるのである。だからこそ、そこに魂がこもるのだ。

ウェーバーの『プロテスタンティズムの倫理と資本主義の精神』は述べていたものだ。プロテスタントの職人には工場に流入していって経営幹部などの地位につこうとしたものが多かったのにたいし、カトリック信徒の職人はいつまでも手工業にとどまって、親方職人（マエストロ）になるケースが多かった、と。実際、カトリックは手仕事を尊び、「マエストロ」の技能を誇る。かれらマエストロにたいして、[2]「タイム・イズ・マネー」のビジネス原理は通用しない。ときに無駄とも思われる時間と手間暇をかけてでなければ、職人技をみがくことなどできないからである。

白洲正子の『日本のたくみ』は、こうした職人技を語る名著だが、なかでも近江の日吉神社の石垣の話が印象深い。神社の近くの集落に「穴太衆《あのう》」という石積みの職人集団がいたという。その職人の粟田万喜三氏が言うには、石工が苦心するのは石を見わけることだという。「長い間つきあっていると、[3]石は必ず物をいう。自分が考えるのではなくて、向うの方から教えてくれる。目で見るというより、石の言葉を聞きわけることが大切」なのだ、と。

あるとき、近江八幡の長命寺で大きな石が山から落ちたとき、沖の島から石を見わける名人がやって来た。その名人は、どう割って石を動かすか、ただ黙って石を見ているばかりで仕事にかかろうとしないという。名人は、そうして「石の言葉」を待っていたのである。仕事にかかる前に、二日間もただじっと石が語りだすのを待つ……「タイム・イズ・マネー」の世界では考えられないことである。だが、こうした職人の手で積まれた石は、びくともせずに諸世紀の[B]フウセツにたえる。それが贅沢というものなのだ。

さらに面白いのは、その話を聞いた正子の反応である。正子は先をこう続けている。「何かそういうことを書いた本か、古い文書でもありませんか、とたずねると、文字に書いて残すと、誤解を生ずるので、実地に身体《からだ》で学ぶのが、穴太衆の伝統であると、粟田さんは答えた。とかく物を書く私たちは、すぐ本を読みたがる。言葉にたよりたくなる」。正子の言うとおり、職人芸というのは、「からだで覚える」ものである。手仕事は情報化できないのだ。だから時間がかかるのである。ワインの作り方だろうと、板前修業だろうと、手仕事のマエストロになるには「修行」しかないのである。[4] かれらのつくる作品や仕事が贅沢なのは、そもそも仕事をするかれらの技能そのものが時間のかかった「贅沢」の産物だからなのだ。

手仕事は、文字や言葉といった情報をうけつけない。手仕事は、情報化するにはあまりにも「精密」にできているからである。触覚や視覚、聴覚といったこまやかな五感のはたらきに比べると、情報は実に「粗雑」で緻密さを欠いている。

白洲正子を読んだわたしは、すぐに内田義彦の言葉をソウキ[C]した。少し長くなるが、引用してみたい。マエストロの修練と情報のちがいを明瞭に述べているからである。[5] ある対談で、学問の専門語と日常語について内田義彦は次のように語っている。

> 学問というのは、ある程度習得すれば誰でもカクトク[D]できるもの、その意味ではやさしい、それが特色だと思う。たとえばソクラテスの偉さは、私たちがどうひっくり返ってみてもそう簡単にはソクラテスのようにはなれない、そこにある。アリストテレスにしてもそうでしょう。しかし学問として追っかけた場合は、簡単ですよ。つまり昔なら、ちょっと別のテーマをやろうと思ったら一生かかったけれど、いまはわりあい簡単にできるんじゃないか。昔は学問というのは天才にしかゆるされなかったけれど、いまは学問というものを真面目に上手にやっていけば、天才でなくてもできる。そういうふうに加工したのが学問だ。したがって学問的伝授は、そういう意味でやさしい。
>
> それがひとつ。
>
> それから、片一方の学問以前の社会、つまり単純には経験の世界、——これは日常語を使いますね。この日常語

というのは漠然としている面があるけれど、ある意味で極めて精密なんですよ。精密すぎるんだ。たとえば、(……)味付けするのに「塩何グラム」なんて言わない。「適当に」と言うでしょう。「適当に」というのは漠然としているけれど、しかし多少とものわかった調理人がいう場合の「適当に」というのは、「零コンマ何グラム」みたいな、そんな粗雑なことばでは言いあらわせないものを「適当に」味付けして、という意味でしょう。(……)だから「適当に」ということを覚えるためには、十年なら十年やってなければわからない。「零コンマ何グラム」というのには限度がある。

(『形の発見』)

「何グラム」というのは「情報」でありレシピであって、誰でも簡単にわかる。だが、「適当に」という職人の言葉はそのような情報ではとうてい伝わらない精密さをそなえている。6「グラム」などという「粗雑な」語で表すにはあまりにも精密だから、「からだで覚える」しかないのである。さじ加減や勘といったものは、決してマニュアル化できないものなのだ。だからこそマエストロの手になる作品は贅沢なのである。

贅沢は情報化できず、金で買うこともできない。金では時間を買うことはできないからだ。『日本のたくみ』のなかでも、織物の田島隆夫氏を語る章は、究極のラグジュアリーの何たるかを語って深く心に残る個所である。

白洲正子が銀座で「こうげい」の店を開いていた頃、織りを手掛けていた田島氏に会った。良い織物をもってくるが、着てみて布にあとひとつ腰がない。そういう正子のむずかしい注文をうけてから、田島氏は、農家の蔵に眠っている糸を集めてみたという。「このごろのように物がたやすく手に入るようになると、自分で織るより、買った方が早いというわけで、家族のためにひいた糸がたくさん残っていた」。いったん「糸の山の中に踏み迷って、E茫然ジシツした」田島氏だったが、「我慢して桛《かせ》に巻いている間に、実に多くのことを糸から学んだ。そういう糸には、命があった。時間を忘れ、金に換えることを忘れた糸には、口では説明しがたい美しさがあり、素材の持っている心にふれる思いがした」。
それ以後の田島氏の作品には、この糸から学んだ7「口では説明しがたい」美が織り込まれていたことはいうまでもない。

（山田登世子『贅沢の条件』による）

（注）○白洲正子（一九一〇～一九九八）――随筆家。
○ラグジュアリー――贅沢、贅沢品。
○ウェーバー（一八六四～一九二〇）――ドイツの社会学者・経済学者。
○『プロテスタンティズムの倫理と資本主義の精神』――資本主義の起源を宗教と関連づけた社会学の古典。

問一 傍線部A～Eのカタカナを漢字に改めよ。

問二 傍線部1「作り手の職人にとってもそうである」とあるが、筆者がこのように述べる理由を説明せよ。

問三 傍線部2「「タイム・イズ・マネー」のビジネス原理」とはどのようなものか、本文中の表現を用いて説明せよ。

問四 傍線部3「石は必ず物をいう」とはどういうことか、説明せよ。

問五 傍線部4「手仕事のマエストロになるには「修行」しかないのである」とあるが、それはなぜか、本文中の表現を用いて説明せよ。

問六　傍線部5「マエストロの修練と情報のちがいを明瞭に述べている」とあるが、内田義彦の説において、「マエストロの修練」と「情報」の、それぞれに対応しているものは何か、答えよ。

問七　傍線部6「「グラム」などという「粗雑な」語」とあるが、ここで「グラム」という語が「粗雑な」と形容されるのはなぜか、詳しく説明せよ。

問八　傍線部7「「口では説明しがたい」美」とはどのようなものか、詳しく説明せよ。

14

次の文章をよく読んで、後の設問に答えよ。

私のこれまでのわずかな経験からいっても、演劇や音楽のような舞台芸術では準備のための稽古《けいこ》、練習の段階と本番との間には大きな差がある。極端な場合、足の踏み場もないくらい混乱した状態ですべてがバラバラに横たわっていた空間と、万事あるべき場所にあるべき姿で収められている空間との違いほどの差がある。芝居や音楽をやっている人たちはその変化、変転への期待、楽しみがあればこそ、舞台作りに励んでいるのではないかと思われる。彼らには、その違いが大きければ大きいほど楽しみも大きいのではないかとさえ言いたくなる。無から有が生まれることさえあるのだから。

私が初めてベルリンに行ったのは前世紀の中頃《なかごろ》、まだドイツが東と西に分かれていた頃である。ある日、そこで知り合った英国の新聞記者に「今、東ベルリンでベルトルト(注)・ブレヒトとその劇団が《コーカサスの白墨の輪》という劇を公演するためリハーサルの最中だという。一緒に見にいかないか」と誘われた。

ⓐカッテの違う東側へ行くのは少し心細くもあったが、当時は二十四時間以内だったら、西から東へ検問所の検査さえ通れば、楽に行き来ができた。①ブレヒトと彼の劇団ベルリナー・アンサンブルのリハーサルを見る機会などめったになかろう。それに英国の記者と同行なら心強い。「よし、行こう」と決心した。

めざす劇場は検問所からあまり遠くないところにあり、稽古もそこでやっていた。私たちの行った時は、その稽古も大分進んだ段階に入っていて、本公演の行われる舞台の装置などあってもないも同然の、ほとんど裸の舞台だったと思う。その舞台に向き合った客席のほぼ中央に関係者一同がⓑジンドっていて、ブレヒトはその中にいた。ブレヒトを見るのはその時が初めて。でも、すぐわかった。だって、その人は人物の出入りから、しゃべったり身ぶりをしたりするすべてにてきぱきと指示を与えているのだから。ブレヒトは大声でしゃべり、舞台上の役者たちは同じことを繰り返しやらされる。見てるだけでも根気のいる仕事だが、それでも繰り返す間に②剃刀《かみそり》の刃のように薄いが鋭い違いが見えてきたりもする。

この劇は有名なソロモン裁きで知る人も多かろうが、戦争だか内乱だかで両親とはぐれ独りぼっちになった赤ん坊と召使の女が戦場の混乱の中で右往左往し、逃げ回った末、やっと修羅場を逃げ出すところがある。といっても、実際の舞台は赤子（人形だったと思う）を背にした彼女一人。いつの間にか、ほかに人っ子一人いなくなっていた。

ブレヒトは日本の歌舞伎《かぶき》から回り舞台の構想を学び取り、この劇場にもその装置があった。その回り舞台に乗った彼女は、時計回りに回っていく舞台の進行とは逆の方向に歩む。回り舞台は、そんなに速くはないが一瞬の小休みもなしに一定の方向に回る。その上にいるものは少しでも休むとその動きにもっていかれてしまう。そうなるまいと、彼女はⓒケンメイに前進する。だが、進むのは容易なことではない。初めは急ぎ足でそこから抜け出そうとしていたのだが、だんだん遅くなる。出るどころか、どうしても、うしろに下がりがちだ。そこにブレヒトの声が飛ぶ。③「もっと速く！　もっと速く歩くんだ！　ここは戦場だぞ。うっかりすると敵に捕まるか、殺されるんだ！　君のは歩くんじゃなくて、止まっているも同然だ！」

容赦を知らない無慈悲な叫び。

後で知ったが、あの人はブレヒトの夫人で有名な女優だった。その彼女がただ歩きに歩く。汗みずくになり、へとへとになって歩く。へたばりそうで、へたばらない。だが、どうしても無言のまま迫ってくる野獣のような回り舞台の勢いに押され、ⓓキソク奄々《えんえん》といった形である。気が付くと、それまで少しざわざわしていた場内はシンと静まり返り、ブレヒトの声も聞こえなくなってしまい、ただピンと張り詰めた沈黙が支配している。

明らかに場内の空気は変わっていた。そうして、④この間ずっと黙りこくって舞台を見ていた私の目に靄《かすみ》がかかったようになり、やがて頰《ほお》に涙が伝わってきた。彼女が可哀想《かわいそう》というのではない。ただ、涙が出て止まらないのだ。

そっと立ち上がり場外に出ようとしたら、後ろで「ようし。今日はここまで――」という声がした。

これが私がブレヒトその人、その稽古ぶりに触れた唯一の機会である。ブレヒトという人は複雑で集合的な現象や出来事を極度に簡潔な形に集約してみせた演劇的天才というのが私のブレヒト観の根本だが、ここでも彼は赤子を背負って回り舞台をぜいぜい息をきらして歩く一人の女の姿でもって戦場というものを目の前に持ってきて見せる。

一つのシーンが舞台全体、つまり世界の意味を示す、時には変えてしまう。そういう例を、私はシェークスピアの芝居でも知った。

彼の劇の人物たちはやたらとしゃべりまくっているけれど、その中であたりの風景が一変するような言葉が飛び出してくる。

《リア王》という劇は三人姉妹の末娘コーディリアだけが真の父親思いなのにリアにはそれが通じず、ほかの娘とその夫たちを過信したばかりにひどい目に遭い、ⓔコンキュウの中に半狂乱になる。それに立ち合ったコーディリアに向かって彼は言う。「泣かないでくれ。私が可愛《かわい》がった姉たちは私をひどい目にあわせた。お前はさぞ私を恨んでよう。それももっともだ」と。聞いて、彼女はこれ以上ないくらい手短に答える。「恨みません。恨みません」と。(四幕七場)

かつてロンドンで観《み》た時、コーディリアを演じた人は本当に優しい声で、しかしゆっくり、はっきり言った。「No cause, no cause」と。ただ、それだけ。

でも、そうしたら、⑤それまでリアを囲んで立つ一同の上を悪天候みたいに支配していた重くて、卑しい悪臭を放つ雰囲気の中にパーっと一條《じょう》の光が差し込んでくるのを見る心地がした。
人間の悪は底知れない。でも、その無明《むみょう》の世界にも、愛の赦《ゆる》しの光が差し、すべてを照らす瞬間があるのだ。その一言で、良い芝居は忘れられないものになる。

（吉田秀和「音楽展望」（『朝日新聞』二〇〇九年一月）より）

〔注〕ベルトルト・ブレヒト――ドイツの劇作家、詩人。一八九八～一九五六年。

問一　傍線部ⓐからⓔまでのカタカナの部分を漢字で記せ（楷書《かいしょ》で正確に書くこと）。

問二　傍線部①「ブレヒト」について、筆者はどのような人物と考えているか、その点が端的に表現されている箇所を問題文の中から三十五字以内で抜き出せ。

問三　傍線部②「剃刀《かみそり》の刃のように薄いが鋭い違い」とは、どのような違いか、わかりやすく説明せよ。

問四　傍線部③について、ブレヒトがこのように女優に厳しく指示したのはなぜか、わかりやすく説明せよ。

問五　傍線部④について、筆者は何に心を動かされたのか、わかりやすく説明せよ。

問六　傍線部⑤について、筆者がそのように感じたのはなぜか、わかりやすく説明せよ。

15

次の文章は、七十代になった筆者が幼年期を回想したものである。読んで、後の設問に答えなさい。

季節感というものは、いつごろから、子どもの心にしみこんでゆくものだろう。(もっとも、このごろの私たちの生活は、季節感とはだんだん遠ざかりつつあるけれども。)

幼いころ、私は、よく何となく、何かに誘われて、家の、あるところにいってみることがあった。すると、そこに、咲いているだろうと思った花が咲いていたり、そうなっているだろうと思ったように草が出ていたりした。遊びと結びついていたので、それを見つけたとき、いつも胸のおどったのは、「目っぱじき」という草であった。

家の風呂場の裏に、さしわたし一間くらいの溜池《ためいけ》があった。風呂場の汚水や井戸端の洗い水が、そこに流れてゆく。その水は、黒々とにごって、ときには泡だち、まあちゃんは、その水を野菜畑にかついでいっては、かけるのである。池のまわりには、細長い、剣型で、濃い緑の葉をつんつんおったてた草がびっしり茂っていた。一年のある季節になると、その葉のあいだに、つんとした、うす緑の茎が出てきて、その先に、オオバコの穂のようなものがつく。

幼い私を、その池へ誘ったのは、何だったのか。とにかく、ある日、私は、ひとりでそこへゆく。(そこは、家じゅうでも、人気のないところだから、ふだんは、わざわざひとりではいかないのである。)すると、そこに見つかるのではあるまいか、と、何となく期待していたものが、ちゃんとあって、私はうれしくなって、ぞっとする。うす白い茎が、濃緑の葉のあいだから、つんつん突きでているのである。その茎はとても固かった。しなしな、しなうのをつみとって、穂もちょんぎると、扁平《へんぺい》の棒になった。両はしを上まぶたのすぐ上と、下まぶたの下にあてがうと、目があいたっきりになってしまう。

私は、近所の友だちをよんできて、その茎をつみ、みんなで「目っぱじき」で両目を見ひらいて、ぞろぞろ、庭を練り歩く。おとなたちは、私たちを見て大笑いし、私たちも、自分たちが、さぞ異様なようすをしているだろうと想像して、大はしゃぎするのだった。

この「目っぱじき」という草の正式の名は、何なのかということが、ながいこと、私の気にかかっていた。ひとにも聞いたし、図鑑も見たが、わからなかった。しかし、いま、中年以上で、いなかで育った友人たちに聞くと、この遊びをしたというひとがとても多い。そして、ひとりは、たしかにその草を「目はじき」といったといった。けれども、草の本に「目はじき」という名で出てくる草は、まったくべつのものなのである。

ところが、すこしまえ、友人のS氏を訪ねると、玄関先の水鉢のなかに、あれとまったくおなじ形で、大型のものが、おなじ形の穂をだしていた。その名を聞くと、それがあの芳香ある葉をもつ、ほんとうの菖蒲なのであった。（世の中でもてはやされるハナショウブとは、まったく別種。）

それから、私の「目っぱじき」の話をS氏夫妻に披露し、その小型を何というのだろうか、S氏の知人で、子どもの遊びの研究家である斎藤たまさんに聞いていただいた。問題は、たちまち、解決した。「目っぱじき」は、「石菖」というい名をもった草だったのだ。

すぐ、図鑑を開いてみると、「せきしょう（サトイモ科）」と出ている。谷川のあたりに生える常緑の草で、たいてい、群落をなし、また、人家にも植えられて、園芸品種になっているのもあるという。私の家にあったのは、そんな上等なのではなく、野生も野生、いちばん原始的な種類だったにちがいない。地下茎は固くて、ひげ根をだし、横にのびるというから、きっと溜池の土どめに使われていたのだろう。初夏、葉のあいだから、緑色の茎が出て、頂上にうす黄の穂をつけ、細い苞《ほう》が茎の側に沿い、上にのびると書いてあった。

私の記憶では、茎は白っぽく、緑の葉っぱからうきたって見え、私たちの心をそそったように思われるのだが、それは、溜池のふちにあったため栄養がよく、葉が密生しすぎて、茎がもやしのようになっていたためかもしれない。

それはとにかく、こうして事実がわかってみると、初夏、四、五歳の私に働きかけ、「こっちへおいで、こっちへおいで」と、溜池まで誘っていって、そこに、背筋がぞくぞくするほどたくさんの「目っぱじき」を発見させたのは、あたたかくなって、にわかに庭のほうまでただよいだした溜池のにおいだったのではないかという気がするのである。

（石井桃子「目っぱじき」による）

（注）○一間＝約一・八メートル。
○まあちゃん＝筆者の親戚のひとりで、同居していた男性。

問一 傍線部で「うれしくなって、ぞっとする」という言い方がされているが、筆者はどのような感覚を示したかったと考えられるか。似たような語句が使われている部分を示しながら説明しなさい。

問二 「幼い私」が「ある日」に経験したことが描かれている部分では、ふつう過去の出来事を記すときに使われる助動詞「た」がほとんど使われていない。このことにより、「ある日」の経験が読み手にはどのように受けとめられることになるか、簡潔に答えなさい。

問三　この文章の表現上の特徴として、

①　三か所の丸カッコで括られた文の存在（波線で示した）

②　読点の多用

の二点があげられる。それらは、読んでいく際にどのような効果をあげると考えられるか。簡潔に述べなさい。

問四　この文章における「季節感」について、次の問に答えなさい。

（1）「季節感」は子どもの心にどのようにしみこんでゆくと、筆者は考えているだろうか。簡潔にまとめなさい。

（2）現代の生活は「季節感」とは遠ざかりつつあると、筆者は言っている。これに対して、身近な例をあげながら、自分の考えを述べなさい。

16

次の文章は、湖でのワカサギ釣りに熱中していたころの思い出を、一人の医師が回想した文章である。彼は、湖に落ちかけたところを、「園田かよ」に助けられ、ぬれた衣服を乾かすために「かよ」の家に立ち寄る。これに続く、次の文章を読んで、後の問に答えよ。

かよさんから正式な自己紹介を受けた覚えはない。この朝、彼女の家に入るとき見た園田安男・かよという消えかけた表札でその名を知ったのみである。

園田安男さんは台所のとなりの、もう一つ奥の部屋で寝ていた。脳出血のコウイショウ(ア)で右半身がきかなくなり、三年前から寝たきりになっているのだった。

白髪《しらが》の坊主頭に茶色のしみの浮く安男さんは絶えず笑っていた。頬《ほお》の筋肉に締まりがなくなってしまった結果としての表情に過ぎないのかも知れないが、それは見る者を深いところで安心させてくれる無防備な笑顔《えがお》だった。

安男さんに食事を与え終えて台所にもどってきたかよさんに、

「どなたか病人でもおられるんですか」

と、問うてみた。

「ああ、父ちゃんがな、寝たきりだだよ」

かよさんはあっさりと答えてくれた。

これだけの恩を受けて、どうやって返せばいいのか見当もつかないところだったので、いくらか迷った末に、町の総合病院に勤める内科の医者だが、なにか役に立てれば、と申し出てみた。

「ありがてえけんど、五年前に倒れて、病院じゃあ、はあこれ以上回復しねえからって家に帰されてそれっきりだから、なんともならねえと思うだよ」

そう口にしながらも、かよさんは腰を曲げて奥の部屋に案内してくれたのだった。

安男さんの右の上下肢はすべての関節が硬直していて、たしかに回復の余地はなさそうだった。発語も困難な様子だが、意識だけははっきりしていて、いい笑顔をたたえていた。

「おらのワカサギ釣りは道楽じゃねえで、商売ですに。この父ちゃんの代わりにここらの旅館だの民宿だのに頼まれて釣ってるですに。百匹で三百円になるから、多い日にゃあ三千円もかせぐですに。昔、父ちゃんはもっと釣ったいなあ」

かよさんは寝たきりの夫に話しかけながら鼻をすすった。

「三千円ていうと、千匹も釣れることがあるんですか」

枕元に坐《すわ》るかよさんに念を押すと、

「父ちゃんは二千匹も釣ってたもんですに」

と、安男さんの口角から流れ出るヨダレを割烹着《かっぽうぎ》の裾《すそ》で拭《ふ》いてやりながら淡々と応じてくれた。

湖の上では土木作業員が着るような紺のジャンパーとオーバーズボンをはいていたかよさんだが、今は色あせたジャージのズボンと手編みらしきセーターの上に灰色の割烹着をかけている。乱れた髪には白髪ばかりが目立ち、浅黒い顔には目尻《めじり》と額に深い皺《しわ》が刻まれていた。山間の村ではありふれた初老のおばさん顔ではあったが、色素の薄い丸く澄んだ目が、娘の頃《ころ》の愛らしさを残しているようにも見えた。

結局、その日は昼近くまでズボンが乾くのを待ってかよさんの家をジした。この間、彼女は釣れたワカサギを台所で洗ってから、契約している旅館や民宿に配りに出かけ、帰って来ると安男さんがあてているという布のオムツを洗濯してストーブのまわりに干した。

かよさんと安男さん夫婦の間に子供はなく、安男さんは営林署に勤めていたが十年も前に定年退職した。ワカサギ釣りは安男さんの唯一の趣味で、かよさんも一緒になって氷上に坐り、釣った。もう三十年も前から釣っている。安男さんが退職した頃から旅館などに依頼されて釣るようになり、夫が倒れたあとも頼まれるまま小遣いかせぎに釣っている。だから私はプロだだよ。

かよさんはテキパキと家事をこなしながら、水に落ちかけて、パンツもはかずにストーブにあたっている哀れな素人《しろうと》を退屈させまいと話し続けてくれていた。

「今度からさあ、おらのとなりで釣りゃあいいよ。こっちは仕事だから教えてるヒマなんかねえけど、見て覚えりゃあいいよ。これでワカサギ釣りもけっこう奥が深えもんだよ」

ようやく乾いたズボンをはき、何度も礼を述べると、かよさんは照れくさそうに目をそらしていた。

「とりあえずなあ、竿《さお》を紙やすりで削って細くするだに。それと、オモリは五円玉をペンチでひねって赤く塗ること。それだけやってくりゃあけっこう違うもんだよ」

外に出てから、追いかけてきたかよさんは秘伝の一部を耳元でそっと教えてくれた。

朝四時に家を出て七時半まで釣り、それから車で病院に直行し、釣れたワカサギは医局の冷蔵庫にしまって八時半から医者としての仕事を開始する。ワカサギの釣れる十二月末から二月中旬まで、当直や夜間に呼び出された日を除いて

A すべてこの日課をこなした。

かよさんの釣りは見事だった。かよさんは七本ある針にできるだけ多くのワカサギを掛けてからようやく道糸をたぐり上げるのである。だから、三匹や四匹掛かっているのはあたりまえで、七本の針に全部ワカサギが付いてくるのも稀《まれ》

ではなかった。

「すごいですねえ」

はじめのうちはただあっけにとられていた。

「慣れだわ。慣れ」

かよさんは白い息に包まれながら黙々と釣り続けていた。

ときおり手をかざすミルク缶製のコンロに網を置き、釣れたワカサギを白焼きにしてから軽く塩をふってつまんでいたが、それがかよさんの朝食らしかった。

「食べてみとくれ」

うながされて何度か口に入れさせてもらったが、あっさりとした苦みのある上品な香りが口内に満ち、口元をゆるめる以外の表情を造れなくなったものだった。

こうして毎年冬になるとかよさんの横に並ばせてもらってワカサギを釣るようになった。

医者という仕事は年とともに肌になじまなくなっていた。青くさいつっぱりの意気などとうに捨て、平凡でもいいからとにかく心安らかに暮らしたいと精一杯の妥協をしても、病院に行けば死が待っていた。治療の成否とは無関係に、死すべき者は死んでゆくあたりまえで冷酷な現実をこれでもか、これでもかと見せつけられる毎日だった。死を他人事として器用に内部処理できなかったので、自らの余命の短さばかり考えて寝つかれない夜を重ねていた。まだ三十歳に満たない若造にとって、明日への楽観を許されずに生きることは、暗い袋小路の直進にほかならなかった。

かよさんを師匠とあおいでひたすらワカサギの釣果を上げる。それは目で確認でき、数で記憶される進歩であり、向上であった。努力の果てに死を見なければならない臨床医の徒労よりも、自らの手で食料を得るワカサギ釣りの原始的な労働の方がはるかに多くの明日を生きる活力を与えてくれたのだった。たとえそれがわびしい道楽に過ぎないと分かってはいても、懸命にのめり込むことで悲観に包囲された毎日から頭だけは隠せそうな気がしていた。

ある二月初旬の早朝、いつものように湖畔の駐車場に車を止めて、トランクから釣り道具を出そうとしていると、かよさんが走り寄ってきた。

「父ちゃんの具合が変だだが、来ちゃあもらえませんか」

かよさんは待っていたらしく、釣り用のジャンパーではなく厚手のカーディガンをはおっていた。

「いいですよ」

そう答えて、小走りに行くかよさんのうしろに従ったのだが、なぜか事が終わってしまっている予感があった。

かよさんの肩に力が入っていなかった。足どりが軽かった。そしてなにより、彼女は全力で走ってはいなかった。

家に入ると、裸電球の灯《とも》る奥の間で安男さんは呼吸を止めていた。湖水に落ちかけた日以来、この家には来ていなかったのだが、湿っぽい暗さが群馬の生家を連想させた。なつかしかった。

「二、三日前から痰《たん》がからんでいただが、今朝起きてみたらこんなになっちまってて。町の先生呼んだって来てくれるのは夜が明けてからだから、思いつきであそこで待ってたですに」

枕元《まくらもと》に坐るかよさんは落ち着いていた。

安男さんのパジャマの胸をはだけ、右手で冷え始めている胸を圧し、左耳を口にあててみたが、呼気は出てこなかった。やはり痰が気管に詰ったのだろうか。瞼《まぶた》は静かに閉じられており、もちろん目立った外傷などない。

駐車場から点《つ》けてきたカイチュウ電灯の光を入れても散大した瞳孔《どうこう》は動かず、死亡は確認された。

「残念ですが」

かよさんに頭を下げると、

「まあ、とんだ御迷惑をかけちまって。ありがとうございました」

と、磨《す》り減った畳に額がつくほどのサイケイレイを返された。

不思議になごやかな臨終の光景であった。狭く暗く寒い奥の部屋は、長わずらいの病人を家で看取《みと》った者の満足感と、死亡の責任を問われない医師の安堵感《あんどかん》が混じり合ってできたおだやかな空気に満ちていた。これまで病院で体験してきた死の場面では胸の痛くなる緊張感しか覚えなかったのだが。

「死亡診断書を取ってきますから」

そう言い置いてかよさんの家を出、勤務先の病院に寄って事務の当直者から診断書をもらってもどると夜が明けかけていた。

かよさんの家には近所の人たちが集まり、すでに通夜の準備が始まっていた。どこか晴ればれとした表情で台所のストーブのまわりに干していたオムツをかたづけているかよさんに死亡診断書を渡した。

「葬式が終わったらまた釣りに出るからさあ」

笑顔を造る途中でふいの涙におおわれながらも、かよさんの色素の薄い目は、祭りを待つ少女のそれのようによく光っていた。

（南木佳士《なぎけいし》「冬物語」より。なお、一部省略した箇所がある。）

問一　二重傍線部ア〜エのカタカナに相当する漢字を書け。

問二　傍線部Aについて、ワカサギ釣りは、この医師の人生にとって、どんな意味を持っているのか。それを端的に表現した八〇字程度の一文を探し、初めの一〇字（句読点は含まない）を抜き出して記せ。

問三　傍線部Bについて、「これまで病院で体験してきた死」と比べて、ここでの「安男」の死を、この医師は、どのように受け止めたか。五〇字以内（句読点を含む）で説明せよ。

問四　傍線部Cについて、釣りに出たいという「かよさん」の表情が「祭りを待つ少女」のように見えたのはなぜか。八〇字以内（句読点を含む）で説明せよ。

17

次の文章を読んで、後の問に答えよ。

私の脱いだ靴下やワイシャツを「くさい」と娘が嫌うようになったのは、いつごろからだったろう。小学校の高学年あたりだろうか。いまでは私自身が「くさい」らしく、朝寝をした日曜日にパジャマ姿のままリビングに姿を見せると、しかめつらで「パパ、マジ、くさい。シャワー浴びてきてよ」とも言われてしまう。

「こら、そんなこと言わないの」と娘をたしなめる妻も、最近、少し心配そうに「口臭《こうしゅう》がキツくなってるわよ。歯周病《ししゅうびょう》とか、あと、胃が悪いんじゃないの?」と言う。新聞や雑誌で加齢臭《かれいしゅう》という言葉に目が留まるようになったのも、ここ数年のことだ。

においというのは、距離が近いからこそ感じ取ることができる。手紙や電話やメールなどでは伝えられない。そう考えてみると、たとえ妻や娘には嫌がられてしまうにおいでも、それを嗅《か》げる近さにまだ家族がいてくれるということを喜ぶべきなのかもしれない――負け惜しみの屁理屈《へりくつ》だと笑われてしまうだろうか。

それでも、私は思うのだ。思春期になった娘が、そしてやがて息子もきっと、父親のにおいを嫌ってしまうのは、においそのものではなく、家族の距離の近さを拒《こば》みたいからではないのか。

私もそうだった。娘よりもっと早く、小学一年生の三学期に入った頃《ころ》から、たった一人の家族のにおいを嫌うようになった。

母のにおいは、工事現場の土のにおいだった。

母は鏡台を持っていなかった。洗面所に置いてある数少ない化粧品も、母が鏡に向かってそれを使っているのを見たことはほとんどない。

私は友だちの家に遊びに行くと、さりげなく——ときには友だちの目を盗んでこっそりと、お母さんの鏡台に近づくのが常だった。豪華な三面鏡のドレッサーというわけではなくても、そこには化粧品のガラス瓶が並んでいる。香水や頬紅《ほおべに》や口紅の香りが、うっすらと漂っている。それを嗅ぐと、なんともいえない華やいだ気分になる。鼻腔《びこう》の奥が甘いもので満たされる。（1）お母さんのにおいだ。うれしくなって、寂しくなって、頬がゆるんで、うつむいてしまう。

父親の記憶がないせいだろうか、友だちのお父さんへの憧《あこが》れやうらやましさはなかった。むしろ母と友だちのお母さんとを比べて、一人で負けを背負い込んでしまうことのほうがずっと多かった。

夕方になって家に帰っても、母は陽《ひ》が暮れきるまで工事現場で働いている。がらんとした部屋には母の置き手紙がある。洗濯物を取り込んでおくように、風呂《ふろ》に水を張っておくように、宿題は晩ごはんの前にすませるように……。軒下《のきした》に干してある洗濯物の中には、母が仕事のときに使うタオルもあった。どんなに洗っても繊維《せんい》の中にもぐり込んだ土の汚れは落ちきらず、使い古しのタオルはいつも黒ずんでいた。風呂に水を張るときも、最初に浴槽《よくそう》をよく洗わないと底に沈んだ土が混じって、水が濁《にご》ってしまう。

手伝いをすませて宿題をしていると、やがて鼻がひくひくとしてくる。意識してそうしているわけではないのに、部屋に染《し》みついた土のにおいを鼻が嗅ぎ取ってしまう。そんなとき、私は決まって、友だちのお母さんの鏡台のにおいを思いだした。鼻腔の奥にまだかすかに残っているはずのお母さんのにおいを、もう一度取り出したくてしかたなかった。

空がすっかり暗くなった頃、母が帰ってくる。ばたばたと家に上がって、「ごめんなあ、すぐにごはんにするけんなあ」としわがれた声で言いながら洗面所に向かい、水を勢いよく流して、土埃《つちぼこり》と汗にまみれた手や顔を洗う。洗顔料など使わない。化粧水をつけるわけでもない。ミカンのネットに入れた固形の石鹸《せっけん》を手のひらにこすりつけるように泡立てて、手を洗い、顔を洗って、またばたばたと台所に駆け込んで、服も着替えずに夕食の支度に取りかかる。

留守番の寂しさから解放された私は、流し台の前に立つ母にまとわりついて、今日一日の学校でのできごとを事細《ことこま》かに話していく。母は手を休めることなく、ふうん、ふうん、と相槌《あいづち》を打ってくれる。だが、仕事がキツかった日や、私には言えない悲しさや悔しさを胸に溜《た》め込んでしまった日には、その相槌が間遠《まどお》になってしまう。面倒くさそうに話を切り上げたがることもある。二人きりの家族は、おしゃべりがぎこちなくなったときにとりなしてくれるひとがいない。母の疲れを察して静かに過ごすには、私はまだ幼すぎたし、留守番の時間はほんとうに寂しくて不安だったし、なにより――私は、母のことが、好きだったのだ。

母の相槌がそっけなくなると、私は急に落ち着かなくなってしまう。虚空《こくう》をさまよいはじめたまなざしは、母のモンペのお尻《しり》にこびりついた土の汚れを見つけてしまう。洗面所で洗いそこねたうなじの汚れを見つけてしまう。好きなのだ。母のことが大好きなのだ。お母ちゃん、お母ちゃん、と心の中で呼んだだけで胸がじんと熱くなってしまうぐらい好きなのに、母が友だちのお母さんに負けているところばかり探してしまう。

においがする。土のにおいが狭い台所にたちこめる。

「はい、お待たせえ、できたよお」

母がつくる夕食にも、土のにおいは染みている。

母は学校が半ドン〈注〉の土曜日にも現場に出ていた。工事が遅れると、週末の夜中に突貫《とっかん》作業《さぎょう》をすることも多かった。

そんな日は朝から憂鬱《ゆううつ》だった。夕方の留守番だけでも心細いのに、一人で夜を過ごさなければならない。友だちの家に泊まりに行かせてもらいたかった。せめて夕食のときだけでも、誰《だれ》かと一緒にいたかった。「晩めし、食うていけばええがな」と言ってくれる友だちはいたし、お母さんから誘われたこともある。だが、母は決してそれを許してくれなかった。「そげなことしたら向こうに迷惑じゃけん」と、誰にも迷惑をかけないということに依怙地《いこじ》なほどこだわっていた。女手一つで息子を育てる母なりの意地だったのだろう。いまならわかる。ほんとうは、あの頃も、うっすらとわかっていたのだと思う。(2)わかっていたから、すねた。友だちのお母さんに負けてしまうのが怖いから泊まりに行かせてくれないんだ、と決めつけた。

一人で夜中まで留守番をする私に、母はおにぎりの弁当をつくってくれた。ふつうにご飯を弁当箱に詰めるのではなく、出がけの忙《いそが》しさのなか、梅干し、昆布、かつおぶしと具を一つずつ分けたおにぎりをつくってくれた。ほんの少しでも食事時の寂しさをやわらげようとしてくれたのだと、いまならわかる。あの頃もわかっていた。わかっていたのに、私はいつも、おにぎりを食べ残していた。

土のにおいがするのだ。土のにおいの染みた手でご飯を直接握っているから、おにぎりも土のにおいにまみれている。嘘《うそ》だ。そんなことがあるはずがない。だが、(3)私の鼻は――幼い心は、確かにそのにおいを嗅いでしまったのだ。

いつもおにぎりを食べ残す私に、母はけげんそうに「もうおなかいっぱいなん?」と訊《き》いた。最初のうちは適当なことを言ってごまかしていたが、やがて母は心配顔で「体の具合、悪いんと違う?」と訊くようになった。

その顔を見ていると、申し訳なさがつのる。ごめんなさい、お母ちゃん、ごめんなさい、と心の中で詫《わ》びながら、私は言った。

「お母ちゃんのおにぎり、くさい」

きょとんとする母から目をそらして、「土くさいけん、食えん」とつづけた。

母は自分の手を見て、必死に気を取り直すように「お母ちゃんは、いつも手を洗うとるよ」と笑った。

「それでも……くさい」
「なに言うとるん」
「くさいものは、くさいけん、食えん」
母はそのとき怒ったのだろうか。泣いたのだろうか。悲しそうに微笑《ほほえ》んだのだろうか。記憶はあやふやだった。たぶん、逃げるようにして忘れてしまったのだろう。
それが、冬の終わりのことだった。

（重松清「よもぎ苦いか、しょっぱいか」による）

〈注〉半ドン＝午後が休みの日のこと。

問一　傍線部分（1）「お母さんのにおいだ。うれしくなって、寂しくなって、頬がゆるんで、うつむいてしまう」とあるが、なぜ「私」はこのように悲喜こもごもの思いにとらわれているのか、説明せよ。

問二　傍線部分（2）「わかっていたから、すねた」とあるが、（イ）何を「わかっていた」のか、（ロ）なぜ「すねた」のか、それぞれ説明せよ。

問三　傍線部分（3）「私の鼻は――幼い心は、確かにそのにおいを嗅いでしまったのだ」とあるが、その理由を説明せよ。

問四　波線部分「においそのものではなく、家族の距離の近さを拒みたいからではないのか」とあるが、それはどういうことか、「娘」と少年時代の「私」のエピソードを踏まえて、説明せよ。

18

次の文章は、岡本かの子「家霊」の一部である。病で倒れた母親にかわって、どじょう汁の店をきりもりするくめ子の前に、彫金職人で母親の馴染《なじみ》客である徳永老人が、夜食にどじょう汁を求めて通ってくる。勘定のたまっている徳永老人に、いい顔をしない店の者たちだが、老人がひけめを追いやるように自分の仕事について身振りを交え熱心に物語ると、ついどじょう汁を与えてしまうのであった。以下の文章を読んで、後の問に答えなさい。

ある夜も、風の吹く晩であった。夜番の拍子木が過ぎ、店の者は表戸を卸して湯に出かけた。そのあとを見澄ましでもしたかのように、老人は、そっと潜《くぐ》り戸《ど》を開けて入って来た。

老人は娘のいる窓に向かって座った。広い座敷で窓一つに向かった老人の上にもしばらく、手持無沙汰《ぶさた》な深夜の時が流れる。老人は今夜は決意にみちた、(ア)しおしおとした表情になった。

「若いうちから、このどじょうというものはわしの(イ)虫が好くのだった。この身体のしんを使う仕事には始終、補いのつく食いものを摂《と》らねば業が続かん。そのほかにも、うらぶれて、この裏長屋に住み付いてから二十年あまり、鰥夫《やもめ》暮しのどんな侘《わび》しいときでも、苦しいときでも、柳の葉に尾鰭《おひれ》の生えたようなあの小魚は、妙にわしに食いもの以上の馴染になってしまった」

老人は搔《か》き口説くようにいろいろのことを前後なく喋《しゃべ》り出した。

人に嫉《そね》まれ、蔑《さげす》まれて、心が魔王のように猛《たけ》り立つときでも、あの小魚を口に含んで、前歯でぽきりぽきりと、頭から骨ごとに少しずつ嚙《か》み潰《つぶ》して行くと、恨みはそこへ移って、どこともなくやさしい涙が湧《わ》いて来ることも言った。

「食われる小魚も可哀《かわい》そうになれば、食うわしも可哀そうだ。誰《だれ》も彼もいじらしい。ただ、それだけだ。女房はたいして欲しくない。だが、いたいけなものは欲しい。いたいけなものが欲しいときもあの小魚の姿を見ると、どうやら切ない心も止まる」

老人は遂《つい》に懐からタオルのハンケチを取出して鼻を啜《すす》った。「娘のあなたを前にしてこんなことを言うのはあてつけがましくはあるが」と前置きして「こちらのおかみさんは物の判《わか》った方でした。以前にもわしが勘定の滞りに気を詰らせ、おずおず夜、遅く、このようにして度々言い訳に来ました。すると、おかみさんは、ちょうどあなたのいられるその帳場に大儀そうに頬杖《ほおづえ》ついていられたが、少し窓の方へ顔を覗《のぞ》かせて言われました。徳永さん、どじょうが欲しかったら、いくらでもあげますよ。決して心配なさるな。その代り、(1)おまえさんが、一心うち込んでこれぞと思った品が出来たら勘定の代りなり、またわたしから代金を取るなりしてわたしにおくれ。それでいいのだよ。ほんとにそれでいいのだよと、繰り返して言って下さった」老人はまた鼻を啜った。

「おかみさんはそのときまだ若かった。早く婿《むこ》取りされて、ちょうど、あなたぐらいな年頃だった。気の毒に、その婿は放蕩者《ほうとうもの》で家を外に四谷、赤坂と浮名を流してまわった。おかみさんは、それをじっと堪え、その帳場から一足も動きなさらんかった。たまには、人に縋《すが》りつきたい切ない限りの様子も窓越しに見えました。そりゃそうでしょう。人間は生身ですから、そうむざむざ冷たい石になることも難しい」

徳永もその時分は若かった。若いおかみさんが、生埋めになって行くのを見兼ねた。正直のところ、窓の外へ強引に連れ出そうかと思ったことも一度ならずあった。それと反対に、こんな半木乃伊《ミイラ》のような女に引っかかって、自分の身をどうするのだ。そう思って逃げ出しかけたことも度々あった。だが、おかみさんの顔をつくづく見るとどちらの力も失せた。おかみさんの顔は言っていた——自分がもし過ちでも仕出かしたら、報いても報いても取返しのつかない悔いがこの家から永遠に課されるだろう、もしまた、世の中に誰一人、自分に慰め手が無くなったら自分はすぐ灰のように崩れ倒れるであろう――

「せめて、いのちの息吹を、回春の力を、わしはわしの芸によって、この窓から、だんだん化石して行くおかみさんに差し入れたいと思った。わしはわしの身のしんを揺り動かして鏨《たがね》[注一]と槌《つち》を打ち込んだ。それには片切彫[注二]にしくものはない」

おかみさんを慰めたさもあって骨折るうちに知らず知らず徳永は明治の名匠加納夏雄[注三]以来の伎倆《ぎりょう》を鍛えたと言った。

だが、いのちが刻み出たほどの作は、そう数多く出来るものではない。徳永は百に一つをおかみさんに献じて、これに次ぐ七八を売って生活の資にした。あとの残りは気に入らないといって彫りかけの材料をみな鋳直《いなお》した。「おかみさんは、わしが差し上げた簪《かんざし》を頭に挿したり、抜いて眺めたりされた。そのときは生々しく見えた」だが徳永は永遠に隠れた名工である。それは仕方がないとしても、歳月は酷《むご》いものである。

「はじめは高島田[注四]にも挿せるような大平打の銀簪にやなぎ桜と彫ったものが、丸髷《まるまげ》[注五]用の玉かんざしのまわりに夏菊、ほととぎすを彫るようになり、細づくりの耳掻《みみか》きかんざしに糸萩、女郎花《おみなえし》を毛彫り[注六]で彫るようになっては、もうたいして彫るせき[注七]もなく、一番しまいに彫って差し上げたのは二三年まえの古風な一本足のかんざしの頸《くび》に友呼ぶ千鳥一羽のものだった。もう全く彫るせきは無い」

こう言って徳永は全くくたりとなった。そして「実を申すと、勘定をお払いする目当てはわしにもうありませんのです。身体も弱りました。仕事の張気も失せました。永いこともないおかみさんは簪はもう要らんでしょうし。ただただ永年夜食として食べ慣れたどじょう汁と飯一椀《ひとわん》、わしはこれを摂らんと冬のひと夜を凌《しの》ぎ兼ねます。朝までに身体が凍え痺《しび》れる。わしら彫金師は、一たがね一期です。明日のことは考えんです。あなたが、おかみさんの娘ですなら、今夜も、あの細い小魚を五六ぴき恵んで頂きたい。死ぬにしてもこんな霜枯れた夜は嫌です。今夜、一夜は、あの小魚のいのちをぽちりぽちりわしの骨の髄に嚙み込んで生き伸びたい――」

徳永が嘆願する様子は、アラブ族が落日に対して拝するように心もち顔を天井に向け、狛犬《こまいぬ》のように蹲《うずくま》り、哀訴の声を呪文《じゅもん》のように唱えた。

くめ子は、(ウ)われとしもなく帳場を立ち上った。妙なものに酔わされた気持でふらりふらり料理場に向かった。料理人は引き上げて誰もいなかった。生簀《いけす》に落ちる水の滴りだけが聴こえる。

くめ子は、一つだけ捻《ひね》ってある電灯の下を見まわすと、大鉢に蓋《ふた》がしてある。蓋を取ると明日の仕込みにどじょうは生酒に漬けてある。まだ、よろりよろり液体の表面へ頭を突き上げているのもある。(2)日頃は見るも嫌だと思ったこの小魚が今は親しみ易《やす》いものに見える。くめ子は、小麦色の腕をまくって、一ぴき二ひきと、柄鍋《えなべ》の中へ移す。握った指の中で小魚はたまさか蠢《うご》めく。すると、その顫動《注八せんどう》が電波のように心に伝わって刹那《せつな》に不思議な意味が仄《ほの》かに囁《ささや》かれる——いのちの呼応。

くめ子は柄鍋に出汁《だし》と味噌《みそ》汁とを注いで、ささがし牛蒡《ごぼう》を抓《つま》み入れる。瓦斯《ガス》こんろで掻き立てた。くめ子は小魚が白い腹を浮かして熱く出来上った汁を朱塗の大椀に盛った。山椒《さんしょう》一つまみ蓋の把手《とって》に乗せて、飯櫃《めしびつ》と一緒に窓から差し出した。

（岡本かの子「家霊」による）

注一　鏨＝金工用の、鋼でできたのみ。
注二　片切彫＝鏨を用い、絵模様をあらわす線の片側を深く彫る技法。
注三　加納夏雄＝一八二八～一八九八。幕末から明治の彫金家。片切彫を得意とした。
注四　高島田＝髪を結い上げる女性の髪形の一つ。明治以降、若い女性や花嫁の髪形とされた。
注五　丸髷＝嫁した女性が結う髪形。若い女性は髷を大きく結い、年齢とともに小さく結う。

注六　毛彫り＝毛髪のような細い線で模様や文字を彫る技法。また、そのために用いる先の細い鏨。
注七　せき＝余地。
注八　顫動＝ふるえ動くこと。

問一　波線部(ア)(イ)(ウ)の表現について、それぞれの意味をわかりやすく述べなさい。
問二　傍線部(1)について、徳永老人はおかみさんの心情をどのようなものと考えたのか、説明しなさい。
問三　傍線部(2)について、その理由を述べなさい。
問四　徳永老人の人生において、どじょう汁の意味はどのように変化しているか、本文をふまえて説明しなさい。

19

次の文章は、青来有一「爆心地の夏」の一部である。福岡で一人暮らしをする和子には、長崎に住む息子夫婦と三歳になる孫娘がいる。和子には、孫と同じ年齢のころ、原子爆弾が投下される数日前の長崎を母と一緒に歩いた記憶がある。母の首の後にはうっすらとした痣《あざ》があった。以下を読んで、後の問いに答えよ。

天神で母と連れ添って歩いている時、中年女性から声をかけられたことがある。「元気だったのね。よかったじゃない。火傷《やけど》の跡、消えたのね」

中年女性は凍りつく母の気配にも無頓着《むとんちゃく》なまま、「髪はぬけるし、歯茎からの血は止まらないし、原爆症じゃないかとずいぶん心配したのよ」とあたりを憚《はばか》らない大声で一方的に喋《しゃべ》ったが、「どなたでしょうか？」と母は無表情なまま首を横に振り、相手を無視して歩き出した。「どういうこと？　なんのこと？」と和子はしきりに母を問い質《ただ》したが、母は黙ったままずんずんと歩くばかりだった。母は家政婦として働きながら和子を育て、余計な噂《うわさ》話をしない無口な人という評価で雇用主の信頼が厚かったようだが、ただ、なにかを隠してすべてに口を閉ざしていただけだった気もする。

母は娘時代の写真さえ処分していたが、それでも、いくつかの事実を重ねれば、うっすらと母の隠された半生が透けて浮かび上がってくる。和子の戸籍の父の名の欄は空白であるが、母の戸籍には祖父母の名は記載されていた。そこには母の転籍前の本籍地も、出生地も、長崎の浦上山里との地名の記載があった。しかし、長崎にいるはずの親戚《しんせき》とは交流はないばかりか、墓参りの記憶さえない。母は四十七歳で亡くなったが、冬なのに「蝉《せみ》がいっぱい鳴いておる」とうわごとで呟《つぶや》いた後、ふと濡《ぬ》れた葡萄《ぶどう》のように澄んだ正気の眼で和子を見て、「骨はどこにでも捨ててくれんね」と言い残した。

母の過去への疑惑を夫に話したことが一度だけある。幸彦が小学校に入学した夜、長崎の地との因縁、母の痣のこと、天神で声をかけてきた中年女性の話をして、「わたしはね、被爆者かもしれないのよ」と言った時、夫はいつになく厳しい口調でたしなめた。「めったなことを言うな。ならば幸彦は被爆二世というのか。お母さんは死ぬまで、そのことは口にしなかったのだろう？　①死んだ人の秘密を暴くものではない」

教師と教え子だった夫と和子の関係の名残は、結婚してからも何十年も消えなかったのか、ぴしゃりと夫にたしなめられるともうなにも言えなくなる。母の遺骨の納骨先を巡って、夫の家との悶着《もんちゃく》のしこりも残っていた頃で、以来、母に関する話題は避けられたまま時ばかりが過ぎてしまった。

幸彦たち家族が住むマンションは爆心地の公園からそれほどは離れていない。川沿いの小道をまっすぐに歩き、再び国道沿いに出たところで左にまがり、三分も歩けば到着する。きれいに歩道と街路樹が整備された坂道をわずかに登ったなだらかな斜面に建っている。八階のベランダからは浦上駅へと向かう国道が一望でき、ひっきりなしに往来する路面電車の丸っこい屋根がよく見える。

マンションに帰ると和子は美弥子にシャワーを浴びさせた。「すみませんが、美弥子は肌が弱くて、汗疹《あせも》でかぶれやすいんです。夏はできるだけシャワーを浴びさせてやってください」と病室のベッドで麻理子さんに特に頼まれていた。わずかに歩いただけでも汗まみれになる猛暑が続いており、和子も一緒にシャワーを浴びる。美弥子は日に三度ほどにもなるシャワーを嫌ったが、その後が必ずジュースや果物が待っていることを知っていて、「今日はなに？」とひっきりなしにお喋りをしながら、渋々、我慢していた。

長崎に赴任した幸彦は麻理子さんと美弥子を連れて、たびたび家族で博多に帰省しては、ひとり暮らしの和子を気づかい同居を勧めてくれた。

「まだ元気だしねえ、友だちもこちらにはたくさんいるから」

「だったら、一度、泊まりにくればいいじゃないか。案内するよ」

そんな誘いさえ、彼女はやんわりと拒み続けた。「暴くものではない」と咎《とが》める夫の声はずっと耳に残り、和子の母と長崎という土地の因縁について息子にはなにも教えてはいない。幸彦はなにも知らないで、ここで暮らし、母がなぜ泊まりにさえこないのかも考えもしないだろう。和子を強引に長崎に呼び寄せることになったのは、三日前の息子からの一本の電話だった。

「母さん、しばらく、こちらに来てくれないか」

「生まれるの?」

ゴールデンウイークに帰ってきて長く滞在した際、麻理子さんが二人目を身ごもっていることは聞かされていた。出産が盆過ぎの予定で、いずれは応援に行かなければならないとも覚悟はしていたので、それほど驚きもしなかったが、「まだ二週間ほど先だがね。麻理子が原爆病院に入院したんだ」と幸彦が言った時、なにかが中空で音もなく炸裂《さくれつ》して、和子の眼は白く眩《くら》んだ。

「この暑さで体調を崩してね。お医者さんとも相談して、少し早いが入院することにしたんだ」

「原爆病院?」

「原爆病院は設備もいいし、スタッフも優秀だからね。名前でみんなぎょっとするらしいがね。普通の病院だよ」

思いちがいだと知っても、和子の胸を熱くする動悸《どうき》はしばらく消えなかった。

シャワーが終わると、髪から雫《しずく》を滴らせたまま、美弥子はバスルームから駆け出していこうとする。そんな美弥子の健康そのもののふくよかな手首を摑《つか》んで、バスタオルで全身を包みこみ、なんのくすみもない清潔な肌を拭《ぬぐ》ってやる。それから裸のままの美弥子の柔らかい首筋や、腹に、いい香りのベビーパウダーをぽんぽんとはたきながら、ふとこの瞬間が、②生涯で最後の幸せな時間ではないかと思う。なにを恐れていたのだろう。長崎まで列車で二時間ほどしか離れていないが、和子にはどこか近寄りがたい、遠い土地と感じていた。列車の中でうつらうつらとしていた彼女は、半ば寝ぼけた眼で有明海の鉛色の干潟を見て、一瞬、長崎に帰りついたと思った。もしかしたら、自分は被爆後の原子野も見たのかもしれない。記憶の奥底に隠された鮮烈な光景があるのかもしれない。

浦上駅で降りて、間近に迫った山の頂まではりついた家並みを仰いだが、③あの時は土地はなにも語りかけてくることはなかった。ひょいと背後から彼女のカバンを奪ったのは息子の幸彦で、「ようやく救援隊が来てくれたね」と日焼けした顔に白い歯をみせて笑っていた。すでに幸彦は土地になじんでいるらしい。ここに来ても母のなにがわかるというのか。すべては消滅して、過去さえも消えた場所ではないか。まばゆいばかりの現在の生活を愉《たの》しめばそれでいいではないか。

シャワーの後の火照ったからだのまま、和子は美弥子とスイカを手にしてベランダにでた。眼下には路面電車の線路がゆるやかにカーブを描いて浦上駅の方向に伸びている。往復のふたつの線路の中央には電線を支える鉄製の十字架のかたちをしたポールが延々と列をなしている。美弥子はスイカの果汁をぽたぽたと滴らせながら、冷たい果肉をさくさくと噛《か》んでいる。

「さあ、食べたら、病院に行こうか。ママが待っているよ」

シャワーを浴び、一息ついてから、美弥子を連れてマンションを出た。麻理子さんを見舞って、それから夕食の買い物をする予定だった。まだシャッターを降ろしたままの午後の飲み屋街を横目に通り過ぎ、ゆるやかな坂を昇るとすぐに立派な建物の病院がある。マンションから遠くはなかったが、それでも暑さで、たちまち汗まみれになり、ブラウスの湿った生地が背中にくっついた。

麻理子さんは廊下の奥の長椅子《いす》に腰を降ろしていた。大きなおなかをかかえ、化粧さえもしないで、物憂げな表情で背もたれに身を投げ出している。「ママ!」と叫んで、美弥子が駆け寄ると、彼女は疲れた微笑を浮かべる。

「どうしたの？　寝ていなくていいの」と和子はたずねた。

「父が二十日に訪ねて来るそうです。それまで産むのを待てなんて、父さん、ほんと、むちゃ言うわ」

麻理子さんの実家は千葉でクリーニング店を営んでおり、母親は彼女が大学生の頃に亡くなっている。

「お父さんに電話をしたの？」

「父から電話があったんです。訪ねていくからって…。④病院の名前を教えたら、妙に慌てましてね。こないだ友だちに電話した時も、そう。お母さんもだったのでしょ。みんな変に誤解するんだわ」

美弥子がふくらんだ母のおなかを小さな手で撫《な》でて、「おーい、おーい」と呼びかけ、それに応《こた》えて麻理子さんは「あっ、動いたよ！」と娘の頭を撫でる。

「名前を変えてくれないかなあ。普通の総合病院なんだから。病院の名前を教えるたびに、いちいち誤解されて、なんか説明しなきゃならないなんて、めんどう。原爆なんて昔のことで、よそ者のあたしには関係もないんですがねえ」

⑤窓の外で楠《くすのき》の枝葉が風にゆれて、白く輝いた。

「なんにも知らないから…」と思わず小さく溜息《ためいき》まじりに呟《つぶや》いていた。「えっ？」と問う顔で麻理子さんが見つめている。なんて無防備な濁りのない眼なのだろう。あの夏のむしゃくしゃした内面がそっくり浮上してきて、一瞬、すべての無垢《むく》を蹴散《けち》らして、なにもかも暴いてしまいたくなった。

夜九時過ぎになって幸彦は帰ってきた。土曜日なのに明日も休みをとれないとぼやきながら、食事を終えると美弥子と一緒に早々に寝てしまった。麻理子さんのパジャマや、幸彦のシャツを放りこみ、この日の二回目の洗濯をする。⑥なんだかいつまでたっても大人になりきれない、増えるばかりの子どもたちの面倒をみているような気がする。リビングに行き、わずかにサッシを開いて外を見ると、むっとした熱気を孕《はら》んだ闇《やみ》が顔に押し寄せてきた。

注　天神……福岡市の繁華街。

問一　傍線部①に「死んだ人の秘密を暴くものではない」とある。これは誰のどのような秘密なのか。簡潔に説明せよ。

問二　傍線部②に「生涯で最後の幸せな時間」とある。これと同様のことを述べた箇所を、本文中から十五字以内で抜き出せ。

問三　傍線部③に「あの時は土地はなにも語りかけてくることはなかった」とある。
1　「土地」が「語りかけてくる」と感じたのはいつか。本文中の語句を用いて説明せよ。
2　具体的にどのようなことを語りかけられたと感じたのか。本文中の語句を用いて説明せよ。

問四　傍線部④に「病院の名前を教えたら、妙に慌ててましてね。こないだ友だちに電話した時も、そう。お母さんもだったのでしょ。みんな変に誤解するんだわ」とある。
1　麻理子は「みんな」がどのように「誤解」していると考えているのか。説明せよ。
2　麻理子は和子が「慌て」た理由を「誤解」している。和子が「慌て」た理由を説明せよ。

問五　傍線部⑤に「「なんにも知らないから…」と思わず小さく溜息まじりに呟いていた」とある。このような反応の引き金となったのは何か。具体的に説明せよ。

問六　傍線部⑥に「なんだかいつまでたっても大人になりきれない、増えるばかりの子どもたちの面倒をみているような気がする」とある。このように思う和子の気持ちを本文全体をふまえて説明せよ。

20

次の文章を読んで、後の問に答えよ。

――頭《かしら》の露をふるふ赤馬《あかむま》

日常の一場の光景のほうが天体の巡りよりも、水よりも時よりも、永遠のように眺められることはある。人は死後の眼になっているのだろうか。自身の不在の眼で眺めるとは理からすれば成り立たぬことであり、眼を惹《ひ》き寄せた場面も、明日の晩も明後日の晩も一年後も馬は露に濡《ぬ》れた頭を揺すっていることだろうと思う程度の、反復にも限りのある事柄であるのに、そこに仮にも永遠のようなものを感じさせられるとすれば、眺めている以上自身は不在でないにしても、周囲の長い短い反復から、わずかの間、零《こぼ》れ落ちかけた徴《しるし》になりはしないか。ふらりと戸外《おもて》へ出た途端などに、よくあることだ。

長い並木路に沿って両側にずらりと、大小無数の石棺が並んで、おそらくもう何百年も昔に蓋《ふた》を剝《は》がれ中身を攫《さら》われ、初秋の日を気前よく底まで浴びている。古代にはそこは都市の城門に至る街道であったそうで、訪れる客人たちのまず眼についたところになる。そんな門前に死者たちの、しかも良家の死者たちの棺《ひつぎ》を、野天にもろに晒《さら》してあったかどうかは聞いていないが、賑々《にぎにぎ》しく行列させるとは、当時の死生観が知れない。「至福の野」と呼ばれていたらしい。墓地という意味はあらわである。それが後世の言葉へ訳されると、「シャンゼリゼー」になるというから、言葉というものも長きにわたれば、ずいぶんな諧謔《かいぎゃく》をおこなうものだ。

荒廃の後には近辺の農民たちが空っぽの棺から棺へ樋《ひ》を渡して、用水路に利用したという話も聞いた覚えがある。ほんとうかは知らないが、棺をひたひたと満たして樋から次の棺へ伝う水を思うと、秋ながら炎天下、やや長くなった旅の末のことでもあり、眼に青く染みて、その眼も洞《うつ》ろになり水の流れを自在に通すような心地になった。しかし、用水である。棺を暴《あば》いて副葬品を奪ったのは盗人であり、浮彫りのほどこされた蓋を運ばせたのは富裕な蒐集家《しゅうしゅうか》だろうが、無用の物として残された遺骨を集めて野に埋めたのは農民たちだったと考えられる。おびただしい数であったはずなので、こつこつと気の長い、実直な仕事ぶりが思われる。その用水もやがて廃れて元の遺跡に還ったようだが、遺跡よりも古代の至福の野よりも、生活のかかった工夫のほうが永遠なのかもしれない。

睡《ねむ》りから覚めた眼のように開かれ、と近代の詩人は蓋のない棺を喩《たと》えた。牧夫の眼とあるから午睡から覚めたところか。今から百年ほど前には棺の底に土が溜《た》まっていたようで、野草が生えていたらしい。その内から蝶《ちょう》たちが舞い立ったという。

ふたたび開かれた口、とまた喩えた。沈黙とは何かを、すでに知った口、と称《たた》えた。さらに人に、生きている人間たちに呼びかけて、われわれは沈黙の何たるかを知っているのか、知らずにいるのかと尋ねる。

知っているか知らずにいるかと尋ねられれば、千年二千年の石棺に喩えられるような沈黙なら、知らない、と今の世に生きる人間としては答えるよりほかにない。ところが詩は知るか知らぬかといささか迫っておいて、この知ると知らぬとがふたつながら、ためらい進む時を人間の顔に刻む、と結んでいる。知ると知らぬと、並存なのか、交替なのか。交替だとすれば、人間の顔の内に時の刻みの進むのは、沈黙の何たるかを知った折なのか。それともむしろ、知らずにいる間にか。並存にしても、知るのまさる時と、知らぬのまさる時がある。どちらの時が刻みを進めるのか。大体、事が沈黙だけに、知ると知らぬの弁別がむずかしい。知ったところのものは、すでに沈黙ではないのかもしれない。知らぬと言い張れば、人の一生などは沈黙の大流の中の、いささかの浅瀬のざわめきにすぎない、と沈黙そのものが笑う。笑いもしないのが沈黙のはずだが、笑えばいよいよ沈黙になるように、私には思われる。

知らぬが仏というけれど、これは文字通りのことで、知らぬということすら知らずにいる間こそ、知っている時になりはしないか、と大まじめにつぶやけば、また笑う。

こうも暑いと棺桶《かんおけ》の中に入りたくなる、と老人が言ったものだ。若い頃のことで、年寄りと思っていたが、今の私よりも年下だったかもしれない。たまたま道連れとなって炎天下を歩いてきて、木陰に入って一服しているところだった。あそこは涼しい、と翳《かげ》りもない声でつぶやかれて、いよいよ返答のしようもなくなった。

反復から成り立つ現実に、すこしずつ置き残されていくのが、年を取っていくということか。よくよく知ったはずの道に迷う。角を正反対のほうへ折れて、しばらく間違いに気がつかない。方角が怪しくなって立ち停《ど》まると、あたりが見知らぬ場所に見える。この辺にはあり得ぬ所のように思われる。ようやくもとの角まで引き返して、あたりを見まわせば、さっきはこの風景が自分の眼にどう映ったので、逆の方向へ迷わず歩き出したのか、さらに不可解になる。

街の様子がのべつ変わる世の中である。変わらぬ角でも、その辺の店が少々の模様替えでもすれば、雰囲気は微妙に異《こと》ってくる。人は要所要所で雰囲気に感じて道を取っているものだ。しかし場所の雰囲気も人の方向感覚も、一挙の激変がないかぎり、あるいは五年十年ぶりに来たということでもないかぎり、反復から成り立っている。持続ではない。持続ということでは怪しい。病的に昂《こう》じればデジャ・ヴュと呼ばれるが、安定した既視感に人は頼る。視覚で代表されるが、聴覚も嗅覚《きゅうかく》もふくむ。この既視感がまるでなければ、雰囲気も方向感覚もあったものではない。①内の反復が外の反復と相携えて、歩いているわけだ。ところが、年を取るにつれて、内の反復がゆるむ。

家の内にあっても、年を取るほどに人の習慣は抜き難くなり意味もない常同に嵌《はま》ると言われるがそれは或る年齢までのことで、老齢に入れば習慣はむしろ綻《ほころ》びやすくなる。日常の行為には、歯を磨いて顔を洗う、あるいは湯を沸かして茶をいれるという程度のことでも、長年定まった無意識の手順がある。それがある日、ひそかな気紛《きまぐ》れに忍びこまれたように、どこかで前後が乱れ、その狂いがまた順々に繰り越され、本人にも思いも寄らぬ間違いとなって表われる。薬缶《やかん》がテレビの上にのっている。眼鏡が茶簞笥《ちゃだんす》に片づいている。そこまで行かなくても、たやすい手順を踏むことに俄《にわ》かに疲れを覚える。忿怒《ふんぬ》のようなものさえ起こりかける。天邪鬼《あまのじゃく》がささやく。いずれにしても、長年の反復に、現在がついて行けなくなりつつある徴だ。体力の掠《かす》れてきたこともあるだろう。

さらに高齢になれば、家の内でも道に迷う。夜中に寝覚めして一人で手洗いへ立ったはいいが、何十年も住み馴《な》れた家の中で見当を失って、うろうろする。立ちすくむこともあるらしい。先日のテレビで、そんな時に老人の眼はどんな見え方をしているか、そのシミュレーションを映して見せた。遠近感と、そして立体感が変質しているようなのだ。廊下を行けば正面のつきあたりが見える。左右の壁も戸口も見える。この三つの平面が——いきなり、おそらく、いきなりのことだと思われる——一枚の平面へつながってしまう。これはもはや見知らぬ空間である。空間としても、解《ほど》けている。その中で、手洗いの扉が正面の並びに見えていても、見当というものは成り立つだろうか。そこへ行き着けるとはとても思えないだろう。それはいつもの、家の手洗いではないのだ。

知った所まで引き返そうとする。しかし行く先から、知らぬところになる。不可解な展開図のような眺めが行く手を阻む。同じ所をうろうろするよりほかにない。やがて立ちつくす。解けた空間の中では、方向感覚はおろか、歩くこともならない。

その時、遠近や方角をふくんだ物音が、木の葉や雨の降り出しの音が家の内まで伝わってくれば、空間は一度に回復されるかもしれない。壮年の場合でも音で人心地がついて、あたりを見まわし、いましがたまで自分の居所を見失いかけていたことに気がつくことはある。視覚の現実は聴覚によっても支えられる。人の声ならなおさらよい。尊いように聞こえることだろう。それこそ地獄で仏である。仏とはそんなものだ。だから、ありがたい。しかしいまどき、地面から離れた住まいが大半である。伝わるのもたいてい機械から発する音で、遠近も方角も孕《はら》まない。人の声も、現心《うつしごころ》を取り戻す助けとなるには、とかく奥行きがなさすぎる。響きにも乏しい。響きとは声の内にひろがる、また声が外へひろげる、空間の謂《いい》でもある。

無音同然の中にあって、見馴れた家の間取りが正面にひらいたきり戻らない。それでは左右はどうか、天井はどうか、想像してみるに、空間へまとまらぬかぎりはおそらく、ただ抜けている。床もまた、足の踏むところのほかは不確かになる。おそろしいことだ。時間もまた、空間の繰り越しを促そうともしないので、停まっていると感じられる。しかし立ちつくす老人の眼に映るのは、空間の解体ばかりだろうか。内の反復が掠れて、反復から成る空間が解ける時、人の生きる、現に生きている、その実相が見えて来はしないか。

こんな中で生きてきたものだ、知らずにあれもした、これもした、と洩れたつぶやきが、実相が見えれば消えていく言葉の、すでにわずかな名残りとなるか。②その驚きも散って、内と外がつながり、そこで沈黙が成る。その後からもう一点だけ、つまりは仏だった、と言葉が点《とも》るかどうか。

（古井由吉『野川』による）

問一　傍線部①について、「内の反復が外の反復と相携え」ているとはどのようなあり方を指しているか。「内の反復」と「外の反復」の内容を示しながら、わかりやすく説明せよ。

問二　傍線部②について、「沈黙」が成立する背景を、本文中の「私」はどのように考えているか。「反復」・「実相」・「沈黙」の三者の関係を踏まえながら、わかりやすく説明せよ。

国公立標準問題集

CanPass

現代文

⑪ 20250418

駿台受験シリーズ

国公立標準問題集
CanPass
現代文

清水正史・多田圭太朗　共著

駿台文庫

はじめに

　国公立大学の入試では、文系の大半と理系の一部の学部において試験科目として現代文が課されます。出題されるのはほとんどが記述問題です。つまり国公立大学の受験生にとって、現代文の記述問題は、合格のために避けて通ることのできない関門だといえます。しかし実際には記述というだけで苦手意識を持ち、さらには勉強法も分からないために準備を他教科より後回しにしている生徒が数多く見受けられます。確かに、現代文で求められるのはそのつど異なる文章の読解であって、数学のような定理に従った類題もなく、英語や地歴・公民のように知識を整理しておく側面もないため、どこから手をつけ何をすればよいのか分からないという悩みを抱える人は少なくないのでしょう。とはいえ、何も前準備をせずとも解けるような問題を、国公立大学が出題することはありえません。記述問題に対処できるようになるには、個々人の意識的な取り組みが必要なのです。

　本書は、〈現代文の記述問題をこの一冊で〉というコンセプトのもとに編集されています。現代文の解き方が分からない人には解法を、記述問題を前に手が動かなくなる人には解答の道筋を明瞭に示してあります。本文のジャンルについても、最も出題数の多い評論を中心としつつ、随筆や小説の出題される大学を志望する人の要望にも応えられるよう、問題を選び全体をまとめました。皆さんの〈どこから手をつければ〉に〈ここから始めよう〉と応じるべく上梓《じょうし》された一書です。この問題集で読解・解答の方法を身につけた上で、それぞれの志望校の過去問に取り組んでいってもらえばと思います。

　現代文の読解力を身に着けるのには時間がかかります。それは「暗記」という要素が少ないことにも起因しているのでしょうが、そのことが安易な小手先の技術を世の中に跋扈《ばっこ》させてもいます。しかし現実の入試問題、特に記述問題はそんな付け焼刃の技術で対応できるレベルのものではないのです。そのことは本書が自ずと示してくれるでしょう。

　学問に王道なしと言います。時間をかけて取り組んでいってください。皆さんが志望する大学の扉を開くべく、根本的な読解力を養うための一助に本書がなることを心から願っています。

編著者

目次

本書の構成と利用法

■本書の構成

この問題集は、記述問題対策を必要とする国公立大学志望者のために、近年出題された入試問題から、難易度・内容の点で最も標準的な問題を二十題厳選した、実戦トレーニング用の問題集です。この一冊で、評論・随筆・小説の各ジャンルと、記述設問の主要パターンについて、総合的に学習できるよう編集してあります。『問題編』と『解答用紙』は別冊となっていますので、それぞれ取り外して利用できます。

実戦的な演習のために、『問題編』の各問題の冒頭には、〈難易度〉（★☆☆：標準　★★☆：やや難　★★★：難）と〈標準解答時間（実際の入試でその問題に費やせる時間のめやす）〉を表示しました。

『解答・解説編』では、単に解答例を提示するだけでなく、記述設問の **採点基準** と、どのように加点・減点されるかを示した **採点例** を掲載しました。これらを参考に自分で採点・添削することで、現時点での実力と、今後の学習課題を知ることができるようになっています。

さらに、個々の本文・設問の解説に加えて、文章読解の際に意識すべき点や設問の解法を **ポイント** として示しました。また、評論の本文解説には、問題文の主旨を端的にまとめた **要約** を付してあります。復習の際にこれらを活用することで、〈自分の頭で文章を読み、設問を解く〉力を身に着けていきましょう。

■本書の利用法

① まず、各問題の最初に示した標準解答時間内で解答を作成する。

——これは、試験場に臨んだ気持ちで、**〈速く解く〉** 練習です。どれくらいのペースで解けばいいのかの時間感覚を養います。

② 次に、同じ問題について、時間を気にせず、もう一度じっくり精読する。本文の理解が深まったところで、必要に応じて最初に作成した解答に修正を加える。

――これは〈きちんと考えて解く〉ための練習です。①と②をくりかえすうちに、二つの力が結びつき、**〈速く、きちんと考えて解く〉**ことができるようになります。評論ではこの時に、本文を100～150字で要約してみてもいいでしょう。

③ 〈解答・採点基準・解説〉を参考に、採点・添削する。

――これは、**自分の答案の欠点を自分で見つけ、修正する**ことで、**〈よりよい答案へと仕上げる〉**力をつけるための練習です。なお、〈解答〉として掲げたものは〈満点〉の答案です。一方、実際の入試での〈合格最低点〉は（大学・学部により違いはありますが）一般的には6～7割程度と考えてよいでしょう。

〈採点上の細則〉

・漢字の書き取り設問では、字画の不正確なもの・乱雑なものは、-1点とします。
・抜き出し設問で、誤字・脱字などの誤写については、一箇所につき-1点の減点とします。
・記述設問で、〈採点基準〉に掲げた語句以外のものでも、同じような内容を適切に表現したものであれば、○とします。
・記述設問で、文末に句点を付していないものや、マス目のある答案で句読点等の符号に一字分とっていない（一つのマス目に文字と同居させたり、マス目の外にはみ出したりしている）ものは、それぞれ-1点とします。

○
匿	名	……	う	ち	に
、	発	……	こ	と	。

×
	匿	……	う	ち	に、
発	信	……	く	こ	と。

×
匿	名	……	う	ち	に
発	信	……	く	こ	と

、。

なお、〈採点例〉では、加点する箇所を傍線――で、減点する箇所を波線〰〰で、それぞれ示してあります。

④ 復習する。

――漢字などの知識設問で誤ったものや、読解・解答の〈ポイント〉については、その日のうちに復習し、覚えておきましょう。読解設問については、しばらく日をおいて（解答・解説の内容を忘れかけたころに）もう一度同じ手順（①～③）でやり直してみるのが効果的です。

――各問題の本文は、いずれも入試頻出のテーマ・主題を扱っています。したがって、本文全体や〈要約〉をくりかえし読み、テーマ・主題についての理解を深めることも、意義のある復習となります。

1 『街場のメディア論』　内田　樹

山口大学

解答

問一　a＝金科玉条　b＝邪悪　c＝典型　d＝標的　e＝代替

問二　ア

問三　B＝自立した個人による制御が及んでいない（18字）
C＝暴走（2字）
D＝真に個人的な言葉（8字）

問四　匿名の発言を繰り返すうちに、発信者が個体識別できない人間となって自らの存在根拠を見失い、生命力を衰微させてゆくこと。（58字）

問五　世間の風潮や先行報道に追随する定型的な言葉ばかりで、具体的現実に基づき個人が責任をもって発信する言葉がないため、存在意義を失っているから。（69字）

出典

内《うち》田《だ》樹《たつる》『街場のメディア論』〈「正義」の暴走〉の一節。

内田樹は一九五〇年生まれの哲学者。フランス現代思想から文化芸術や武道に至るまでの広範な教養をもとに、旺盛な研究・批評活動を展開している。著書に『他者と死者』『街場の現代思想』『昭和のエートス』『武道的思考』など。

本文解説

本文は一四の形式段落（以下、[1]、[2]…と表記する）からなり、内容上は大きく三つに分けてとらえることができる。

[1]〜[10]は現代の「メディア」の言説について。自分が「どうしてもこれだけは言っておきたい」（[8]）と思うことを語ろうとする人は、「**自分の生身の身体**を『担保』に差し出して」、何とかして他者に届くよう、自らを「制御」して「**言葉を選**」**び、「情理を尽くして」語る**（[9]）ものだ。が、現代のメディアの言説は、「世間」の風潮（[5]）や「先行する誰かの記事」（[4]）を追うだけの、「**最終的な責任を引き受ける生身の個人がいない**」（[7]）、「**誰でも言いそうな言葉**」（[10]）にすぎない。だから、他者に届くよう言葉を選ぶことも、情理を尽くすこともなく、「定型」化（[4]）した言説が「暴走」（[3]など）することになるのである。

[11]〜[13]は「ネット上」の言葉について。メディアの「暴走」同様、「ネット上」にも「口汚い罵倒《ばとう》の言葉」が「氾濫《はんらん》」しているが、これもやはり、それらが匿名（「名無し」）で語られる「**最終的に責任を取る個人がいない**言葉」であるためである（[11]）。メディアの言説同様、個人としての自分が〈どうしても言っておきたい言葉〉ではないのだ。だから、そうした発言を繰り返すうちに、発信者は「いくらでも**代替者がいる人間**」（[12]）、独自の「**存在根拠**」**を持たない人間**（[13]）となってゆき、その「**生命力は確実に衰微してゆく**」ことになる（[13]）。

⑭は再び「メディアの言葉」について。ネット上の言葉と「**同じことが…言える**」というのだから、筆者は「メディア」についても、**〈個人が責任を負って発する言葉〉を失った**（←①～⑩）ために、**「存在根拠」をなくし、その「生命力」を「衰微」させている**、と考えているのである。

――以上、各部分における**同内容の繰り返し**（どこからどこまでが同じ話題のまとまりか、繰り返し述べられて強調されていることは何か）、および**対比関係**（ここでは、筆者が何を肯定し、何を批判しているか、という対比）をとらえれば、本文の論旨は左のように要約できる。

要約

現代のメディアは、ネット上の言説と同様、個人が自らの責任において言葉を選び発信することなく、定型化した言葉を暴走させるばかりの言説を繰り返しているため、存在根拠をなくし力を失っている。

設問解説

問一　漢字の書き取り。a「金科玉条」は〈絶対的なものとして重んじられるきまり〉の意。c「典型」は〈特徴が最もよく表れた、代表的な例となるもの〉の意。

問二　名詞の空欄補充。本文前半の〈メディアの言葉〉に関する対比関係の理解を問うもの。

「［A］的に…と…疑問を向ける人はまずいません」とあるから、空欄Aには**現代のメディアには〈ない〉**指向を示す語が入る。筆者は、現代のメディアの言説は「世間」の風潮（⑤）や「他社の誌面」をもととするもの（⑥）ばかりで、「自立した［個人］による制御が及んでいない」（③）、「生身の［個人］がいない」（⑦）と述べているのだから、この論旨に沿うように空欄Aを埋めれば、「『私は［個人］的に…見聞したのですが…』」と言う人がいない、となるはず。正解はア。――ウ・エ・オはむしろ〈現代のメディア〉の指向の方に近い。イは本文の論旨と無関係なもので、選べない。

ポイント

現代文の読解設問は、語感やフィーリングではなく、問われていることについて**〈その文章の中でどのように説明されているか〉を根拠として解答する**ことが大原則。空欄補充設問でも、空欄前後の言い回しだけを見て〈これが入りそうだ〉などと安易に解答するのではなく、**まず空欄を含む文全体の内容を把握し、次にそれと本文の他の箇所の記述との関連（同内容・対比・因果関係など）を的確につかんで、それらをヒントに解答する**よう心掛けよう。

問三　語句の空欄補充。問二と同様のねらい。

Bは、「メディアの『**暴走**』」は「最終的な責任を引き受ける生身の個人がいない、『[B]』ことの帰結だ」、つまり〈[B]という原因から生まれる結果として「メディアの『**暴走**』」が生じる〉と述べている箇所。同じようなことを述べているのは[3]の「なぜ『**暴走**』かというと…この過程に個人の責任と理性の関与、すなわち、[自立した個人による制御が及んでいない]からである」。「個人の責任と…」が空欄B直前「責任を引き受ける生身の個人…」の方に当たるので、続く「自立した個人…」が空欄Bに入る内容だとわかる。――[2]「責任の明らかでない言説を反復している」は空欄B直前の記述と同方向のもので、空欄Bに入れると内容的にも表現の上でも重複してしまうことになり、おかしい。[6]「他社の誌面をその『世間』の証拠に示す」は、メディアのあり方についての**一具体例にすぎず**、それを一般化した形で説明している空欄Bに入れるのは不適切。

Cは「…『[C]』したりはしません…自分の生身の身体を『担保』に差し出しているから、制御がかかってしまう。**真に個人的な言葉**には制御がかかる」とある箇所。逆に言えば〈生身の身体が『担保』になっていない、個人的な言葉ではない言葉は、[C]してしまう〉ということである。[7]に「生身の個人がいない」メディアの言葉は「[暴走]」してしまう、とある。正解は「暴走」。

Dは直後に「ここで語る機会を逸したら、ここで聞き届けられる機会を逸したら、もう誰にも届かず、空中に消えてしまう言葉」とあるように、〈ぜひともいまここで語っておきたい言葉〉、つまり直前「自分はどうしてもこれだけは言っておきたい言葉」のことである。[8]初めに同内容の「『どうしてもこれだけは言っておきたい』という言葉」がある。これを「八字以内」で言い換えた次々文の「真に個人的な言葉」が正解である。――「聴くに値する言葉」は、空欄Dに入る内容を「そのような言葉」とうけて「…だけが…聴くに値する言葉だ」と述べる箇所。空欄Dにこれを入れると、〈聴くに値する言葉だけが、聴くに値する言葉だ〉と続くことになり、おかしい。

問四　傍線部の内容説明。本文後半の〈ネット上の言葉〉に関する論旨の理解を問うもの。

傍線部Eは、[11]～[13]の〈ネット上の言葉〉について論じた記述の一節である。説明すべき内容は左の二点。

①直前「そのような言葉」とはどのような言葉か
②そうした言葉が「発信している人自身を損なう」とはどういう事態か

傍線部Eは、前文「それは…危険なこと」と、前段落をうけた箇所だから、「そのような言葉」とは、前段落で論じられた、「名無し」「固有名を持たない人間」の言葉（**A**）、「最終的に責任を取る個人がいない言葉」（**B**）である。傍線部Eの次々文にも

「私は個体識別できない人間であり、いくらでも代替者がいる人間である」と、Bと同趣旨の説明がある。

では、そうした言葉がどのように「発信している人自身を損なう」のか。後続する説明から該当する記述を探れば、「私が存在しなくなって誰も困らない」「私は存在する必要のない人間である」⑫ことになってしまう＝「発信者の存在根拠を溶かして」しまう⑬こと（C）、その人の「生命力」が「確実に衰微してゆく」⑬こと、などが挙げられる（D）。A〜Dについて、**同趣旨の表現が重なるのを避け**、「…を溶かしてゆきます」といった**比喩表現を一般化した表現に書き直す**などしてまとめれば、次のようになる。

匿名の発言を繰り返すうちに（A）、発信者が個体識別できない人間となって（B）自らの存在根拠を見失い（C）、生命力を衰微させてゆく（D）こと。

もちろん、内容が適切ならば、この通りの表現でなくともよい。後掲の［採点基準］に、どのような表現に加点し、どのような表現を減点するかを示した。参考にしてほしい。

ポイント 記述説明では、次のようなことに注意する。

①書き出す前に、**設問文**や**傍線部**に示された〈設問要求〉と**本文の論旨・構成**との関連を考えて、**〈何をどのように解答するのか〉**を的確につかみ、**解答の方針**を立てる。

②同じ内容を別の表現で繰り返し書いても一要素分の得点にしかならず、字数の無駄になる。**重複する内容は一方をカットし、その分の字数で他の要素を盛り込む**ようにする。

③（**〈説明する〉とは〈わかりにくいことをわかりやすくする〉こと**なのだから）解答の中に〈わかりにくい〉部分がなるべく残らないようにする。**〈指示語など〉内容が不明瞭な表現や、〈比喩など〉間接的な言い方であるため意味のあいまいな表現は、できるだけ中身が明瞭になるよう言い直す**必要がある。

問五　傍線部の理由説明。全体の論旨・構成の把握を問うもの。

傍線部F「メディアが急速に**力を失っている理由**」は、⑪〜⑬の「ネット上」の「言葉」（の発信者の「**生命力**」が「**衰微**」している理由）と「**同じこと**」だと筆者は述べている。この論旨と設問要求から、次のように解答方針が立てられる。

①設問文「本文全体を踏まえて」に従い、「メディア」の特徴（①〜⑩）と、「ネット」の特徴（⑪〜⑬）をおさえ、

②傍線部F「力を失っている理由」として、両者がどのように「同じ」であるのかをつかむ

［本文解説］の⑭の箇所を参照。「ネット上」の「言葉」の発信者の「生命力」が「衰微」している理由は、問四で見たように〈匿名で個体識別できない言葉ばかりを発信しているため、発信者の存在根拠が失われているから〉であった。メディアに関する論の中から、これと「同じ」点を探ってみよう。――〈匿名で個体識別できない〉に当たるのは、「定型」的（A）④で、「責任を引き受ける生身の個人がいない」（B）⑦こと。〈理由説明設問だから、さらに〉なぜそうなるのかを探れば、「先行する誰かの記事」④や「世間」で言われていること⑤をなぞるだけで（↓「定型」化）（C）、「具体的現実」を自分で取材しない（↓「個人」の喪失）（D）からだ、とされている。以上A〜Dに〈存在根拠を失う〉（E）という要素を加えてまとめれば、

世間の風潮や先行報道に追随する（C）定型的な言葉（A）ばかりで、具体的現実に基づき（D）個人が責任をもって発信する言葉がない（B）ため、存在意義を失っている（E）から。

ポイント　右で見た通り、問五では、［本文解説］の①〜⑩の箇所で見た、〈メディア〉に関して筆者が**繰り返し**述べている**対比**〈メディアに対する批判と、それと対置される〈望ましい言葉〉のあり方〉が、解答の軸になっている。設問解答の大前提として、**同内容・対比**をはじめとする論理関係に注意しながら本文を読み、筆者の論旨を整理して頭に入れておくようにしよう。

採点基準・配点

〈計50点〉　問一＝各2点　問二＝3点　問三＝B・D6点、C3点　問四＝10点　問五＝12点

問四（10点）

◇①（2点）〈匿名の／固有名を持たない〉

▼〈名無し〉は、比喩的な表現なので、△1点。

②（2点）〈個体識別できない／責任を取る個人がいない／いくらでも代替者がいる／個性のない〉

③（3点）〈存在根拠を失う〉

▼〈存在根拠を溶かす〉は、比喩的な表現なので、△2点。

▼〈存在しなくても誰も困らない人間となる／存在する必要のない人間となる〉も〈そう言っているのと同じようなことになってしまう、という意味の〉比喩的に説明した表現なので、△2点。

④（3点）〈生命力が衰微する〉

採点例

発言に最終的に責任を取る個人がいない言葉は他人を傷つけるだけでなく、自らの存在価値を否定することにつながってしまうから。

②2点　③3点　こと　-1点

計4点

問五（12点）

◇①（2点）〈a「世間」の風潮や b先行報道／先に誰かが書いた記事 に基づく〉…ab各1点

②（2点）〈定型的／誰でも言いそうな言葉〉

③（2点）〈具体的現実に基づいていない〉

④（3点）〈個人が責任をもたない／自立した個人による制御が及んでいない〉

▼〈自分の生身の身体を「担保」に差し出している言葉ではない〉は、比喩的な表現なので、△2点。

▼〈自分がどうしても言っておきたい言葉ではない／真に個人的な言葉ではない〉など〈責任／制御〉の要素がないものは、△1点。

⑤（3点）〈存在根拠／存在意義 を失っている〉

採点例

インターネットに取って代わられただけではなく、メディアは無限参照ばかりで、個人的な言葉がなく、最終的に責任を取る生身の個人がいなかったため。

①△1点　④3点

計4点

問四

採点ポイント

⬆文末、誤って理由説明の形となっているため-1点。

問五

＊末尾が理由説明に対応していないもの、-1点。

採点ポイント

⬆①、〈どのような無限参照か〉中身が不明瞭なので△1点。

2 『異文化理解』

青木 保

■筑波大学■

解答

問一　とぎれることなく直線的に限りなく前へ進むだけの、地域や社会による固有性がなく質的な変化もない、時計の時間。

問二　始まりと終わりをもつ一定の区切りを繰り返す点で人生や各社会の固有のあり方と重なり、それらの再生や持続と関連を持つとされる時間。

問三　一日の生活や人生の転換点にあって、前後のどちらにも属さない中間的な時間として、人々の気持ちにゆとりと充実感をもたらし、次の段階へとうまく移行させる働き。

問四　異質な時空を体験して、近代的時間に支配された自分たちとは違う時間の認識や感覚を知り、各社会に固有の文化があることを理解することで、自分たちが失ったものをその中に発見して自文化のあり方を捉え直すとともに、事物の見方を柔軟にし、心を穏やかに豊かにして、改めて生きる意味を見出せるようになる、という意義。

出典

青木《あおき》保《たもつ》『異文化理解』〈異文化を体験する〉の一節。

青木保は一九三八年生まれの文化人類学者。文化人類学の知見をベースに、比較文化、文明論などの分野で活躍している。元文化庁長官。著書に『文化の否定性』『多文化世界』など。

本文解説

本文は一七の形式段落（1、2…と表記）からなる。1で「**異文化を体験するとは…異質な時間と空間を体験すること**」だと述べた上で、2では「**時間の認識とか感覚**」の違いに話題がしぼられ、3〜9は「**近代的な時間**」（3）と、それとは「**違った流れ方**」だと「**認識**」「**感覚**」されている時間（4）とが**対比**される。

［近代的な（時計の）時間］		［近代的な時間とは別の時間］
直線的（3）	↕	振り子のよう・円環的（4）
前に進む・引き返せない	↕	元に戻る・繰り返す（4）
限りがない（3）	↕	始めと終わりがある（5）
私たちの生活も仕事も、引き返すことが出来ない（3）	↕	人生も繰り返しがきく（4）
		王・天皇の生命、国と国民の運営に重なる（7・8）
		その地域や社会固有の文化（9）

4「古代ギリシアや古代インド」の「時間認識は、実は（古代だけでなく）近代的な時間認識（で生きている社会）の中にも（それ

と共存する形で）存在」する⑥とした上で、[7]・[8]の「タイなどの仏教国」「日本（の元号）」の例が挙げられているので、両者は本質的には同じものとして扱われていることになる。

[10]で「日本の日常生活とは時間の流れ方が違っていると気づくことは…**自分の人生を生きていくうえでも非常に重要**」とし、[11]で「タイ時間」をはじめとする時間感覚の違いにふれた上で、[12]〜[14]で「夕刻」という（昼と夜との）**「境界」の時間**が**「仕事と憩いの、公と私の境目の時間」**となる**「充実した」「ほっとするものを感じさせる時間」**であることを述べ、[15]・[16]で**「現代日本社会」**にはそうした時間が**失われており**、そのため**「ゆとりのない、緊張ずくめの社会になって」**いるとする。[17]は、「異文化を理解することの意義」は、そのように「異文化」の中に**「自分たちにないもの」「違う時間」を「発見」**することで、**「自文化を見直」**し、**「事物を視る眼が硬直せず、緊張しきった心が穏やかになり、豊かになる」**ことが可能になり、そのことで**「自分たちが生きる意味も…見出される」**（＝[10]）ことだと述べている。

要約　異文化体験は、近代的時間とは異なる時間認識や感覚を知り、各地域固有の文化を理解することで、自文化を見直させ、物の見方を自由にし、心を穏やかに豊かにして、生きる意味を改めて見出させてくれる意義を持つ。

設問解説

問一　傍線部の内容説明。本文前半の論旨の軸となっている対比のうち、〈近代〉側に関する理解を問うねらい。

「近代的な時間」についての説明はまず傍線部（1）直後にある。これを「限りなく」「限りがありません」、「前に進む」「引き返すこともできません」という**重複の一方をカットして**〈**直線的に限りなく前に進む時計の時間**〉（**A**）と整理する。が、これだけでは解答欄を埋めるには短すぎるので、[4]以降の〈近代的時間とは別の時間〉との**対比から解答内容を探ってみる**。――[9]〈その地域や社会固有の文化の時間〉を裏返せば、「近代的な時間」は〈**地域や社会ごとの固有性がない時間**〉（〈普遍的〉）（**B**）だということになる。また、本文後半の「**境界**の時間」が「現代の…時間」には**ない**⑮という趣旨から、「近代的な時間」は〈**区切れ目がない・とぎれることがない**〉〈（仕事と憩い、公と私といった）**時間の質の違いがない**〉（〈均質〉）（**C**）といえることになる。以上**A**〜**C**をまとめる。（なお、[4]〜[8]の〈人生や社会と重なる〉点は、[3]後半に「近代的な時間を生きる私たちの生活も仕事も…」とあるように、それ自体としては両者の相違点ではない。）

ポイント　X↕Yの対比構造の文章では、**Y側に関する記述を裏返した内容**が、**X側に関する説明**になる場合がある。

問二　傍線部の内容説明。本文前半の論旨の軸となっている対比のうち、〈反近代〉側に関する理解を問うねらい。

「(2)近代的時間とは別のいわば象徴的な時間…日本とタイ以外の多くの文化でもそれを見出すことはできる」とあり、また「本文解説」に示したように、ここは6をジョイントにして4・5の「古代ギリシアや古代インドの時間認識」をうけているところでもある。したがって、7・8の「日本」「タイ」の時間に関する記述も、「近代的時間とは別の…象徴的な時間」の**具体例の一つ**。解答は、4〜8の**具体例をもとに内容を理解**しつつ、解答表現としては**どれか一つに片寄らない（すべての例をカバーする）一般化した表現で書きたい**。

4の「振り子」「円環」はそれぞれ**一具体例なので外す**。4・5**〈繰り返す〉〈始まりと終わりがある〉**（A）は、7・8の「元号」などにも共通するから、これは採る。さらに、傍線部（2）は「象徴的な時間」だから、〈何を象徴しているのか〉を考える。

4に「**時間**が繰り返すものであるために…**人生にも**繰り返しがきく、引き返せるという感じ方が…」とあり、7・8には「天皇の**生命と時間の持続とが重ねられ**」「王の身体がその国の**時間**を支配し…**国家や社会の生命**は王の生命と**同義である**」とある。**〈時間のあり方と、人生や社会の（繰り返しによって持続する）あり方が、重ねられている**（時間が人生や社会の象徴になっている）〉（B）のである。そしてそれは9「その地域や社会固有の文化」だともある（C）。以上A〜Cをまとめる。

ポイント　**一般論**（多くの同類をまとめたもの）と**具体例**（多くの同類のうちの一つ）の関係に注意する。

①一般論＝具体例　だから、相互に関連させることで内容が理解しやすくなる。**抽象的な〈論〉の箇所は、同じことをわかりやすく説明し直した〈例〉の箇所と重ね合わせて理解し**、逆に**具体的な〈例〉の箇所は、抽象的な〈論〉の箇所と重ね合わせることで〈何について言うための例なのか〉を考える。**

②解答の際は、**具体例／一般論のどちらのレベルで問われているか**に注意する。一般論のレベルで答えることを求められているのに、具体例の一つにしかあてはまらない表現で答えたのでは、不完全な解答になる。逆に、具体例のレベルを求められているのに、一般論に広げすぎた表現で答えたのでは、漠然とした不適切な解答になる。

問三　傍線部に関する論旨の把握。本文後半の論旨の軸となっている対比のうち、〈反近代〉側に関する理解を問うねらい。

「境界の時間」についてはまず12に「一日の中で…夕刻という…境界である時間」とある。が、傍線部（3）直後には「**人生という視点から見ても**、たとえば成人式などの意義はなくなっています。『成人の日』は…『境界の時間』を過ごす日ではもはやありません」と、〈本来は「成人の日」も**人生における「境界の時間」**であった〉という内容の記述がある。つまりここでも、〈一日の中での境界の時間〉〈人生における境界の時間〉との両方をカバーする**一般化した表現**を工夫する必要がある。――「夕刻」は「**昼はおわったがまだ夜にはならない**」「**仕事と憩いの、公と私の境目**」（12）。これに重ねて考えれば、「成人式」は〈**子どもではなくなったがまだ大人にはならない、両者の境目**〉であろう。そこで両方をカバーする表現として〈**一日の生活や人生の転換点で、前後のどちらにも属さない中間的な時間**〉（A）のように書く。また、[12]「その時間を上手く間をもたせて夕食につなげる」も一般化して〈**次の段階へうまく移行させる**〉（B）のようにする。さらに「境界の時間」がないと「ゆとりのない、緊張ずくめの社会にな」る（15）とあり、それがあれば「**ほっと**」し、「**充実**」**した気持ち**になる（13・14・15）とあることもおさえたい（C）。以上A～Cをまとめる。

問四　テーマに関する論旨の把握。本文の主題である〈異文化理解〉の意義に関する理解を問うねらい。

〈異文化体験の意義〉という設問要求に即して、本文の構成を再確認してみよう。まず[1]に「異文化を体験するとは…**異質な時間と空間を体験すること**」（A）とあり、[2]で「**時間の認識とか感覚**に違う面がある」（B）と、**話題を「時間」にしぼった上**で、[3]～[9]で〈**近代的時間とそれ以外の時間**〉（C）を対比し、後者を「知ること」が、それを「生み出した…**その地域や社会固有の文化**」（D）に触れる「異文化理解」のうえで重要だ、と述べる（9）。[10]で「日本の日常生活とは時間の流れ方が違っていると気づくこと」（E）が「自分の人生を生きていくうえでも非常に重要」だ（F）と述べ、[11]～[15]で「境界の時間」などの具体例を述べた後、[16]で「異文化に接することによって…**自文化にないものを見つけていく**」（G）とまとめる。[17]の「自分たちにないものをその中に発見…」は先のGと同趣旨。それにより「**自文化を見直す**」ことができるという（H）。「私たちの時間は、**近代的な時間に支配されて…違う時間があること**を発見…」は先のEをより詳しく述べたもの。そのことで「**事物を視る眼が硬直せず**（I）、緊張しきった**心が穏やかになり、豊かになる**（J）」という。「自分たちが**生きる意味も…見出される**」は、先のFの内容をより詳しく述べたもの。以上A～Jをまとめる。

[17]だけでなく、[1]・[2]・[9]・[10]をもふまえた解答にできたかどうかで得点差がつくだろう。

採点基準・配点

〈計50点〉 問一＝7点 問二＝10点 問三＝13点 問四＝20点

問一（7点）

◇①（4点）〈aとぎれることがない／区切れ目がない b直線的 c限りない／（始めと）終わりがない d前へ進む／引き返すことができない／元に戻ることがない〉…a～d各1点

②（3点）〈a地域や社会による 固有性／違い がない／普遍的な／全世界共通の／すべての人に共通の b質の違い／質的な変化 がない／いつも同じように流れている／均質な c時計の時間〉…a～c各1点

▼〈仕事と憩い、公と私の違いがない〉などは、一具体例なので、bの加点なし。

採点例

限りなく直線的に前に進み、私たちの生活や仕事も引き返すことが出来ない、前進するしかしようがない時計の時間。

①cbd3点　①d　②c1点　①d

計4点

問二（10点）

◇①（3点）〈a（始まりと）終わりがある b一定の区切り c繰り返す〉…a～c各1点

②（7点）〈a時間の持続が b（個人の）人生と重なる c社会／国家 と重なる d（各社会／文化／地域）固有のものである〉…a1点、b～d各2点

▼〈王の 生命／身体 と重なる〉は、一具体例なので、c△1点。

問三（13点）

◇①（4点）〈a一日の生活の転換点 b人生の転換点〉…ab各2点

▼右の通りの表現でなくても同趣旨であれば広く認める（②・③も同じ）。

▼〈仕事と憩い（公と私）の境目の時間〉は、一具体例なので、a△1点。〈子どもから大人への代わり目／成人式〉も、一具体例なので、b△1点。

問一

採点ポイント

⬆①dは三回出てくるが、同一要素として1点のみ。

②〈4点〉〈a前後のどちらにも属さない b中間的な時間／狭間の時間〉…ab各2点

▼〈昼はおわったがまだ夜にはならない夕刻〉は、一具体例なので、a△1点。

③〈3点〉〈aゆとり／ほっとした気分／緊張からの解放 b充実感〉…ab一方のみなら-2点

④〈2点〉〈次の段階へとうまく移行させる〉

▼〈うまく間をもたせて夕食につなげる〉は、一具体例なので、△1点。

問四（20点）

◇①〈2点〉〈異質な 時空／時間と空間 を体験する〉

②〈5点〉〈a近代的時間に支配された b自分たちとは違う時間の認識や感覚を知る〉…a2点、b3点

▼bは〈自分たちとは違う時間を知る〉のみのもの（〈認識や感覚〉のないもの）は、△1点。

▼〈近代的思考に支配〉〈自分たちとは違う認識や感覚のあり方〉のように、さらに一般化していても○。

③〈3点〉〈各社会に固有の文化があることを知る〉

④〈8点〉〈a自分たち が失ったもの／にないもの を発見する b自文化を 捉え直す／見直す c事物の見方を柔軟にする／が硬直しない d心を穏やかに／心にゆとりを与え 豊かにする〉…a〜d各2点

⑤〈2点〉〈生きる意味を見出す〉

採点例

自分たちにないもの、つまり自分たちの時間とは違う時間を発見し、自文化を見直す機会を与え、人々を豊かにし、また、自文化を見直す過程で、自分たちが生きる意味を見出させてくれるような意義。

④a2点　④aなし　⑤2点　④b2点　②b△1点

計7点

問四

採点ポイント

⬆②b、〈認識や感覚〉がないので△1点。

⬆④d、〈心を〉がない（物質的豊かさと区別がつかない）ので加点なし。

3 「知と行動の「外部化」が意味するもの」

熊野 純彦

■広島大学■

解答

問一 a＝方途　b＝微細　c＝圏　d＝強弁　e＝溝

問二 おなじ杖を

問三 ②＝靴　③＝足の裏（足裏）

問四 歩く動作は、自己の身体のみでなく、地面との相互作用によってはじめて可能になること。

問五 身体的行為はつねに道具や環境と身体との交錯によるもので、その間に固定的境界はないこと。

問六 1＝思考

2＝身体運動も思考も自己と外部の相関で実現すること。（24字）

問七 計算において思考が外部化し脳がその部分システムと化していることは、巨大計算機を用いる場合は見えやすいが、実はソロバンや筆算、暗算の場合でも同様だと考えているから。

問八 歩行という身近な例で身体と道具や環境との相互性を説明したうえで、より内的なものと思われがちな精神的機能も同様に外的世界との交渉により成り立つことを説明することで、人間存在の内部と外部に固定的境界はなく両者は相互作用的に存在しているという反常識的な主張を読者に受け入れやすくする効果。

出典

熊《くま》野《の》純彦《すみひこ》「知と行動の「外部化」が意味するもの」（月刊『科学』掲載）の一節。

熊野純彦は一九五八年生まれの哲学者。倫理学、西洋哲学を中心とした研究で知られる。著書に『レヴィナス』『差異と隔たり』『戦後思想の一断面』『西洋哲学史』など。

本文解説

本文は一六の形式段落（1、2…と表記）からなる。1は「充分な機能を実現できない下肢をモビール・スーツでつつみ（障害があるなどの事情で生身の脚による歩行が困難な場合に、補助具を用いて）、円滑な歩行を可能に」する、といったことは、これまでの「身体」観を「更新するものとなる…か」という問題提起。2～4前半は、「杖」の先や「靴」の裏で「路面のようす」を感受できるなど、**「道具」が「身体の一部」だと感じられる**経験は日常的なものだ、と述べ、4半ばからは「（日常的に）裸足で過ごす」地域では「足の裏」が「靴」の替わりをする（＝**身体が道具となる**）と述べる。つまり、〈足の裏＝身体、靴＝道具〉というふうに分かれているのではなく、靴であれ足の裏であれ**「身体と外界の接触面」**

が「中間項」として「道具」の働きをするのだ⑤という。[6]からはこの論旨をさらに**「環境」にまで広げ**、**「歩く」**行為は「抵抗と摩擦」がある**路面という環境を前提とする**（「水面」「空中」「氷上」を歩くことはできない）という例を挙げて、**「身体であることがそれじしん世界との交渉である」「身体に内部が存在するとしても、それは外部とのかかわりと交錯においてしか存在しない」**⑧と述べる。つまり、**身体的行為はもともと、生身の身体だけで行われるのではなく、道具や環境との相関においてはじめて可能になる**――それは**「人間存在にまつわる普遍的な条件」**なのだから、「モビール・スーツに支えられて可能となる歩行は…特殊な事例ではない」⑨。これが、[1]の問題提起に対する筆者の答えであり、[10]もほぼ同趣旨の繰り返しである。

[11]からは**同様の趣旨を「精神」について述べる**。一般的には「脳」に「精神」があると考えられがちだが⑪、「大型計算機」⑫〜⑭にせよ「ソロバン」「（筆算における）鉛筆と紙」⑮にせよ、「計算」しているのは、それらの**道具と「脳」とを「部分システム」とする「系」の全体**⑭・⑮である。そもそも**思考は「文字とテクスト」**をはじめとする情報へと**「外部化されて実現する」**のであり⑯、さらには道具だけでなく、過去の、あるいは他の場所にいる**「他者の語りと思考の痕跡」をもとにしてはじめて、「いま・ここ」のわれわれの思考は成立しうる**。つまり人間は「（道具・環境・他者とともに構成する）時間的・空間的なひろがりをもつ**『世界』のなかで思考し…世界という外部において思考している」**のである⑯。

要約

人間の行為や思考は、身体や脳の内部においてではなく、道具や環境との相関や過去の伝承を含めた他者との関係に依存する形で、時間的・空間的な広がりをもつ外部の世界とのかかわりにおいて成り立つ営みである。

設問解説

問一　漢字の書き取り。aは〈方法・手段〉の意。

問二　同趣旨の箇所の指摘。問三とともに[2]〜[4]の理解を問うもの。うっかり直後の一文を答えないよう注意したい。これは「杖を使用しはじめた老齢者は…最初は…」だから、傍線部①「杖（の）…使用が常態化し、その操作に習熟する」**以前の段階**。次文の「おなじ杖を常用するにつれ、老人はやがて**杖の先端部分そのもので道路の微細な変化を感受する**にいたる」が、〈杖の先が身体の感覚器官と同じようになった〉状態＝傍線部①「杖（が）…端的に身体の延長とな」った状態である。「**一文（＝「。」の次から、その次の「。」まで）**のはじめの五文字を抜き出せ」という指定なので、「おなじ杖を」が正解。なお、[3]後半「杖の先にまで感覚が延長する」「杖は…その使用者の身体の一部」よりも、〈どのような「感覚」か〉〈どのように「身体の一部」になっているのか〉を、「**具体的に説明した**」正解箇所の方が、**設問要求に対し最適の箇所**だと判断すべき。

ポイント **抜き出し設問**では、最初に目についた箇所だけでなく、**類似した内容・表現の箇所が他にもないかどうか**を確認し、**複数の解答候補がある場合には、その中から〈内容の上で、また設問要求との対応の上で、あるいは（文法的に）不自然な形の抜き出しにならないかどうかという点で〉最適の箇所を選んで答える**、という姿勢をもとう。

問三 具体例の指摘。同段落前半「**靴**の場合…**身体にとって外的な道具**」と「逆に裸足で過ごす…文化圏では…**足の裏**が…それ自身が歩行のために特化した**道具として…**」とを「どちらの場合でも」とうけて、それぞれを「②**身体**それ自体**にとって…外的**な…**道具**」「③事後的に外的な**道具として**も意識されうる**身体の部位**」とまとめる流れ。②が「靴」、③が「足の裏（足裏）」である。

問四 傍線部の趣旨説明。[5]〜[7]の理解を問うもの。「自動詞」は〈**主語自身の動作・作用**を表す動詞〉、「他動詞」は〈動作・作用**が他（何らかの対象）におよぶ**意味をもつ動詞〉。つまり傍線部④（「歩く」は自動詞だとされるが、じつは他動詞だ）は、〈「歩く」は、その**主語（人間）だけによる動作**ではなく、**他のものとかかわる行為だ**〉という意味である。次文「『歩く』という動作は…**自己原因的で自発的なふるまいではなく**（A）…**外界との交渉**（B）を前提としている」がほぼその内容に当たるが、それぞれ「歩く」行為に即して**より具体的な表現に言い換えたい**。[6]に「**身体**の内的環境とその**外的環境が交渉し**」とあるが、さらに読み進むと、[7]に傍線部④と重なる「『**歩く**』とはその意味で**他動詞**であり」という表現がある。その前の「道路面と足との**相互作用**」「地面に**はたらきかける**ことであり、大地から**はたらきかけられる**ことにほかならない」をもとに、先のBを〈身体と地面との**相互作用**〉とし、これと対比してAを〈**自己の身体のみでなく**〉などとすればよい。

問五 傍線部の内容説明。本文前半の要旨の理解を問うもの。傍線部⑤「**新たな技術**があきらかにするものは…人間存在にまつわる普遍的な条件にほかならない」≒[9]初め「**モビール・スーツ**…は…特殊な事例ではない（＝普遍的なものである）…そのケースが可視的にするのは、歩行に不可避的にまつわる外部性…にすぎない」。［本文解説］で見たように、「モビール・スーツ」に関する論は[1]の問題提起から[10]まで。この範囲で、「人間存在」に「不可避的にまつわる外部性」に関する筆者の論点をおさえればよい。[2]〜[5]は〈**道具が身体**になり、**身体が道具になる**〉ということ。[6]〜[9]は〈行為は身体と環境の**交錯**により成り立つ〉ということ。この「**道具**」「**環境**」が先の「（人間存在にとっての）**外部性**」である。解答としては、[6]「内外は…固定的に境界づけられた領域ではありえない」や⑩の「身体自体がその手段となるとともに…用具によって身体運動は補完され」といった、身体とその外部との「連続」性（⑨）と、〈身体と道具や環境との交錯／交渉／相互作用〉といった、両者の「相関」性（⑨）とを指摘すればよい。ただし、設問要求は「**人間存在**にまつわる普遍的な条件」の説明だから、人間の行為の一例にすぎない〈歩行〉〈路面〉にまで具体化してしまってはいけない（p.14問題2の解説、問二の**ポイント**を参照）。また、傍線部⑤「**普遍的（＝すべての場合にあてはまる）**」の説明として、直前「つねに…」に当たる要素も加えたい。

問六　傍線部の内容説明。本文後半の〈論と例〉の関係、および本文前半と後半の接続の理解を問うもの。

1　「精神的機能」の例として直後から「計算」について述べられ、⑯でその例が「計算を…一例とする思考」とまとめられている。つまり、「精神的機能」＝「思考」である。

2　「精神的機能」について筆者は、⑪から「計算」などの例を挙げて説明し、これを⑯でまとめて「思考は…**外部化**されて実現する」と述べる。これと⑩までの〈身体的行為は「**外部**とのかかわり」（⑧）において成立する〉という趣旨が「おなじ」なのである。**共通点の説明だから**、「身体」「精神」**一方のみにかたよった説明にならないよう注意する**。

問七　表現意図の説明。本文後半の論旨展開の理解を問うもの。

〈計算機以外に、技術者の脳や身体も計算に使われているから〉といった解答は×。これは論の順序を無視している。まず〈普通は「脳」が計算していると考えがちだ（⑬）〉と述べ、次に〈実は計算機その他の「外部」も「計算」という行為の主体の一部だ（⑭）〉とした上で、その「**外部化を可能にし…ているのは**、とりあえずは…巨大な計算機」だ、と述べる流れである。つまりこの「とりあえずは（＝まずは）」は、〈**計算機以外にも**外部化を可能にしているものはある〉という、後の論旨（＝⑮）を引き出すためのものなのだ。「外部化」が明らかな例を「とりあえず」挙げておいて、それが見えにくい場合でも実は「外部化」しているのだ、と述べようとしたのである。以上の流れをまとめる。

問八　論旨展開の意図の説明。本文全体の要旨・構成の理解を問うもの。設問文の「効果」とは、論説文の場合、当然**〈筆者の主張をより的確に伝える効果〉**である。まず、本文前後半を貫く〈筆者の主張〉を〈**人間の内部と外部に境界はなく両者は相関的に機能している**〉という形でおさえ、それを伝えるために「歩行（身体運動）」→「精神的機能」という「順序」がなぜ有効なのか、を考える。「精神」＝「脳」という常識があるため、「身体」よりも「精神」の方が〈内部のもの〉だというイメージはより強い。だから、〈外部化〉が見えやすい「身体」から始めて、実は「精神」でも…という順序をとり、筆者の〈反常識的〉な論旨を読む者に受け入れやすくしたのである。

採点基準・配点

〈計50点〉　問一＝各1点　問二＝2点　問三＝各1点　問四＝6点　問五＝6点
問六＝1が1点、2が4点　問七＝9点　問八＝15点

問四（6点）

◇①（2点）〈（歩行は）a自己の b身体 のみでなく〉…ab各1点

▼〈自己原因的／自発的 ではなく〉は、a1点のみ。

②（4点）〈（歩行は、身体と）a地面／大地 との b相互作用／はたらきかけあう行為 であること〉
…ab各2点

▼aで〈外界／外的環境〉、bで〈交渉／交叉／交錯〉は（具体性に欠けるので）それぞれ△1点。

▼〈相互的な動詞だ〉は（〈相互的〉にどうするのか、が不明瞭なので）b△1点。〈再帰代名詞をともなう／再帰的な 動詞だ〉は（より不明瞭なので）加点なし。

問五（6点）

◇①（4点）〈（行為は）a道具や環境と b身体との 交錯／交渉／相関／相互作用 による〉…ab各2点

▼〈外界／自己の外部／世界〉としたものや、〈（外的）環境〉〈道具〉一方のみのものは、各a△1点。

▼〈自己との交錯〉は（10までの話題が〈身体〉であることが不明瞭なので）b△1点。〈内／内部〉のみのものは〈何の内部か〉が不明瞭なので、加点なし。

▼〈人間は世界内存在である〉は、右の内容が明瞭でないので、①△1点。

②（1点）〈両者の間に固定的境界はない／両者は連続的である〉

▼〈身体も道具になるし、道具も身体の一部になりうる〉などでも○。

③（1点）〈つねに／本来／あらゆる場合に〉

問六2（4点）

◇①（2点）〈a身体運動も b思考も〉…ab各1点

②（2点）〈（自己と）外部との 相関／相互作用／交渉／連続〉

▼単に〈外部化〉のみのものは、△1点。

▼〈身体運動〉〈思考〉一方のみにしかあてはまらない事柄を挙げたものは、②の加点なし。

問七（9点）

◇①（2点）〈（計算において）a思考が外部化し b脳がその部分システムと化していること〉…ab各1点

②（4点）〈a巨大計算機を用いる場合も bソロバンや c筆算 d暗算 でも同様だ〉…a～d各1点

③（3点）〈②aでは 見えやすいが／明らかだが…〉〈一見そう思えない②bcdでも…〉

問八（15点）

◇①（2点）〈歩行と精神的機能は同様だ〉

②（4点）〈a身近な／よりわかりやすい 例から bより内的だと思われがちなものへ〉…ab各2点

③（9点）〈a人間存在の b内部と外部の道具（や環境）との間に固定的境界はない／両者は相互作用的に存在している／連続している c反常識的な主張を d読者に受け入れやすくする〉…acd各2点、b3点

▼bは①と〈歩行（思考）において内部と外部は相互作用的にはたらき、思考でもそれは同様だ〉のような形と複合している場合でも加点するが、例えば〈身体と環境は相互作用的にはたらき…〉のように、〈身体〉〈精神〉一方にしかあてはまらない記述のみの場合は、△1点とする。

▼cdは〈読者の常識的な通念を突き崩すために…〉のような形でも◯（cd4点）。

採点例

一見身体の内部だけのできごとに思える精神的機能も、歩行と同様に道具を用いており、外部に実現しており、人間存在は世界という外部に存在することにより説得力を持たせる効果。

①2点
③a2点
-1点
③b△1点
という論旨
-1点
いるのを指摘することで
③d2点

計5点

問八

採点ポイント

⬆③b、単に〈外部に存在する〉のみでは〈つながり〉〈関係〉のニュアンスが不足しているので、△1点。

⬆〈筆者の表現意図〉の説明としては不適切な書き方なので、-1点×2。

4 『超解読! はじめてのヘーゲル『精神現象学』』 竹田 青嗣

■埼玉大学■

解答

問一 ①＝喪失 ②＝概念 ③＝ぎんみ ④＝考察
⑤＝おびや ⑥＝縛 ⑦＝まっさつ ⑧＝余儀
⑨＝ほうき ⑩＝まぢか

問二 区別と統一の無限の運動性

問三 力の強さにより他者を直接的に否定し自己と自己の種を維持しようとする動物の欲望に対し、人間の欲望は他者が自らを否定し「私」の自立性を承認することでその絶対的な個別性が確保されることを求める、という違い。(100字)

問四 死の脅威により奴を働かせる主の方が主に服従する奴よりも一見自立的だが、実は事物を消費するだけで奴の労働に依存している主よりも、死の畏怖により自己の実存の絶対性を自覚し、労働を通し欲望を抑え自然を支配する力を得る奴の方が自立性をもちうるから。(120字)

出典

竹田青嗣《たけだせいじ》(西研《にしけん》との共著)『超解読! はじめてのヘーゲル『精神現象学』』〈第二章 自己意識〉の一節。

竹田青嗣は一九四七年生まれ。文芸評論家として活動するかたわら、哲学に関する啓蒙書を多く執筆している。著書に『〈世界〉の輪郭』『自分を知るための哲学入門』『人間の未来』など。

本文解説

題名でわかる通り、本文はドイツの哲学者ヘーゲル(一七七〇〜一八三一)の主著『精神現象学』の内容の解説であり、四四の形式段落([1]、[2]…と表記)からなる。

[1]〜[13]は、人間が他の動物と同じ「**生命**」を持ちつつ、他の動物とは異なり「**自己意識**」を持つ存在であることを述べる。「**生命**」の特質は、**他を「否定」**し、それを**自己へ「同一化」**しながら自己の「同一性」を維持すること([5]・[10])、さまざまな「区分」を生みだしつつ「統一」を保つこと([7]・[8])。一方で、動物と異なり人間は、あらゆるものを**自己の「欲望」の対象**として意味づけ([2]・[3])つつ、自分がどのような存在であるかを「**自覚**」し、**自己が「独自の存在であること」を意識**する([9]〜[13])「**自己意識**」として世界に向き合う、というのである。

[14]〜[23]ではまず、動物の「自己維持」が他者の直接的な否定([14]・[15])であるのに対し、人間は**他者が自己の「優位」を「承認」**

することに「自己の自立性の確証」を求める[14]～[16]と述べる。したがって人間世界では「相互に相手を〝対象化〟しあい、かつまた相手が自分を対象化していることを互いに意識しあう」関係の中で、互いに「『自己』…を相手に『承認』させようとする」[18]ような「**『承認』をめぐる相互の相克**（＝争い）」[23]が生じるのであり、そうした関係は最終的に「両者が『相互に承認をもとめあう存在であることを、互いに承認しあう』という地平にまで進まねばならない」[23]と述べる。――人間同士の関係では、お互いに相手が自分の思い通りになってくれないと感じ、どちらが自分の「我《が》」を通すかの争いになる。が、最終的には〈自分のやりたいことを相手に認めさせたい（が、そうはいかない）のはお互いさまだな〉ということを理解しあえることが望ましい、といったことである。

[24]からはこの〈最終地点〉に至る「プロセス」（の最初の部分）について。互いに自分が世界の「主人公」たろうとする[25]・[27]自己意識は、ついには「命を賭けた戦いへの意志」[28]～[30]として現象し、結果的に「自己の自立性の意識に生きる『**主**《しゅ》』と、自由を奪われながらも『生命』を守ろうとする『**奴**《ど》』」とに分かれる[33]・[34]。「奴」は「主のために労働」し[35]、「みずから、自分の非自立性と主への服従とを認め」る存在[38]だから、一見「主」が優位に見える。が、「**主**」は実は「奴の労働に依存している」「**非自立的**」な存在だとも言える[36]・[42]。一方、「**奴**」は、自分に自由を放棄させた「死の畏怖」により「**自己の実存の（「生命」の）取替え不可能な絶対性に触れ**」[40]、また、「奴」の作り出した物を「消費」「享受」するだけの「主」[36]・[42]と違い、**労働**を通じて「**欲望を抑制する力**」や、「**自然に対する支配の本質力**」を身につけ、「**自由**（**自立性**）」の契機を獲得する[41]～[44]。つまり、**一見「自立性」を失った「奴」こそが、むしろ「生命」の重要性を知り、「自立」の能力を備えた存在となり得る**のだ（こうした〈自己と世界についての認識や能力の深まり〉を通じて、人間の世界は[23]でいう〈最終地点〉へと近づいてゆくのである）。

要約

人間は、他を否定し自己を維持する「生命」でありつつ、自らの独自性を自覚する「自己意識」を持ち、それを他に承認させる欲望を抱く。そのために生じる相克は「主」と「奴」の関係を生み出すが、後者の労働に依存する前者に対し、後者は自己の生命の絶対性を自覚し労働による自立性を獲得することで、真の自由に至りうる。

設問解説

問一　漢字の読み書き。①「喪」の下の部分を〈衣〉としないこと。⑧「余儀なく」は〈他に方法がなく・しかたなく〉の意。

問二　抜き出し式の内容説明。傍線部A「『**生命**』**の本質**」の説明としては、直後の「無限性」「『区別』と『統一』の無限の運動」があるが、どちらも指定字数に合わない。次段落の具体例をまとめた次々段落に「**『生命』**とは…区別と統一の無限の運動性を**本質**としてもつ存在だ」とあり、こちらは「十二字（ちょうど）」で抜き出せる。正解は「区別と統一の無限の運動性」。

問三　比較対照説明。「動物の『自我』」の「欲望」（A）と、「人間の『自我』の欲望」（B）との「違い」の説明である。

「動物」（A）については直前に「猛獣は、**自己を維持するために**…他の生命を蕩尽しようとする」とある。が、後半は「蕩尽」（もともと〈財産などをおしげもなく使い尽くす〉意）を比喩的に用いた記述なので、**比喩でない表現に言い換えたい**（p.9問題1の解説、問四の ポイント 参照）。10「ただ**他の生命を**食べて**〈否定して〉自己を維持**しようとする『欲望』…**自己の種を維持**しようとする『欲望』」や、15「**他者の直接的な否定**（殺したり、食べたりすること）」をもとに、**〈他者を直接的に**否定して**自己や自己の種を維持**しようとする（**A1**）〉などとしよう。さらに、16初め「自然世界（＝動物の世界）では、**ただ体力の強さに応じて**、強者と弱者との秩序が自然に成立」もおさえておきたい（**A2**）。

これと対比になるように「人間」（**B**）側の説明をつかんでいこう。11～13に〈動物と違い人間は、自己の絶対的な「個体性」・「独自」さを自覚・意識している存在だ〉とあり、これを**うけて**14初めに「『他の否定』を通して**自己の絶対的な『個別性』を確保しようとする**」（**B1**）ことが「（人間の）独自の欲望」だとあるのをおさえる。ただ、「他の否定」と書いただけでは「動物」との違いが明瞭ではないので、15「**他者が身を低くし（自己を否定して）『私』の優位を承認することを求める**」や16「自己の『自由』（自立性）を相手に承認させようとする」（**B2**）をもとに説明するとよい。

右の**A12**と**B12**を、**対比のセットを意識して**まとめる。

〈動物〉		〈人間〉
体力の強さによって	↕	相手の自己否定によって
他者を直接的に否定する	↕	「私」の自立性を承認させる
自己や自己の種の維持	↕	自己の絶対的個別性の確保

ポイント　比較対照説明の解答は、①**〈Xは…だが（であるのに対し）、Yは～だ、という違い〉**という形で書く。②XとYとの**対応する表現をセットにする**形で書く（例えば〈いちごは赤いが、みかんはすっぱい〉のように、セットにならない（比較の軸がずれた）表現にならないよう注意する）。

問四　逆説的な表現に関する理由説明。直前にあるように、一見〈主の自由が一方的に承認され、奴は主に服従し非自立的だ〉と見えるのに、傍線部Cは「潜在的には」その逆だ、と言っている。なぜそう言えるのか、という問いである。

まず〈なぜ「潜在的には…」と言えるのか〉の説明として、〈一見（＝表面的には）、死の脅威により奴を働かせる主が自立的で、主に服従する奴が非自立的に見えるが、実は（そうではなく）…〉といった解答の形を定める（A）。次に「主が非自立的」だと言える理由として「主は…事物を消費し享受する…が…奴の**労働に依存している**」（36）をおさえる（B）。最後は「奴のほうに…自立性の契機が存在している」と言える理由。39「『自己意識の純粋な自立性』の自覚、言いかえれば、実存の自覚」を手がかりに、40「**死の畏怖**の経験によって、奴は…**自己の実存の取替え不可能な絶対性**に触れる（C）」、41「『**労働**』…の経験によって奴は…**欲望を先へ延ばして耐える**ことを学ぶ（D）。この契機は、主体の本来の自立性にとって…不可欠」、および43・44「自然（物）に**労働**を加えてこれを有用な財に形成し、生産する…この労働の能力こそ人間の**自然に対する支配の本質力**（E）」をおさえる（「支配」側にまわること＝「自立」である）。以上を、

死の脅威により奴を**働かせる**主、**働かされる**奴（A）	⇦	
死の恐怖も**労働**のしかたも知らない主（B）	↕	**死**の恐怖や**労働**のしかたを知る奴（C〜E）

という**論理のつながりが明確になるようにまとめる。**

ポイント

傍線部Cの表現のように〈**一見矛盾して見えるが、じつは矛盾していない**〉**表現や思考**のことを、〈逆説（パラドックス）〉という。逆説の理解では、①**何と何とが〈一見矛盾して見える〉のか**、②それが**〈実は矛盾していない〉のはどのような論理によってか**、をつかむことに留意する。

採点基準・配点

〈**計50点**〉 **問一＝各2点　問二＝4点　問三＝12点　問四＝14点**

問三（12点）

◇①（6点）〈（動物は）**a**（体）力の強さにより **b**他者を直接的に否定し **c**自己（と自己の種）を維持しようとする〉…**a b c**各2点

②（6点）〈（人間は）**a**他者が 自らを否定し／自らの身を低くし **b**「私」／自己の 自立性／自由／優位 を承認する **c**「私」の絶対的な 個別性／独自性 が確保されることを求める〉…**a b c**各2点

▼〈自己確証〉は〈どのような〈確証〉なのか、中身がやや不明瞭なので〉c△1点。〈自己意識の欲望〉は、さらに中身が不明瞭なので、加点なし。

▼①b・②aともに、単に〈他(者)の否定〉では、どちらなのか区別がつかないので、加点なし。

採点例

猛獣の欲望は自己の維持のために他の生命を蕩尽する単純な欲望だが、人間の欲望は自己意識に向かっており、自己の自由の他人からの承認という形で自己の自立性の確立を求める欲望だという違い。

-1点　①c2点　①bなし　②b2点　②cなし

計3点

問四(14点)

◇①(1点)〈主の方が奴よりも 自立的/自由 に見える/奴の方が主よりも非自立的に見える〉

②(3点)〈a主は奴を死の威力で脅かす/奴は死の畏怖におびえる b主は奴を働かせる/奴は主のために働く c主は奴を支配する/奴は主に服従する〉…abc各1点

③(3点)〈主は a物を 消費/享受 するだけで b奴の労働に依存〉…a1点、b2点

▼bは〈生命の重さを知らない/自らの実存を自覚しない〉などでも○。

④(3点)〈奴は a死の畏怖により b自己の実存の c絶対性/取替え不可能さ を自覚〉…abc各1点

⑤(4点)〈奴は a労働を通し b欲望を抑え c自然を支配する〉…ab各1点、c2点

▼〈自然を財に形成し、生産する〉は〈〈自立〉のニュアンスが弱いので〉c△1点。

採点例

主は奴に対しては絶対的な自己の自立性の意識を保つが、主の事物の消費と享受は奴の労働に依存しているのに対し、奴は物に労働を加え支配する本質的な力を身につけ、更に死の恐怖の経験による実存の自覚の契機もあり、より本来の自立性の契機があるということ。

①1点　③3点　④ab2点　⑤a1点　⑤c△1点　から　-1点

計7点

問三

採点ポイント

➡①、〈動物〉の一具体例にすぎない〈猛獣〉をそのまま用いているので、-1点。

➡①b、比喩的表現なので加点なし。

➡②、〈自由〉〈自立性〉のみで〈個別性〉〈独自性〉にふれていないので、bの2点のみ、cの加点はなし。

問四

採点ポイント

➡⑤c、〈自然〉が足りないので△1点。

➡末尾が理由説明の形になっていないので-1点。

5 『日本人はなぜキツネにだまされなくなったのか』　内山 節

■鹿児島大学■

解答

問一　①＝掲　②＝精密　③＝苦闘　④＝転機　⑤＝余地

問二　制度に関する文献資料の豊富さや、制度の変遷が主観を排した客観的なものとみられたことに加え、社会制度の改革や創造が人々の関心事であった近代の形成期には、未来の社会のために過去の制度の考察が求められたので、制度史が歴史の核心だとみなされたから。（120字）

問三　近代社会ができあがってくるにつれ、近代の理念や制度と現実とのくい違いがあらわになり、人間の幸せとは何かという問題は制度の改革だけでは解決できないと気づいた人々が、この課題への答えを求め、制度史から民衆に焦点を置く社会史へ関心を移していった。（120字）

問四　過去とは確定した事実でなく、現在の社会の問題意識を介して過去の出来事が把握され解釈が加えられて物語られた過去であること。（60字）

問五　研究者の視点により文献の解釈が違うのはもちろん、個人の主観を排し客観的事実をとらえようとしても自らが属す世界の価値観からは脱しえず、事実間の影響をどう考えどの事実を選択するかにすら主観が関わる以上、過去を忠実に描くという考え方は成立しない。（120字）

出典

内山節《うちやまたかし》『日本人はなぜキツネにだまされなくなったのか』〈第四章　歴史と「みえない歴史」〉の一節。

内山節は一九五〇年生まれの哲学者。農村の暮らしに拠点を置き、現代社会を見つめ直す哲学・社会論を発表し続けている。著書に『自由論』『「里」という思想』『ローカリズム原論』など。

本文解説

本文は二八の形式段落（[1]、[2]…と表記）からなる。

[1]～[9]は「**歴史学の転換**」について。**近代の形成期**には、**社会制度の改革と創造が時代全体の課題であった**（[2]・[3]）ため、歴史学も、過去の社会制度を論ずる「**制度史**」を「**歴史の核心**」（[1]・[4]）とみなし、そこから「**未来の社会のあり方**」を**探ろう**としていた（[4]）。が、近代社会がある程度できあがってくると、**近代の理念や制度と現実とのくい違い**が目立つようになった。自由や平等等を実現するための社会制度は整備されたはずなのに、現実の社会は不自由や不平等に満ちている。**制度の改革だけでは**「**人間の**

幸せ」は得られないと人々は気づき始めたのだ（5〜8）。そこで、**歴史を「制度史」ではなく「民衆の歴史」「社会史」としてとらえ直す**「歴史学の転換」が起こったのである（9）。

右のように、社会全体の関心が変化するにつれ、歴史学のあり方も変化する。10〜16では、このことを「**その時代の問題意識をとおして、過去を考察してきた**」（10）とし、さらに「過去とは**現在から照射された過去**である」（12）、過去とは現在の視点からの「**解釈**」「**物語られた過去**」であり、「**事実としての過去」ではない**（13〜16）と述べる。17でこれに対する反論――「事実としての過去は実際に成立していた…多くの文献を読み、それを正確に読解し…ていけば…事実に近似的な過去は描けるはずではないのか」という見解を提示し、18でそれを「半分は肯定し、半分は否定する」とした上で、19以降で再反論する。事実としての歴史を描くにしても、それを「とおして研究者は何を語ろうとしているのか」すなわち**研究者の「視点」「問題意識」**の違いは存在する（19・20）。かりにそうした（個人的）「主観」を排して「客観的事実だけをとらえよう」としても、（1〜9で見たように）**「個人を包んでいる世界」の影響**は排しきれない（22）。さらに、**実際に起こった無数の出来事の中から、何を「重視」して歴史記述に盛り込むのか**という「選択」（24・28）のしかたには、それぞれの**歴史家の「主観」**（23）**「視点」**（28）が反映する。**「事実」の記述に徹したとしても、その記述のしかた自体に何らかの「主観」が反映せざるをえない**のである。

要約

歴史学の「制度史」から「社会史」への転換に見られるように、歴史は過去に対する「現在」の問題意識の反映であり、記述者の視点から、何を記述するかの選択まで、時代・社会のあり方に規定された「主観」が介在せざるを得ない。

設問解説

問一　漢字の書き取り。どれも基本的なものである。

問二　傍線部の理由説明。1〜4の理解を問うねらい。

傍線部Aの「理由」の説明は、まず次々文に「制度史…に**歴史の核心的な部分が表現されている、と思われていた**から（A）」とある。次に「もちろん制度に関する**資料…文献が豊富であったということ**（B）も、それを後押しした条件であり、制度の変遷が主観を排した**客観的なものと感じられたこと**（C）も要因のひとつであった」とし、2で「もうひとつ別の原因…それは…**近代が形成されていく時代**には、**『社会制度をどのように改革し、創造していくのか』が、人々の大きな関心だった**（D）ということ」だと述べる。2半ばから3はその具体例。さらに4で「人々は**未来の社会のあり方をかけて、制度を論じていた**（E）」と説明を加え、4末で「だから…制度史…にこそ**歴史の**

核心があるという思いをいだいた」とまとめる。つまり、[2]～[4]の説明は、先の**A**の理由を説明したものだったのである。

——解答は、〈副次的な理由〉である**BC**と、〈中心的な理由〉である**DE→A**とをまとめる形で書けばよい（[2]半ばから[3]の**具体例**は**DE**の趣旨を**〈そのうちの一つの場合〉を挙げて説明したものにすぎない**から、**解答からはカットする**。p.9問題1の解説、問四のポイント②を参照）。なお、**E**と**A**を〈未来の社会のために、制度史に歴史の核心があるとされた〉といきなりつなぐよりは、〈未来の社会のために**過去**の制度の考察が求められたので、制度史に**歴史**の核心があるとされた〉のように言葉を補うことができれば、**論理のつながりがより明瞭になる**。

問三　傍線部の内容説明。[5]～[9]の理解を問うねらい。

まず、傍線部の「転換」とは、次文にあるように、「歴史学の軸」が、「制度史」から「民衆の歴史」「人間史」「人間の社会とは何か…を考察…する試み」へ移ったこと（**A**）。単に〈人間史〉〈社会史〉では、〈制度史〉との**違いがあまり明確ではない**ので〈〈**公的な**〉制度史→**民衆**に焦点を置く社会史〉などとしたい。

[4]までが「制度史」中心の時代の説明で、そこからの「転換」の説明は[5]～[9]。まず[5]には「近代社会のかたちがある程度できあがってくると…近代の制度やそれを生みだした理念と現実社会の様相がくい違っている」ことが明らかになって来た、とある（**B**）（[6]・[7]はその**具体例による繰り返しなのでカット**）。

ここから、[8]「**制度の改革だけでは解決できない問題**があることに人々が気づきはじめ…**人間とは何か、人間の幸せとは何か**という問題意識」が生じた。この「問題」が傍線部Bの「課題」である（**C**）。以上の**A～C**をまとめて解答とする。

問四　傍線部の内容説明。[10]以降（特に[10]～[16]）の理解を問うねらい。[10]以降で筆者は、「歴史」に関する〈常識〉を否定する論を述べている。「過去（歴史）」と「現在」との順序は、[10]初めや[17]で示されるように、〈**常識**〉的には〈**まず「事実としての過去」が実際に成立し→それを「現在」の人間が「忠実に、正しく」描く**〉という順序。だが筆者は、

・「過去に向ける人間のまなざしは、**その時代（現在）を包んでいるものとともにある**。人間たちは**その時代の問題意識**をとおして、**過去を考察**してきた」(10)

・「**過去**のある事実…の**解釈**は**現在の問題意識**をとおしておこなわれ…その問題意識は…**その時代に包まれているがゆえに成立する**…**問題意識**である」(13)

・「**現在を包んでいるものが**、個人に…**問題意識**を成立させ、それを介して**解釈された過去**が成立する」(14)

・「認識された過去が、**現在性のなかからつかみとられ**、**展開された**過去である」(16)

と、〈**現在の問題意識がまずあって→それに合わせて過去がつかみとられ、解釈される**〉という順序だと述べている（**A**）。ま

た、そうした過去について、

・「**事実としての過去ではなく、物語られた過去**」（⑭）

・「現在の問題意識から…**物語られた過去**」（⑮）

・「**事実としての過去はつかみえない**」（⑯）

と、〈**歴史は事実としての過去ではなく、〈現在の人間によって物語られた過去である**〉（**B**）とも述べている。傍線部C「**過去とは現在から照射された**過去である」は、以上の筆者の考えを端的に表現したもの。右の**AB**をまとめて解答とする。

問五　傍線部に関する論旨の説明。⑩以降（特に⑰～㉘）の理解を問うねらい。

波線部の考えに対して、筆者はまず問四で見たような自らの意見を⑩～⑯で述べ、次に⑰「だが、しかし、と多くの人は言うかもしれない…多くの**文献を読み**…それを積み上げていけば…**事実に近似的な過去は描ける**はずではないのか」と、波線部「**文献…の読解**をとおして、**過去を…正しく描こうとする**」人々からの〈反論〉を想定する。これに対する**筆者の再反論**が⑱～㉘である。したがって、設問要求である「波線部…のような歴史学の方法」に対する筆者の「批判の内容」は、⑱～㉘を要約する形で書けばよい。

⑱～⑳は「**研究者はなにを語ろうとしているのか**」、**どのような**「**視点**」**をとるか**によって、**さまざまな**「**歴史**」**が語られ得る**（⑲）のだから、「結局生まれてくるのは、現在の問題意識によってとらえられ、物語られた…歴史（＝⑭「解釈された過去」）」だ（⑳）という趣旨（**A**）。

では、そうした「視点」＝「**主観**」**を**「**排して、客観的事実**だけをとらえようと」する場合はどうか（㉑以降）。筆者によれば、「主観」を「個人的」なものと考えるのは「錯覚」であり、「実際にはその個人を包んでいる世界のなかで…形成されたもの」（㉒）である。だから、㉑「私は一切の主観を排して…」とは実は「（個人的）主観を排することができ」たと「錯覚」しているだけなのだ。「（個人を）包んでいるものと向き合うことをやめることができない以上…**（個人を超えた、その世界・社会全体の形作る）主観を捨て去ることはできない**」のである（**B**）。

㉓からは「『客観的事実』とは何か」。まず㉓の具体例が㉔で〈「客観的事実」も実は「主観によって**選択**された」ものだ〉とまとめられる。㉕からは歴史上の「影響」関係についてで、〈ある事柄と別の事柄とは、どちらかが一方的に影響を与えたのではなく、互いに影響を受け合う〉（㉗）のだから、そのどちらを歴史の記述として「**選択**」するかは、やはり「視点」＝主観的立場の違いを生む（㉘）と述べている（**C**）。

以上**A**～**C**を書き、波線部に対する「批判」であることを明示してまとめればよい。

採点基準・配点

〈計50点〉 問一＝各2点 問二＝11点 問三＝11点 問四＝7点 問五＝11点

問二（11点）

◇①（1点）〈制度に関する文献資料の豊富さ〉
②（1点）〈制度の変遷が 客観的な／主観を排したものとみられた〉
③（2点）〈近代が形成されていく時代には〉
▼〈ある時代（を包んでいたもの）〉は、〈どの時代か〉が不明瞭なので、加点なし。
④（2点）〈社会制度の改革や創造が 人々の関心事だった／重視された／課題だった〉
⑤（3点）〈a未来の社会のために b過去の制度の考察が求められた〉…a2点、b1点
⑥（2点）〈制度史が歴史の核心だ／制度史に歴史の核心が表現されている と思われていた〉

問三（11点）

①（2点）〈近代社会ができあがってくるにつれ〉
②（2点）〈近代の理念や制度と現実とのくい違い〉
▼単に〈人々の気持ちのなかに違う思いが生じた〉だけでは、その中身が不明瞭なので、加点なし。
③（2点）〈人間の幸せとは何かという問題意識が生じた〉
▼〈幸せ〉がないもの（〈人間とは何か〉のみのもの）は1点。
④（1点）〈制度の改革だけでは解決できない問題があると気づいた〉
⑤（1点）〈③④への答えを求めて／③④を考察しようとして／③④の課題の解決のために〉
⑥（3点）〈a制度史から b民衆史 c社会史／人間史／人間の歴史／歴史社会学 へ〉…abc各1点

問四（7点）

◇①（2点）〈過去とは a確定した b事実でなく〉…ab各1点
▼〈事実としての過去が先に存在するのではなく／事実としての過去がまずあって、それを歴史として描くのではなく〉〈過去が実際に成立し、それを記述するという順序でなく〉などでもab2点。

②（5点）〈a現在の b問題意識を介して cつかみとられ／把握され／認識され／選択され d解釈され／主観的にとらえられ e物語られた過去〉…a〜e各1点

▼aは〈その時代〉としたのみでは〈どの時代〉なのか不明瞭なので、加点なし。〈歴史を記述する時代〉のようになっていれば○。

採点例

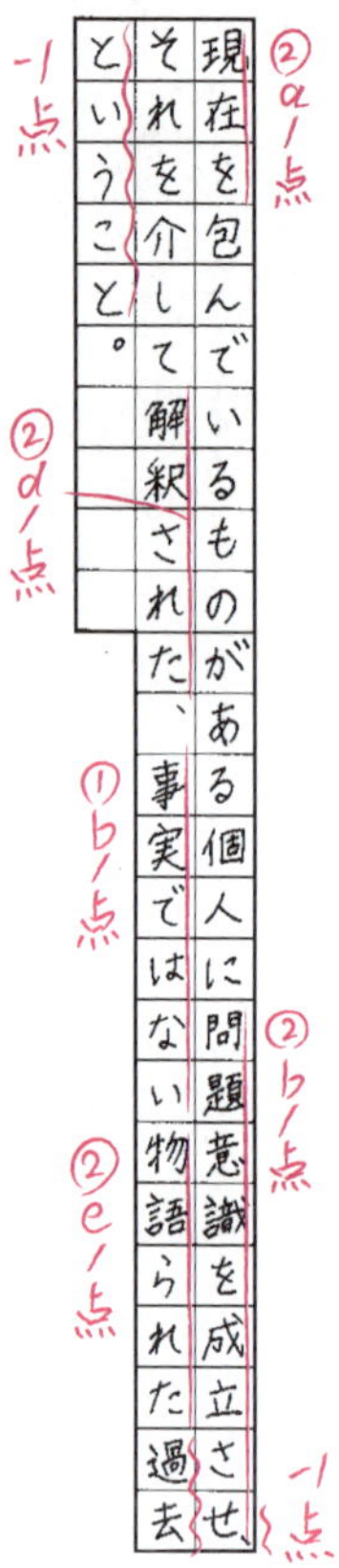

現在を包んでいるものがある個人に問題意識を成立させ、
それを介して解釈された、事実ではない物語られた過去
ということ。
②a1点
②d1点
①b1点
②b1点
②e1点
-1点
-1点
計3点

問五（11点）

◇①（3点）〈a研究者の視点／問題意識 により b文献の解釈は違う／さまざまな歴史がありうる〉…a1点、b2点

②（4点）〈a個人の主観を排し b客観的事実をとらえようとしても c自らを包む世界の 価値観／主観／問題意識 からは脱しえない〉…ab各1点、c2点

▼〈主観を排することができると思うことはできても、主観を排することはできない〉は、どのように〈でき〉、どのように〈できない〉かが不明瞭なので、c△1点。

▼〈自分を包んでいる世界と向きあうことをやめることができない〉は、〈主観〉の意が不明瞭なので、c△1点。〈自分を包んでいるものと向きあうことを…〉は、より不明瞭なので、加点なし。

③（3点）〈a事実間の影響をどう考え bどの事実を選択するかに c主観が関わる〉…a〜c各1点

④（1点）〈過去を忠実に描くという考え方は成立しない〉

▼波線部を否定する表現であれば○。

問四

採点ポイント

⬆読点を一マスとっていないので-1点。

⬆文としてねじれがある（主語と文末との対応がおかしい）ので-1点。

6 『民族という虚構』

小坂井 敏晶

■大阪市立大学■

解答

問一　本能

問二　社会制度による規制は、本能のように個体に内在する力ではないため、人間の決めた慣習ではなく自然の摂理だと思われるほどに内面化されないと、他者からの強制力と感じられてしまい円滑に機能しないから。

問三　文化的な規則は、各社会・時代ごとに人々が決めた慣習にすぎず、自然的な根拠をもつものではないこと。

問四　一方の命令に他方が従う関係を安定的に継続させるには、その命令に正当な根拠があるという自然な感情に基づく被支配者の服従意欲が必要だということ。

問五　近代民主主義社会では、人々の間に上下関係を作り出す差異が、身分制度によるものから個人の能力や属性に基づくものへと変化したこと。

問六　人間は、生物学的な本能から自律したため、社会的規定により思考・行動に制限を加えることではじめて安定した生を営める存在であるということ。

問七　本能的な行動規範をもたない人間は、その代わりとして社会制度により行為のあり方を規定し、様々な形態の支配関係によって安定した秩序を維持するほかない存在であるため、自由を求めてそれを否定することは、人間の存在を可能にしている条件そのものを否定することに等しいから。

出典

小坂井《こざかい》敏晶《としあき》『民族という虚構』〈第3章　虚構と現実〉の一節。

小坂井敏晶は一九五六年生まれ。パリ第八大学で心理学を講じつつ、独自の視点からの社会論を発表している。著書に『異文化受容のパラドックス』『責任という虚構』など。

本文解説

本文は一五の形式段落（[1]、[2]…と表記する。トクヴィル・デュモンの引用は各一段落と数え、[11]・[15]とする）からなる。

[1]〜[4]は、動物と異なる人間の生の特質について。**自らの生を「安定」**（[2]）させるために、**動物は「本能」に従う（縛られる）**（[1]）が、人間は動物と違い、「本能」「生物学的所与」から「自律」した（自由な）存在である（[3]・[4]）。したがって人間は、本能の代わりに「**言語**を媒介にした**意味**の世界」「**文化**という複雑な**意味体系**」（[1]）「**社会制度**」（[3]）を作り出し、それらによる「規範・価値を通して…思考・行動に**制限を加える**」。「認知的に外に開かれ」た人間は、「文化」によって「自己を閉じる」（[3]）ことではじめて、「**行**

為が可能に」なり、「安定した生を…営める」のである（④）。――草食動物は草を、肉食動物は肉を食べることが、「本能」的に決まっている。したがって動物は、決められたもの以外を食べる自由を持たないが、〈何を食べればいいのか〉迷うこともない。対して人間には、そうした本能的規定はない。だから〈これは食べ物である／これは食べ物ではない〉という「意味」づけを、各々の社会・文化における〈食習慣〉として定めるのである（日本では〈食べ物ではない〉昆虫やイヌやワニを食物とする国もある一方で、日本では〈食べ物である〉タコは、欧米の多くの国々では〈食べ物ではない〉とされる）。何を〈食べ物〉という言葉で呼ぶか――それぞれの社会の「言語」は、このように世界を分類し、意味づける「媒介」（①）なのである。

⑤は、そうした「社会制度」が、「**人間が決めた慣習**」として意識されているうちは、「他者が行使する**強制力」だと感じられ**、「**円滑に」機能しない**ので、そうした「恣意性が…隠蔽され」「人間全体から超越した相において」「**自然の摂理…のように**表象され」ることで、社会的規則が、「**正当性**」を持つ「**内面化された規範**の形を取って**自然な感情**の下に**服従を促す**のが望ましい」とする。――〈牛肉を食べてはいけない〉という法律ができたら、人々は不当な「強制」だとして反発するだろう。一方で私たちは〈イヌは食べてはいけない〉という食習慣を、ごく「自然」なこととして生活している（〈××国ではイヌを食べる〉と聞けば、〈ひどい！〉〈残酷！〉といった「感情」が「自然」にわいてくるだろう）。〈イヌは食べてはいけない〉というのは、特定の文化・社会における〈取り決め〉にすぎないのだが、私たちはそれをまるで〈自然の本能〉であるかのように感じているのである。

⑥以降は以上の論旨を「支配」を例として説明する。「**支配**」とは「上下序列制度のような**非対称的な相互関係**」の中で、〈**一方が「命令」「示唆」をし、他方がそれに従う**〉関係**全般**をいう（⑥）。そして「継続する安定した支配」は、（⑤にあったように）「**強制力によって」ではなく**、従う側が命令に「**正当性**」を感じ、自らの「**自然な感情**」として「服従意欲」を持つ（＝「支配関係に対する被支配者自身の**合意**」）ことによって成り立つのである（⑦・⑧）。こうした「支配」は（④にあったように）「**安定した社会秩序**を維持するために**必要不可欠な条件**」なので、「**支配関係が消失することは原理的にあり得ない**」（⑨）。

⑩～⑮も基本的に同趣旨。「平等を理想として掲げる民主主義社会」でも、「正当化」された「上下関係」として（⑩）、「万人の競争」に基づく「不平等」が存在する（⑪）。「支配関係…は**決してなくならない**」「不平等が完全に**なくなることはあり得ない**」し、「無理になくそうと企むことは…社会的動物としての人間を破滅させる」「支配のない自由な社会を建設しようとする目論見は…原理的に矛盾している」「イデオロギーが世界を変革する可能性には必ず限界がある」のである（⑫～⑮）。

要約

本能から自律した人間は、文化的・社会的制度で思考や行動を規定し、それを内面化した規範とすることで個々の生や社会秩序を安定させる。正当性の合意に基づく支配はその一種であり、支配や不平等のない社会はあり得ない。

設問解説

問一　傍線部と対比される語の抜き出し。1～4の理解を問うもの。「固定した**本能**に縛られていないおかげで人間は文化①…を生み出した」（1）「**文化**からの影響…は…生物学的な**本能**から自律するようになった…代償」（3）とあるように、1～4は〈本能に依存する動物〉と〈文化・社会制度に依存する人間〉とを対比している（「本文解説」参照）。正解は「本能」。

問二　傍線部の理由説明。1～5の理解を問うねらい。

「必要条件」とは〈ある事柄が成り立つためになくてはならない条件〉、「十分条件」とは〈それさえあればある事柄が必ず成り立つ条件〉。したがって「思考や行動が社会制度によって規制されること」が人間の生を可能にする「十分条件」ではない理由とは、〈思考や行動が社会制度によって規制されさえすれば人間の生が可能になるわけではない（＝社会制度による規制だけでは人間の生は可能にならない）から〉である。

傍線部②直後の説明をほぼそのまま書くと、

社会制度による規制は、その恣意性が露わであるうちは、他者が行使する強制力と感じられてしまい、社会生活が円滑に営まれないので、何らかの正当性が付与され、外部から強制する暴力としてではなく、内面化された規範の形をとって自然な感情の下に服従を促すのが望ましく、そのためには社会秩序が人間全体から超越した相において我々の前に現れる必要があるから。

〈恣意性が露わである〉は、**その中身が明確でない**ので、5末「**人間が決めた慣習にすぎない**…その…恣意性」を用いて説明し直す（p.9問題1の解説、問四の**ポイント**③を参照）。二度出てくる〈強制力〉〈強制する暴力〉や、**内容的に重なる**〈内面〉〈感情〉は、それぞれ**一方をカットする**。また、社会制度が〈正当性を付与され（A）〉〈**人間全体から超越した相**において現れ（B）〉〈**自然な**感情の下に服従を促す（C）〉は、5末の「自然の（B・C）摂理（A）であるかのように表象され」で**同じ内容が簡潔に言えているので、こちらに替える**。——解答の論理の骨格は、先に見た〈社会制度による規制だけでは人間の生は可能にならない〉だから、〈…円滑に営まれない／正常に機能しない〉で結ぶ形にする。5第二文か末尾の文をもとに〈…円滑に営まれない／正常に機能しない〉で結ぶ形にする。

では、社会的な規制はなぜ〈内面化されるのが望ましい〉のか。1～4の〈動物↔人間〉の対比を思い出そう。それは、〈生物学的な本能〉のように**最初から個体の内部にあるものではないか**

ら、である。もともと外側にあるものだから、内面化される必要があるのだ。この点を加えてまとめる。

> **ポイント** 記述解答で字数を詰めたい場合には、①**重複した内容**を削る ②**不要な修飾語**や**その設問で要求されている説明とは無関係な語句**を削る ③長い語句を**同じ意味の短い語句**にする ④**構文を変える**（例えば〈彼が怒っていること→彼の怒り〉〈Xは甘いものを好んだが、Zは甘いものを嫌った→甘いものを、Xは好んだがZは嫌った〉）。

問三 傍線部の内容説明。5の理解を問うもの。

傍線部③「人間の作り出す規則」とは〈（本能と対比される）文化的な規則・社会制度〉のこと。また、「恣意性」は、語意としては〈**A**その時々の思いつき・自分勝手な考えであること**B**偶然的な（必然的な根拠を持たない）ものであること〉。本文の論旨をおさえつつ、**「恣意性」の意味が反映された解答表現を工夫しよう**（p.9問題1の問四の**ポイント**①を参照）。5末「社会制度は**人間が決めた慣習にすぎない**が、**その**…恣意性が…隠蔽され…自然の摂理であるかのように表象されて初めて正常に機能する」とあるから、まず、「恣意性」＝〈**人間が決めた慣習**にすぎず、**自然の摂理**ではないこと〉だとつかめる。これに先の語意のニュアンスを加えよう。**A**については4の〈人間には（犬のような）種として一定の本能的行動型がなく、多様な行動型があり得る〉という趣旨と、〈文化・社会制度〉についての説明であることとを重ねて、〈**各社会・時代がそれぞれに決めたもの**〉といった記述にする（10以降の「時代…地域により…様々」13という趣旨もヒントになる）。また、**B**については、やはり〈動物のように本能に基づくものではない〉という趣旨と、先の〈自然の摂理ではない〉という趣旨とを重ねて、〈**自然的な根拠をもつものではない**〉などとすればよい。

問四 傍線部の内容説明。6～8の論旨の理解を問うもの。

まず傍線部④「支配」の説明は、6のヴェーバーの定義をもとに〈一方の命令に他方が従う関係〉などとする。次に「正当性の合意」が「支配の本質である」ことの説明は、7～8前半の記述をもとにする。同内容表現を一まとめにして整理すれば、

A 継続する安定した支配／支配が理想的な状態で保たれ…

B 命令意志を根拠のあるものとして…／正当性の感覚

C 服従意欲／被支配者の合意

D 自然な感情として…／自然の摂理…であるかのごとく…

Aは、より**〈中身が明確な〉**前の表現を採る。**B**・**C**の「正当性」「合意」は**傍線部④そのままの表現なので、別の表現の方を採って言い換える**。**D**は「合意」という被支配者の**心理**の説明を求めた**設問要求に合わせて**「感情」の方を採る。

問五 傍線部の内容説明。10・11の理解を問うもの。

傍線部⑤は「社会の構成員の間には**必ず上下関係が発生する**」

[10]「**近代民主主義社会**といえど構成員の間に**上下階級のない**平等な社会などでは…**ない**」[13]という趣旨を、〈上下関係がなくなったのではなく、その「形式が変化した」のだ〉と述べたもの。では〈近代以前（A）→近代民主主義社会（B）〉で、「上下関係」の「形式」はどのように変化したのか。

・同胞の一部が特権を享受（A）→万人の競争（B1）[11]

・身分制・奴隷制度（A）→人種差別（B2）[15]

Aはより明確で端的な「身分制」という表現の方を採る。B1とB2は別の内容だから（ひとまとめにはできず）両方書かねばならない。また「人種差別」は、近代の様々な差異の形式のうちの**一具体例にすぎないから、一般化した表現に改めたい**。「競争」は個人の能力に基づくもの、「人種」は個人の属性だから、〈**個人の能力や属性**による差異〉などとする。なお、[11]末の「小さな不平等」は、差異の〈程度〉であって、傍線部⑤「形式」ではないので、解答に含める必要はない。

問六　傍線部の内容説明。本文前半と後半との関連の理解を問うもの。［本文解説］で説明したように、傍線部⑥を含む[12]の記述は、「支配」を例として[3]・[4]と同趣旨のことを述べたもの。具体的には[4]「**社会制度**が我々の**思考や行動に制限を加えなかったならば**…どのような表現をすべきかの決定さえ**困難になる**」「**安定した生**を人間が営めるのは…**社会が人間の自由を制限しているおかげ**なのである」などが[12]と重なる内容である。そもそも傍線部⑥の「**社会的動物**」という表現自体、〈自然の本能に依存する（人間以外の）動物〉との対比を意識したもの。右の趣旨にこの対比を加えて解答にまとめる。

問七　傍線部の理由説明。全文の論旨の理解を問うもの。

傍線部⑦は「支配のない自由な社会」を「四辺を持った三角形」にたとえた比喩。「四辺を持った三角形」は、そもそも〈三つの辺で囲まれた図形＝三角形〉という**定義に反する**。これと重ねれば、傍線部⑦の趣旨は〈「**支配のない自由な社会**」**とは、そもそも「社会」の定義に反する**〉といったことだとつかめる。では、「社会」とはそもそも何か。「支配」に関する論が本文前半の「社会」に関する論の具体例であることをふまえ、まず[1]〜[5]の〈本能から離れた人間にとって、社会制度による規定は、行為のあり方を決定するもの＝**生を可能にする条件**だ〉という論旨をおさえる。これに傍線部⑦の「支配」と「社会」の関係を説明した[9]「支配は、安定した社会秩序を維持するために**必要不可欠な条件**である」を加え、「支配のない自由」を求めるのはこれに反することだ、と結ぶ形でまとめる。

ポイント

比喩とは〈ある事物をそれに似た他の事物にたとえたもの〉。**〈たとえているもの〉の持つ性質が、〈たとえられているもの〉のどのような性質と重ねられているのか**、を考えて、意味を理解する。

採点基準・配点

〈計50点〉　問一＝2点　問二＝10点　問三＝5点　問四＝7点　問五＝7点　問六＝7点　問七＝12点

問二（10点）

◇①（2点）〈a本能ではない　b内在するものではない／もともと内部にあるものではない〉…ab各1点

②（4点）〈a人間の決めた慣習ではないかのように　b人間全体から超越した相だと／自然のものだと　c摂理／正当性 を持つものだと 表象されなければ〉…a2点、bc各1点

▼〈恣意性が隠蔽される〉は、a△1点。

③（1点）〈内面化されなければ／自らの意志で従うようにならなければ〉

▼〈自然な感情にならなければ〉は、②b＋③で2点。

④（3点）〈a他者／外部 からの強制力と感じられてしまう　b円滑に／正常に 機能しない／社会生活が営まれない〉…a1点、b2点

▼〈②③してはじめて正常に機能する〉〈正常に機能するためには②③が必要だ〉などの形でも○。

問三（5点）

①（1点）〈文化的な規則は／社会制度は〉

②（4点）〈a社会／文化／時代 ごとに違う　b人間が決めた慣習　c自然的なものではない　d根拠／正当性 をもつものではない〉…a～d各1点

採点例

思考・行動が制限されていない人間が作り出す規則には正当性がないということ。

（赤字：本能によって／自然的な根拠をもつ）

計0点

問二

＊末尾が理由説明に対応していないもの、-1点。

問三

採点ポイント

⬆人間の思考・行動には、自然の本能による〈制限〉〈正当性〉がないだけで、内面化された社会制度による〈制限〉〈正当性〉はあるのだから、単に〈制限されていない〉〈正当性がない〉と書くのはあまりに不正確。全体0点とする。（採点対象の答案になるには、赤字で示したような表現が加わる必要がある。）

問四（7点）

◇①（2点）〈a 一方の命令に他方が従う関係を b安定的に継続させる〉…a b各1点

▼aは単に〈上下関係〉のみでは加点なし。

②（5点）〈a被支配者が b命令に根拠があると思う c自然な感情 d服従意欲をもつ／自ら進んで従う ことが必要である〉…a b d各1点、c 2点

▼cは〈自然の摂理であるかのごとく感じられる〉なら2点、〈自然の摂理として作用する〉は△1点。

問五（7点）

◇①（2点）〈a民主主義社会では／平等を理想とする社会では b人々の 上下関係／差異 が〉…a b各1点

②（5点）〈a身分制度によるもの（から） b個人の能力 c属性（によるものに変化）〉…a c 2点、b 1点

▼aで〈奴隷制〉は一具体例なので△1点。〈一部の人が特権を享受〉は中身が不明瞭なので加点なし。

▼bは〈競争によるもの〉でも○。cで〈人種差別〉は一具体例なので△1点。

▼〈身分制度による差異が競争による差異へと変化した〉といった形でも、①b→②として加点する。

問六（7点）

◇①（2点）〈本能から自律している／行動のしかたが遺伝子的に決定されていない〉

②（4点）〈a社会的規定で／社会制度で／文化で b思考・行動を c制限することで d生を安定させる〉
…a～d各1点

③（1点）〈（人間は）②するしかない／②が不可欠である／②aがあってはじめて②dできる〉

問七（12点）

◇①（2点）〈（人間は）本能的な行動規範をもたない／本能によって生のあり方を決定できない〉

②（4点）〈社会制度により a行為のあり方を規定し b秩序を安定させる〉…a b各2点

③（2点）〈支配関係によって社会を維持する／支配は社会に不可欠である〉

④（2点）〈②③は人間の 存在／生 を可能にしている条件だ〉

⑤（2点）〈自由を求めることは／支配のない社会とは ②③④を否定することだ／②③④に反する〉

7 『科学の世界と心の哲学』

小林 道夫

■金沢大学■

解答

問一 (1)＝増減 (2)＝刺激(戟) (3)＝創始
(4)＝擁護 (5)＝抵抗

問二 物体は外的原因に阻害されないかぎりどこまでも等速直線運動あるいは静止状態を続けるという「慣性」の法則として、日常経験とは異なる、自然の実在の構造を示す力学原理の一つだと位置づけられている。

問三 知覚による自然の観察経験に忠実なのはむしろ近代以前の自然学の方であり、近現代の科学は、自然の現象について、その法則性を天文観測と理論的根拠に基づき抽象的な数学によってとらえるものだから。

問四 天体の世界は生成変化せず、一様単純運動としての永遠の円運動で構成されるが、地上世界は生成消滅し、各存在の目的に従う直線的な自然運動や物理的原因による運動変化で構成されるものであり、両者は階層的に上下関係にある。

問五 宇宙や自然に地球を不動とする目的論的・階層的秩序を見いだすアリストテレスの体系を解体し、地動説を基盤として、宇宙の全体は同一の物理法則により生成消滅する世界であり、その実在の構造は、日常の知覚という相対的なものではなく抽象的数学により表現し統御されると考えた。(130字)

出典

小林道夫《こばやしみちお》『科学の世界と心の哲学』〈第I部　科学の目的と規範〉の〈第1章　近代科学の原点〉の一節。

小林道夫は一九四五年生まれの哲学者。専門は科学哲学。著書に『デカルトの自然哲学』『科学哲学』など。

本文解説

本文は一四の形式段落(①、②…と表記する)からなる。

①〜⑥は「**アリストテレス**(＝古代ギリシャの哲学者)の自然学」＝〈**近代科学以前の(西洋の)自然学**〉について。その特徴は、①・④・⑥にあるように「**日常**」の「**知覚経験**」**に忠実に**、「**具体的な環境世界を記述する**」体系であること。われわれの日常の知覚では、**大地は**「**不動**」(①)で、**天空の太陽や星**は「**生成変化しない**」ものとして(東から出て西へ沈む、といった)「**永遠の円運動**」を繰り返しており、その動きには(外から何らかの力が加わっているといった)「**物理的原因**」**はない**(ように見える)(②)。対して、「**地上の存在**」は、「**生成変化**」**し**(①)、(天体と違い)「押したり引いたり」して「触れて動かす」という形で**外から力を加え続けなけ**

れば動き続けはしない（[3]・[4]）。さらに、当時の人々は、例えば「重い物体が落下する」のは「それ固有の…**目的地**である地球の中心へと…向かう」ことだ（[2]）というように、自然を「**目的論的に構成された**」ものだと考えていた。

[7]～[14]は、こうした旧来の考え方を「解体」した「**近現代の科学**（物理学）」（[7]）について。その特徴は「天文観測と**理論的根拠**」から（[10]）、**日常経験**を「（人間の）感覚知覚に**相対的**な現象」でしかない（[13]）と考えたこと（例えば〈地球は不動で、太陽が東から西へ動く〉というのは「自然の実在の構造」ではない（[13]）。実際は**地球の方が「自転」して（＝動いて）いる**のであり、その地球上の一点にいる**われわれの目（＝感覚知覚）には〈太陽が東から出て西へ沈む〉ように見える**、ということにすぎない）。**天体の世界も地球もともに**「円運動」し、またいずれも「生成消滅」（[10]）する「**同質の世界**」（[12]）であり、（例えば物体の落下は万有引力によるものだというように）世界は**万物に共通の「法則」**（[9]）に基づき動いているのであって、各存在に固有の「目的」に基づき動いているわけではない（[12]「目的論的・階層的秩序」の「解体」）。そして、それらの「自然の構造」は（物理法則を示す式のような）「**抽象的**」な「**数学**」によって表現される（[9]・[13]）。こうして、〈**近代科学**〉による、**人間が見聞きし感じた自然の姿よりも、抽象化された理論に基づく自然の姿の方を〈真の実在〉とみなす自然観**が、生み出されたのである。

要約

近代科学は、日常の知覚経験に基づく旧来の自然学を解体し、観測と理論的根拠に基づいて、自然の全体を同一の物理法則に従う非目的論的世界とみなし、その法則を抽象的な数学によって記述しようとするものだった。

設問解説

問一　漢字の読み書き。(3)は〈物事を新たにおこし始める〉意。

問二　傍線部の内容説明。前近代と近現代の〈運動〉観の違いに関する理解を問うねらい。傍線部Aは「**日常世界**では…見られない」もの。すなわち[6]の「**アリストテレスの自然学**」において「原理的に排除」される「**物体は、外的原因に阻害されないかぎり、どこまでも等速直線運動（あるいは静止状態）を続ける**」という「（近代力学の）**慣性概念**」（A）のことである（現実の日常世界では、例えば机の上を滑っていく物体は、力を加え続けなければ減速し、やがて止まってしまうが、〈近代科学の考え方によれば〉それは物体と机の間に〈摩擦力〉という「外的原因」が働くからであり、それがなければ（摩擦力が0ならば）「どこまでも等速直線運動…を続ける」（逆に、もともと「静止」している物体は、外から力を加えなければいつまでも静止したままである）と「理論的」（[12]）には考えられる、ということ）。設問要求は「近現代の科学（物理学）」ではどのように位置づけられていると筆者は述べているか」だから、先の**Ａ**のように具体的内容を説明した上で、「**日常経験**」に基づいて傍線部Aを否定するアリストテレスの体系と異なり、それこそが「**自然の実在の構造**」[13]を示す「**法則**」[9]「**理論**」[12]の一つだとされる（**Ｂ**）という趣旨を加えてまとめる。

問三　傍線部に関する論旨の把握。前近代と近現代の〈認識方法〉の違いに関する理解を問うねらい。設問要求は、「アリストテレスの体系」（**Ａ**）を「近現代の科学」（**Ｂ**）が「解体」したのは、「宗教的支配から解放され、**自然現象を…観察すること**によって」ではない、と言える〈理由〉。［本文解説］に示した筆者の論から、右の**ＡＢ**と「観察」に関連する内容を思い出そう。実は**Ａ**（の多くの部分）は、「宗教的」というよりは**〈日常の知覚世界〉における見聞**（≒「**自然現象**」の「**観察**」）**に即したもの**で、**Ｂ**の方がむしろ「**抽象的**」な「**数学**」により表現される**理論**[13]だと述べられていた。この趣旨をまとめる。

問四　傍線部の内容説明。前近代と近現代の〈世界観〉の違いに関する理解を問うねらい。設問要求は、「天体の世界」「地上の世界」という「二つの世界」についての「アリストテレス」の考え。**対比のセットに注意**しつつ解答要素を探っていこう（p.26問題4の解説、問三のポイント参照）。まず[1]に「**生成変化しない**天体の世界（**Ａ１**）と、**生成変化する**月下（＝地上）の世界（**Ａ２**）とに階層的に区別され」とある。「**階層**」とは具体的には直後「**上下**」（＝天と地）の関係（**Ｂ**）。[2]には「天体は…永遠の**円運動**（**Ｃ１**）…これは、何らかの物理的原因によって引き起こされるものではなく…一様単純運動（**Ｄ１**）」「これに対して地上の存在は、**それぞれに固有の**『自然的場所』をもっており、その場所から離れているときは、そこへと自然的に**直線的に**回帰する…**目的地…へと自然的に向かう**（**Ｃ２**）」とある。[3]・[4]は、地上の存在が、「押したり引いたり」というふうに「（何物かが）触れて動かす」ことで動かされる場合（**Ｄ２**）についての説明。つまり、地上の物体については、「重い物体が落下する」[2]ような「自然的運動」[3]は**Ｃ２**のように「**目的**」**論的な直線運動**だと考えられ、それ以外の場合は（先の**Ｄ１**とは反対に）「**物理的原因」によって動く**（**Ｄ２**）と考えられたのである。以上の**Ａ１↕Ａ２**、**Ｃ１・Ｄ１↕Ｃ２・Ｄ２**の対比のセットと**Ｂ**とをまとめればよい。

問五　論旨の要約。本文全体の要旨の理解を問うねらい。本文の構成は、[1]～[6]が「アリストテレスの自然学」の説明（**Ａ**）、[7]～[14]が「近現代の科学（物理学）」の説明（**Ｂ**）というもの。設問要求は直接的には〈近現代の科学の特徴を述べよ〉だから、〈近現代の科学は、**Ａ**を「解体」[7]して、**Ｂ**だと考えた〉という形でまとめれば、設問条件「文章全体の内容をふまえて」にも対応した答案になる。**Ａ↕Ｂ**の対比を（詳しくは［本文解説］参照）、〈日常の知覚経験がそのまま自然の表現である**↕**日常の知覚は相対的であり、抽象的数学こそ自然を表現し統御する〉〈地球は不動である↕地動説〉〈自然は目的論的秩序をもつ↕自然は物理法則に従う〉〈天上世界と地上世界との間には階層的秩序がある↕天体も地球も生成消滅する同一の世界である〉といった形で示しつつまとめればよい。

採点基準・配点

〈計50点〉 問一＝各2点　問二＝7点　問三＝9点　問四＝9点　問五＝15点

問二（7点）

◇〈物体は **a** 等速直線運動 **b** あるいは静止状態を **c** 外的原因に阻害されないかぎり 続ける／どこまでも同じ状態にある **d** 慣性の／力学の **e** 法則／原理 **f** 日常経験と異なる／知覚経験と異なる／抽象化された／定式化された／数学的にとらえられた **g** 自然の実在の構造を示す〉…**a**～**g**各1点

問三（9点）

◇①（4点）〈近代以前の／アリストテレスの 自然学の方が **a** 知覚 **b** 観察／経験 に忠実〉…**ab**各2点

▼〈近現代の科学の方が ①**ab**と食い違う／①**ab**を相対的なものとみなす〉でも○。

②（5点）〈近現代の科学は自然現象の **a** 法則を **b** 天文観測 **c** 理論的根拠に基づき **d** 抽象的 **e** 数学によってとらえる〉…**a**～**e**各1点

採点例

近現代の科学（物理学）は、知覚性質に満ちた具体的な環境世界を記述し、天体の運動を永遠の回帰的な円運動によって構成されると考え、慣性概念や加速度を認めないアリストテレスの体系を、その存在論や認識論や学問論において解体することで成立した「科学革命」だったから。

①ab4点

計4点

問三

採点ポイント

⬆①、〈…記述し〉で〈観察〉の要素があると認める。

⬆他に加点要素はなし。前段落の「アリストテレスの自然学」に関する説明を単に列挙するのではなく「自然現象」の「観察」（傍線部B）に関連する要素にしぼり、代わりに「近現代の科学」（＝傍線部B「それ」）の指示内容）側の特徴に関する説明を加えられれば、より設問要求に即した答案になった。

問四（9点）

◇①（3点）〈天体の世界は **a**生成変化しない **b**一様単純運動／それ以上分析できない運動／物理的原因によらない運動 **c**永遠の円運動〉…**a**〜**c**各1点

②（4点）〈地上世界は **a**生成消滅／変化する **b**各存在の目的に従う／目的論的 **c**直線的自然運動や **d**物理的原因による／外からの力による／ほかのものによって運動させられる 運動〉…**a**〜**d**各1点

③（2点）〈両者は **a**階層的に **b**上下関係にある〉…**a** **b**各1点

問五（15点）

◇①（4点）〈（宇宙や自然に）**a**地球を不動とする **b**目的論的 **c**階層的秩序を見いだす／天体の世界と地上の世界は異質だと考える／絶対的方向性があると考える **d**アリストテレスの体系／近代以前の自然観（を解体／とは異なり）〉…**a**〜**d**各1点

②（4点）〈**a**地動説 **b**宇宙の全体は同一／普遍的な原理がある／天体の世界と地上の世界は異質ではない **c**物理法則による **d**生成消滅する〉…**a**〜**d**各1点

③（2点）〈日常の知覚／感覚経験 は **a**相対的だ **b**（自然の）実際の姿ではない〉…**a** **b**各1点

▼〈アリストテレスの自然学は日常の知覚／感覚経験に忠実だ〉は、**b**1点。

④（5点）〈（自然の）**a**実在の構造は **b**抽象的 **c**数学により **d**表現し **e**統御される〉…**a**〜**e**各1点

▼〈（自然の）実在の構造は相対的な日常の知覚ではなく数学により…〉は、④**a**＋③**a**＋③**b**＋④**c**で、4点。

採点例

近代科学は、宇宙には目的論的秩序や絶対的な方向性が
あるとするアリストテレスの体系を、存在論や認識論や
学問論において批判し、解体することで成立した。日常
経験はわれわれの感覚に相対的な現象であり、宇宙や自
然の構造は数学によってこそ表現され、統御できると考
えた。

①a1点　①b1点　①c1点　③a1点　④a1点　④cde3点

計8点

問五

採点ポイント

⬆二文に分けて書いていても○（第一文と第二文の接続がやや唐突だが、許容する）。

⬆文末、名詞止めでなくても○（内容的に「特徴」の説明になっていればよいので）。

8 『ここではない場所 イマージュの回廊へ』

今福 龍太

■お茶の水女子大学■

解答

問一 自然との関係を根本的にとらえ直すものであるはずのエコロジーが、政治運動へ人々を動員するスローガンや、ビジネス上のイメージ戦略として利用されていること。

問二 科学技術の加速度的な展開・拡張による地球環境破壊の進行は、地球上の限られた資源と環境に全面的に依存している人類そのものの破滅を予感させるから。

問三 (a)

問四 環境問題に危機意識を抱く現代人の心理を利用し、エコロジーが持つ健康的でポジティヴなイメージを商品に付与して、それらの使用が環境問題に対する敏感さの表明になるという印象を与えることで、人々の消費意欲をかきたてつつ、それが産業側の利益のための戦略であることを巧みに隠している点。

問五 大地と人間とのつながりをはっきりと名指すための精密でリズミカルな魂をもった「ことば」(42字)

問六① 人間が自然を対象化し一方的に利用する手段としての科学技術を基盤としている限り、自然に関する知識の展開・拡張は、自然と人間との本来的な連続性を見失ったまま、自然の物理的消滅とイメージの上での消費を推し進めるだけだということ。

② 自然科学への偏向を批判し、詩的言語による自然との交感を説く筆者も、本文冒頭ではエコロジカルな認識が「科学的な理性」にも基盤を持つことに言及している。科学的自然観の問題点は、自然を単なる物質とみなし要素に還元してとらえようとしたために、それが生態系という全体性を構成する有機的存在であることを軽視したことであって、科学的アプローチの全てが否定されねばならないわけではない。筆者の言う「美学的な核心をそなえたエコロジー」も、滅びゆく自然への感傷的なノスタルジーに堕したのでは意味がない。地球環境の現状を科学的理性に基づき客観的に認識したうえで、人間の世界と自然界とを一つの生態系としてとらえる感性を持つことが必要だと考える。(310字)

問七 a＝幻惑 b＝逆説 c＝搾取 d＝流転 e＝親和性

出典

今福龍太《いまふくりゅうた》『ここではない場所 イマージュの回廊へ』〈エコロジーのミューズを求めて〉の全文。

今福龍太は一九五五年生まれの文化人類学者。地域研究から社会論・文化批評まで幅広く活躍している。著書に『クレオール主義』『スポーツの汀《なぎさ》』『身体としての書物』など。

本文解説

本文は一四の形式段落（①、②…と表記する。「私はまわる…」の一行は⑪に含める）からなる。

①〜③は、「**科学技術**の…展開・拡張」（③）による環境破壊の進行が、地球環境に「**依存**」する（①）人類の「終焉」を「予感」させる（③）ことから、「**エコロジー**（＝生物群やその環境を全体として連関をもつ一体のもの（生態系）とみなす考え方）」**の重要性が唱えられている**（①・③）が、「現在のエコロジー思想」は「**表層的な展開**」にとどまっている、と指摘する。

④〜⑨は、その「（表層的な）エコロジー」の「二つ」の流れについて。一つは「社会改革」のために「**人々の政治意識を…動員」する「市民運動的戦略**」のスローガンとして「エコロジー」が利用されるケース。そうした「環境保護団体」の「組織」は「反エコロジー的に硬直化」しがちだ、という（④〜⑥）。もう一つは、商品にエコロジーの「イメージ」を付与し、それらの使用がエコロジー的立場の「主張」になるとして、商品を売ろうとする「**ビジネス戦略**」である（⑦）。さらに⑧・⑨は、「科学的知識」は人間の「『権力』の指標」（⑧）＝「搾取的な（＝一方的に利益をしぼりとる）権力装置」（⑨）だと述べる（**人間は科学技術を用いて自然を一方的に利用してきた**、ということ）。したがって、**科学**に基づいて「自然について知れば知るほど…語れば語るほど…**自然は私たちから遠のいていった**」という。

⑩〜⑭は、そうした〈搾取＝**一方的な利用**〉の関係とは対照的に、かつての人間が「身体のなかに」「自然への**連続的感覚**」（⑪）＝「大地と人間との**つながり**」の感覚（⑭）を宿していたこと、およびそれを表現する「**詩的『ことば』**」（⑬）をもっていたことを繰り返し述べ、そうした「**言語的アートとしての精緻な表現能力**を与えられたエコロジー」こそが（③資本主義や科学主義…を超え出た」）「**真の生態学的叡智**」（⑭）**となり得る**ものだと主張している。

要約

環境破壊が人類の存続を脅かす今、政治やビジネスの戦略に堕しつつあるエコロジーを、自然を搾取する科学的知識に代わり人間と自然の身体的交感を表現する詩的言語を復権させることで、真の生態学的叡智として確立すべきだ。

設問解説

問一　傍線部の内容説明。本文前半の論旨展開の把握を問うもの。

傍線（1）は（直後にあるように）筆者が「批判」しようとしている「**現在の**エコロジー思想の表層的な展開」。③後半で（本来あるべき「エコロジー」として）「生態学的叡智」に言及した後、これと対比して「**今日の世界を覆い尽くしている**のは…現実的で実質的な効果をあげようとする**ムーヴメント**」と傍線(1)の側に戻り、これを「**現在のエコロジー・ムーヴメント**…は…二つある…そのひとつは…『**政治**』**の領域**」(4)、「第二の領域…『**産業**』…『**ビジネス**』**の領域**」(7)と詳説していく流れである。解答は、以上の内容を〈「**批判**」**されるべき「表層的な展開」**の説明〉という**設問要求に対応した表現**でまとめていくことになる。つまり〈本来のあり方からズレて、政治やビジネスの世界で「展開」している〉という形である。

〈本来のあり方からのズレ〉とは3半ば「(これまでの)資本主義や科学主義の体系を超え出た…新しい精神の『生態学的叡智』をめざそうとする動き」ではなくなっている、ということだが、「**エコロジー**」の「表層的な展開」のニュアンスを反映して、〈**自然との関係**を根本的にとらえ直す思想であるはずなのに、そうではなくなっている〉といった形で書けるとよい。

「政治」の面(4〜6)については、4の「**人々…を…動員する**」「中央政府の…主導性を転倒し無化することを目的とした**市民運動的戦略**のかなめにエコロジーは位置づけられることになった」を採る。エコロジーが〈**特定の政治勢力に人々を動員するという**別の目的のための手段となっている〉というのだから、まさに「表層的な展開」である。解答はこの〈本来の目的からのズレ〉を最優先として書く。〈反政府的〉であること自体は「批判」の対象ではないし、6の内容も、「組織」のあり方の硬直化についてであって、「エコロジー思想の表層的な展開」それ自体ではないから、必須の解答要素ではない。

「ビジネス」の面については、7半ば「エコロジーを**イメージ戦略**として利用したビジネス」を採る。これも〈本来の目的からのズレ〉であるし、〈イメージ=実体ではないもの〉も「表層的な展開」の説明としてふさわしい。——「戦略」の具体的な説明は問四で書くことになるので、ここでは右のような端的な説明にとどめてよいだろう。現代文の問題では、このように**他の設問との関連を考えて解答内容を見定める**こともある。

問二 傍線部の理由説明。1〜3の理解を問うもの。傍線(2)「心理的危機意識」については、1および3前半で説明されている。〈**人間の生存と地球の存続が重なる**〉ことについての「危機意識」。具体的には「**科学技術の加速度的な展開・拡張**」(3)が、「**地球という…無尽蔵ではない資源と環境**」(1)を浪費・破壊し、それに「**全面的に依存している**」「**人間の未来**」(1)について、「カタストロフ(=**破局**)」「**終焉**」の「**予感**」(3)を抱くようになっている、ということである。

問三 名詞の空欄補充。アは、「**科学的**真理」の「[ア]的」な特質が「**エコロジー**」の「論理的基礎」となっている、という文脈。5末「**科学**…の[万人にたいする正当性]に裏打ちされた**エコロジー**…特権的…」をヒントに、〈万人にたいする正当性〉に最も近い意味になる（a）「**絶対**」（＝**他と比べることのできない唯一のものであること・他との関係から独立して存在するものであること**）を入れる。（d）「全体」や（e）「一般」は、5末「万人にたいする正当性」「特権的」というニュアンスが弱い。

イはアを含む文に対して「…でしかない」と対比されている箇所であること、直前「利害関係」に左右されるもの、ということから、「絶対」の対義語である「**相対**」（＝**他と比較しうる〈いくつかのもののうちの一つ〉であること・他との関係において存在するものであること**）。正解はやはり（a）である。

問四　傍線部の内容説明。3・7の理解を問うもの。

問一の解説で見たように、7は3末をうけた論。そこで指摘された「エコロジカルな認識がうみだす**心理的危機意識**を巧みに利用し」が、ここでの〈ずるがしこさ〉の第一点である（**A**）。具体的には7半ば「**ビジネス**」上の「**イメージ**戦略として」の利用。つまり、「時代の感性」（**B**）としての「エコロジーの**健康的でポジティヴなイメージ**」（**C**）を「**製品のイメージに付与**」し（**D**）、その「**製品の使用**意識にある種の健全な『**主張性**』をもたせようとする」（**E**）ことである（「ある種の…『主張性』」は、できれば**その中身を明確にしたい**。「地球の生態学的維持」に実際に「貢献」することと**対比されている**（7半ば）のだから、**これを裏返せば**〈**自分は環境問題に敏感な人間だ、というアピール**（**＝主張**）をすることで、心理的な満足を得る〉といったことだと推測できる）。――さらに、これが傍線（3）「狡猾」（＝ずるがしこい）といえる直接的な理由説明として、〈エコロジーを利用して**商品を売ろうとしている**〉こと（**F**）、および〈本当は商売なのに、環境のためだと**見せかけている**〉（**G**）ことを書く。以上の**A**〜**G**をまとめればよい。

問五　傍線部の内容説明。本文後半の理解を問うもの。傍線（4）は前段落「**エコロジー的叡智**が本質的に胚胎していた『**言語**』への関心」を、「『**詩**』への関心」と「いいかえ」たもの。11半ばに「アメリカ・インディアンの…自然への連続的感覚が…『**詩**』の実践によって内実を与えられ…」とあり、その「インディアン」に関する記述は13末で「自然の世界のなかに抱かれた自分自身の存在」を「**エコロジカル**な充満によってうめつくされた自分という『場』にゆらめく力強くしかも繊細な**詩的**『**ことば**』」として取り出す、とまとめられる。だがこの箇所は「四〇字以上四五字未満」で抜き出せない（無理に字数に合わせると「充満によって…」から始まる不自然な形になってしまう）。同じ趣旨で字数に合う14「大地と人間とのつながりをはっきりと名指すための精密でリズミカルな魂をもった『**ことば**』」（42字）が正解である。

問六　波線部の内容説明と意見の記述。①は本文後半との対比をふまえた8・9の理解を問い、②は現代社会に関する受験者の関心・意識を問うもの。

①　波線部「自然について知れば知るほど…自然は…遠のいていった」は、直接には前段落末「『自然』について持つことになった**科学的・社会的**知識は…私たちの『**権力**』の指標なのであって…私たちを自然から遠ざけることになった**力**を示している」をうけており、この〈科学的知識＝権力〉という認識は9末で「『知識』という…**搾取的な権力装置**」と述べ直されている。本文が〈環境問題〉をテーマにしたものであることと重ねれば、ここでの趣旨は〈**自然に関する科学的知識**は、「**科学技術**」③によって**自然を搾取する**（＝**一方的に利益をしぼりとる**）ために用いられている〉ということだと理解できる（Ａ）。

次に、波線部「自然について語れば語るほど…自然は…遠のいて」は、8「『**自然**』**そのものの物理的消滅**」に伴い「社会のあらゆる場面において『**自然**』**のイメージ**が喚起され、消費されてゆく」をうけている。「科学技術」による自然破壊によって、**現実の自然が消滅する**につれて、④〜⑧で述べられていたように）**観念的な「イメージ」にすぎない自然**がさかんに語られ、消費されるようになったのだ（Ｂ）。

さらに、8・9と10以降の論旨との**対比関係に着目しよう**。波線部は、かつて人間が持っていた「自然への**連続的**感覚」⑪を「**見失ってしまった**」⑩現代人について述べたもの。つまり、かつて〈人間と**つながりをもつ**ものだった〉自然を、科学は〈人間から**切り離した＝対象化した**〉のである（Ｃ）。以上Ａ〜Ｃが「自然は私たちから**遠のいていった**」の具体的内容として、本文から読み取れるものである。

②　問題文の論旨に関して受験者自身の意見記述を求める設問の答案は、**①問題文の論旨を端的に要約する形で紹介した上で、②それについての受験者の考えを、根拠を明示しつつ述べる**、という形で書くのが一般的である。賛否いずれでも構わないが、筆者の考えに真っ向から反論する場合は、それだけの説得力を持つ根拠を示すことが求められる。といって、問題文の記述をそのまま引き写しただけでは〈意見〉を書いたことにならない。**筆者の考えをうけつつ発展させたり、独自の具体例を挙げて筆者の考えを補強したり、といった書き方**を工夫したい。

今回の解答例は、本文の論旨を〈単純な前近代賛美〉のように通俗的に受け取ってはならない、という趣旨。その根拠として本文冒頭の言葉を引き、「科学的知識」の問題点を本文から発展させる形で〈〈分析＝物を要素に分けてとらえる〉という科学の方法では〈全体のバランス〉により成り立つ生物や生態系のあり方が見えなくなりがちだ〉とした上で、〈前近代の感性と近代の知識の結合〉という結論でまとめる形で書いた。

問七　漢字の書き取り。ｂは「エコロジー思想」の「集団」が「反エコロジー的に」なっている、というのだから〈〈逆接〉ではなく〉〈逆説〉である（p.27問題4の問四の**ポイント**参照）。

採点基準・配点

〈計50点〉 問一＝7点　問二＝7点　問三＝2点　問四＝10点　問五＝2点　問六①＝7点 ②＝10点
問七＝各1点

問一（7点）

◇①（2点）〈a根本的に b自然との関係をとらえ直すもの（ではなくなっている）〉…ab各1点

▼aは〈エコロジーの本質とは無関係に…〉などでも○。bは〈自然との連続性を取り戻す…〉などでも○。

▼〈資本主義や科学主義を超え出た新しい精神の「生態学的叡智」ではなくなっている〉は、①△1点。

②（4点）〈a政治 b人々を動員 cビジネス dイメージ〉…a〜d各1点

③（1点）〈戦略となっている／利用されている〉

問二（7点）

①（3点）〈a科学技術の b加速度的展開・拡張による c地球環境破壊〉…a〜c各1点

②（2点）〈a人間は地球環境に依存している b資源と環境は限られている〉…ab各1点

③（2点）〈a人類の破滅を b予感させる／未来においてそうなると感じさせる〉…ab各1点

問四（10点）

◇①（2点）〈a環境問題に危機意識を抱く b現代人の心理／時代の感性（を利用）〉…ab各1点

②（3点）〈（エコロジーの）a健康的でポジティヴな bイメージを c商品に付与〉…a〜c各1点

③（2点）〈商品の使用が環境問題への 敏感さ／意識／貢献 の表明／主張 になるという印象を与える〉

▼〈ある種の主張性〉のみのものは、中身が不明瞭なので、△1点。

④（2点）〈人々の消費意欲をかきたてる／商品を売ろうとしている〉

⑤（1点）〈利益のためであるのを隠している／ビジネス戦略を環境保護のためだと見せかけている〉

問六①（7点）

◇①（3点）〈a自然に関する科学的知識の展開・拡張 b（科学が自然を）対象化する／客観化する／人間から切り離す c（人間が自然を）一方的に利用する／搾取する〉…a〜c各1点

問二

＊末尾が理由説明に対応していないもの、-1点。

問六②

採点ポイント（次頁採点例）

⬆①1点　〈筆者の考えに同感できる〉と述べているが、〈人間は自然に対し必要以上に干渉しなかった〉という意見の方向性は〈人間と自然との連

▼〈知れば知るほど遠のいていく〉の説明になっていれば、◯。
②（2点）〈自然と人間との 連続性／つながり が失われる〉
③（2点）〈a自然の物理的消滅と bイメージの上での消費を推し進める〉…ab各1点
▼〈語れば語るほど遠のいていく〉の説明になっていれば、◯。

問六②（10点）

◇①（2点）筆者の論が的確に理解できていること（理解の不十分なものは1点、誤解を含むものは0点）
②（2点）意見に独自性があること（独自性が不十分なものは1点、本文を写しただけのものは0点）
③（2点）自らの意見と筆者の論旨との間に論理的なつながりがあること（やや飛躍があるものは1点、極端な飛躍があるものは0点）
④（2点）自らの意見について説得力のある根拠を示せていること（根拠がやや不十分なもの、説得力に欠けるものは1点、根拠をまったく示していないものは0点）
⑤（2点）自らの意見に論理的一貫性があること（やや一貫性を欠くものは1点、矛盾のあるものは0点）

採点例

現代人は自然を見失っているとする筆者の考えは、私自身も同感できるものである。原始時代から近代以前までの社会では、人間と自然は互いに対等な関係にあり、人間は自然に対し必要以上に干渉することがなかったため、人間と自然は共存できていたのであり、それこそが両者の望ましいあり方だと思うからである。ところが現代では、人間が科学技術という巨大な力を手にしてしまったせいで、自然に対する干渉が過剰になり、人間と自然とのバランスが崩れて、人類自身の存続があやうくなるほどに環境破壊が進んでしまった。こうしたことの反省の上に立って、大地と人間とのつながりを取り戻す真のエコロジーが必要だと考えている筆者の意見に、私は賛成である。

根拠？
筆者の主張からややズレる
前半と矛盾
①〜⑤各1点
計5点

続性〉を強調する筆者の主張からややズレている。

⬆②1点　本文のまったくの引き写しというわけではないが、それほど独自性のある意見ともいえない。

⬆③1点　①で見たような本文からのズレがある。

⬆④1点　なぜ〈望ましいあり方〉だといえるのか、根拠としてはやや掘り下げ不足。

⬆⑤1点　前半では〈自然に対し必要以上に干渉しない〉ことを〈望ましい〉と言っているのに、最後の部分では〈大地と自然とのつながりを取り戻すことが必要だ〉と言っており、これだけではやや矛盾して見える。

問七

＊aは、原文は〈幻惑（＝ありもしないことで目をくらまし、まどわせる）〉だが、〈眩惑（＝あるものに気をとられて本質を見失い、まどうこと）〉でも、この文脈には当てはまるので、◯。

9 『不可能性の時代』

大澤 真幸

■弘前大学■

解答

問一 イ

問二 あ＝そうさい　い＝ぜんきん　う＝べんえき　え＝けんかく　お＝なが

問三 カ＝露呈　キ＝遭遇　ク＝典型　ケ＝均衡　コ＝貢献

問四 相反する両極の一方を選択しなければならない事態が問題となるリスク社会では、古代ギリシア以来美徳だった中庸が無意味になるという事情。（65字）

問五 オ

問六 リスクをめぐる科学的な見解は、「通説」へと収束していかない――いく傾向すら見せないから（43字）

問七 ウ

問八 b＝ウ　c＝オ　d＝イ　e＝ア

問九 諸個人が自らの自由意志で個々の行為を選択していくことが、結果的にはあらかじめすべてを見通していた神の規定に合致すること。（60字）

問十 二〇世紀の末期

問十一 現在は未知でもいずれ正しい結果を導く、と信じられてきた普遍的な正義や真理の存在が疑わしくなったこと。（50字）

出典

大澤真幸《おおさわまさち》『不可能性の時代』〈Ⅳ　リスク社会再論〉の一節。

大澤真幸は一九五八年生まれ。専門の社会学はもとより、政治学・哲学・文化論など多方面で活躍している。著書に『意味と他者性』『ナショナリズムの由来』『〈世界史〉の哲学』など。

本文解説

本文は一一の形式段落（1、2…と表記する）からなり、出題者によってⅠ（1〜5）・Ⅱ（6〜11）に分けられている。

Ⅰは**「リスク社会」の特質**を、従来の社会と対比して説明する。

〈従来の社会〉		〈リスク社会〉
「中庸」に価値	↕	（相反する）**両極のいずれか**を選択 それ以外は無意味 1
多数派の**平均的意見**を 真理の近似値とする	↕	半数前後の者が反対する極端な 選択肢を採らなくてはならない
民主的な決定		**民主主義の基盤の崩壊** 2
科学　**真理に漸近**		科学的見解　**収束せず分散**
⇦		⇦
政治・倫理的決断の基礎	↕	**決断の裏づけにならない** 3〜5

「リスク社会」論とは、科学技術の進展や自由の拡大が、現代社会にこれまでとは違うタイプのリスクをもたらしている、とす

る考え方。「リスク」とは、「地球温暖化」「遺伝子への操作」の例にみられるように、〈何らかの決定・選択に伴う危険性〉であり、従来の問題とは質的にも量的にもあまりに異質であるため、これまでの常識が通用しなくなっている、ということである。

Ⅱは「**リスク社会**をもたらした究極の**要因**」について、まず「通例」とされる考え方を説明する⑥。

〈前近代〉
自然を固定的なものと見た →
伝統的な規範があった →
例 災害を**天罰**や**神意**と解釈
リスクとは見なされない
↕
〈近代社会〉
自然を制御することを選んだ
伝統が崩壊した
災害は人間の選択の結果
＝リスクと見なされる

例えば、洪水が〈神の怒り〉によるものだと信じられていれば、それは人間の「選択」によって「制御」できるものではないから、Ⅰで見たような「選択」に関する〈対立〉は生じない。しかし、近代社会は人間が自然を（あるいは社会のあり方を）「制御」できると考えているから、ある「選択」によって「地球温暖化」を「制御」できるか否かについての〈対立〉が生じる――社会が「リスク社会」化する、というのである。

だが、⑦で筆者は、右の変化は「近代の当初の段階…**一九世紀以来のこと**」だと述べ、したがって、「**二〇世紀の末期**になって…リスク社会が到来した」要因は、**その時期になって初めて生じた変化**にあるはずだ、として、⑧以降でそれを説明する。

〈近代初期〉 → 〈後期近代〉
自由意志による選択⇩**神**の規定に合致⑨
諸個人の自由な選択⇩**全体**の合理性⑧
［市場経済］［理性の狡知］［予定説］
第三者の審級⑩ → **喪失**⑪
＝
本質は不確実だが → 本質のみならず
存在しているのは確実 → **実存**も空虚化
＝
普遍的な真理や正義
未来に待っていると想定 → 困難に
第三者の審級が → **存在**しないかも
二重に空虚化

「リスク社会」到来前は、〈神が定めた正しい未来〉あるいは〈市場経済が（個々人の理性が）もたらす合理的な結果〉が**どのようなものであるか**（＝本質）はわからなくても、〈**何らかの正しい答えが出るはずだ**〉ということ自体は信じられていた（＝正しい答えの**存在・実存**は疑われていなかった）。そして、個々の人間がそれぞれに**自由意志によって行為を「選択」**していても、その集積としての**社会全体は**〈**正しい答え**〉**に向かって進んでいくはずだ**、と考えられていたのである。〈神〉は――あるいは〈自由経済市場〉〈理性〉などの近代社会の原理は、「**普遍的な真理や正義**を知っている」⑪「価値や規範の**正当性・妥当性**を保証してくれる（↑注7）」ものなのだから、それに従っていれば自然に〈正しい結果〉に到達するはずだ、と信じられていたのだ。これが、「第三者の審級」は「何者であるのか（＝本質）…あらかじめ知ることはできない」が「間違いなく存在している」⑩とされていた段階である。だからこの時代には、「多数決」や「科学」が、〈**何が真理**か今はわからないが、それらに従っていればいつかは**正しい答え**に到達できる〉という信頼のもとに機能していたのだ（↑①〜⑤）。

　だが、「リスク社会」においては、そうした「第三者の審級」自体が「存在していないかもしれない」⑪という「懐疑」が生じている。〈正しい答えは、今はわからないが、いつかはきっとわかる（＝本質は不確実だが、実存は確実）〉のではなく、〈**正しい答え**は、今わからないというだけでなく、そもそもないのかもしれない（＝本質のみならず、実存も不確実＝二重の意味で空虚化）〉と人々が考えるようになってしまったのである（実際、〈市場経済〉は世界的な大不況を何度も引き起こし、〈理性〉的なはずの行為が社会に致命的な痛手をもたらす、といったことが繰り返されている）。これが「**リスク社会**」＝〈多数者の理性〉にも〈科学〉にも**根拠**を見いだせないまま、相反する両極のいずれかを選択するよう迫られる社会（①〜⑤）が到来した**要因**なのである。

要約

倫理や政治的決定の基盤が崩れ、学問的認識による根拠も見失われたまま、相反する両極のいずれかを選択するほかないようなリスクが問題となる「リスク社会」は、普遍的な真理や正義を保証する「第三者の審級」が失われた後期近代の特質に由来する。

設問解説

問一　名詞の空欄補充。語彙力を問うもの。「温暖化するのだとすれば…だが、**逆に**、温暖化は… a なのかも…」とある。結局〈温暖化しなかった〉ならば、〈温暖化に対する不安は a にすぎなかった〉ことになる、ということである。イ「杞憂《きゆう》」（＝**将来に対する不要な心配**）が正解。

問二　漢字の読み。あ「相殺《そうさい》」は〈互いに差し引きして損得なしにすること・相反するものが打ち消し合うこと〉の意。

問三　漢字の書き取り。ケは〈つりあいがとれる〉意の「均衡」。

問四　傍線部の理由説明。①の論旨の理解を問うもの。傍線1「古代ギリシア以来の倫理の基本」は、直後「アリストテレス（古代ギリシアの哲学者）が述べた…**美徳は中庸の内にある**」というもの（A）。直後およびそれに続く具体例中にあるように、「リスク社会のリスク」は「**両極のいずれか**を選択しなくてはならない」性質のもので、「**中庸**の選択は**無意味**」（B）。この点で、

Bは Aを「否定してしまう」ということである。

問五　傍線部に関する論旨の把握。2の論旨の理解を問うもの。傍線2直後からの「**普遍的な真理や正義**があるとすれば…**多数派**が…正義や真理に**最も近似**」「**民主的な決定**は、**多様に分散する諸意見**の中から、**多数派**の見解が集中する平均・中間を**真理や正義の代用品**として用いる」という記述に合致するオが正解。アは2末「リスク社会」の説明で、「民主主義的な決定」とは逆。イは「仮説こそ真理をあらわす」が×（4に「真理の候補」にすぎない、とある）。ウは「多様な意見が出てきて」とあるだけで、その中で〈多数派の意見を採る〉という内容が不足。エは「多数派の**正しい意見**」という言い切りが×。あくまで「真理や正義の**代用品**」である。カ「人物」に「判断」を「委ね」るのではなく、〈多数派の判断を採る〉である。

問六　傍線部の理由説明。3～5の論旨の理解を問うもの。傍線3は、直後「リスク社会では成り立たない」ような「**ある想定**」。つまり、4末「リスクに関しては、**こうしたこと**が成り立たない」の「こうしたこと」＝「有力な真理候補である通説と、政治的・倫理的な判断との間に、自然な含意や推論の関係があると**信ずること**」である。そして、それが「成り立たなくなった**理由**」は、5に「**というのも**、リスクをめぐる科学的な見解は、『通説』へと収束していかない――いく傾向すら見せない**から**」と述べられている。正解はここ。5半ば「リスクを…傾向がある」（39字）もほぼ同趣旨だが、指定字数の点でも、「…から」で終わる点でも、正解箇所の方が最適解である。また、3初め「『知』と『倫理的・政治的決定』との間の断絶があからさまなものになってしまう、ということ」（43字）は、「ある想定」が成り立たなくなった**事態そのものの説明であって、その「理由」ではない**ので、×。

ポイント　理由説明は、**問われた内容の根拠・原因（もとになっているもの）を答える**もの。例えば〈なぜ合格できたのか？〉〈うかったからだ〉のように、**問われた内容そのものを繰り返しただけでは〈理由説明〉にはならない。**

問七　傍線部に関する論旨の把握。6の論旨の理解を問うもの。問われているのは〈筆者自身の考え〉ではなく、「リスク社会論を唱える論者」の考え（6）。傍線部直後に「二つの要因…第一に…近代社会が、**自然を…制御することを選んだ**（A）…第二に、**依拠すべき伝統が崩壊した**（B1）」とあり、この「**伝統**」についてはさらに「**伝統的な規範**…が深く信頼されていれば…たとえば…災害…が、**伝統的な**コスモロジーに従って**天罰や神意として解釈される**ならば…」（B2）とある。ウは前半がB2→B1、後半がA。――ア・オは8、エは9の内容で、いずれも筆者の主張する「第三者の審級」が機能している状態（10初め）。イ「天罰としての災害がふりかかった」と考えるのは〈近代以前〉の人々。これらは「リスク社会」以前についての説明で、正解とは逆方向である。ウ前半は一具体例にすぎないとはいえ、**正解の方向のものはこれしかないので、ウを正解とする**ことになる。

問八　接続語の空欄補充。bは後の部分が前の「**例示**」だとあるので、ウ「たとえば」。cは前が「**自分自身の利害のみ**を考慮…**自らの利潤や効用の極大化**を目指し…」、後が「財の…最適な**分配が実現**…」だから、**逆接**のオ「だが」。dは前の「…市場全体の合理性をもたらす」という事実が、後の「神の見えざる手」という「表現」を生み出した、という**因果関係**だから、イ「それゆえ」。eは「第三者の審級」について、前で「**不確実**…**未知**」と述べたのと**同じ内容を**、後で「何者であるのか…**知ることはできない**」と**言い換えた**箇所だから、ア「すなわち」。

問九　指示語の指示内容の把握。8～10の論旨の理解を問うもの。直前「人間は…**自由意志で**個々の行為を**選択**…**そうした**個人的な選択こそが、あらかじめすべてを見通していた**神が規定していたことに合致**」が直接の指示内容だが、抜き出し設問ではないのでさらに表現を工夫し、同趣旨の8末や10末の〈**諸個人**の自由な選択が、**結果的に**個人を超えた意志に合致する〉という論理を加えて書くとより明確な説明になる。

問十　傍線部の内容説明。7～11の構成の理解を問うもの。7で「リスク社会」の要因は「**近代の当初の段階からのこと**」ではなく、それが「到来した」「二〇世紀の末期」独自の特質であるはずだ、とした上で、8～11でそれを説明し、11末で「リスク社会が、**近代一般**…ではなく、[6]後期近代に対応する所以は、ここにある」とまとめる流れ。「二〇世紀の末期」が正解。

問十一　筆者の主張の把握。7～11の構成・論旨の理解を問うもの。「リスク社会の…到来した要因」についての「筆者」の考えを述べたのは8～11（［本文解説］参照）。直接的な説明箇所は11前半「…したとき、**リスク社会がやってくる**」だが、「第三者の審級」（A）、「**本質**（B）…のみならず、**実存**に関して（C）…」は、できればよりわかりやすい表現に改めたい。11後半「**普遍的な真理や正義**を知っているはずの理念的な他者（第三者の審級）（A）…の意志が分からない（B）だけではない…**存在していないかもしれない**（C）」が言い換え箇所だが、「第三者の審級」は実際の人間ではないから、「理念的な他者…の意志」という言い方は**比喩的表現であり、避けたい**。［本文解説］で見たような理解に基づき、〈何が正しい答えかは今はわからない（B）が、未来においてそれを示してくれるはずの普遍的な真理や正義（A）の存在が信じられていた→その存在自体が疑わしくなった（C）〉という形で書くことが望ましい。

採点基準・配点

〈計50点〉 問一＝2点 問二＝各1点 問三＝各1点 問四＝6点 問五＝3点 問六＝4点
問七＝3点 問八＝各1点 問九＝6点 問十＝4点 問十一＝8点

問四（6点）

◇①（3点）〈リスク社会では a相反する b両極のいずれかを c選択しなければならない〉…a〜c各1点

②（3点）〈a古代ギリシア以来 b美徳 c中庸は 無意味／愚かな選択肢／価値が低い〉…a〜c各1点

問九（6点）

〈a諸個人が b自由意志で c個々の行為を選択していくことが d結果的には eあらかじめすべてを見通していた／人間を絶対的に超越する／人間にははかり知れない f神の 規定／意志 に合致する〉

…a〜f各1点

問十一（8点）

◇①（3点）〈a現在は未知 bいずれ／未来には／結果的には 正しいことがわかると c信じられてきた／確実だとされてきた〉…a〜c各1点

▼〈本質は不確実〉〈本質において空虚化した〉は、①として△1点。

②（3点）〈普遍的な 正義や真理／価値や規範 の正当性・妥当性の保証〉

▼〈第三者の審級〉のみのものは、△1点。〈理念的な他者〉のみのものは、加点なし。

③（2点）〈存在が疑わしくなった／存在しない と考えられるようになった〉

▼〈二重の意味で空虚化した〉は、〈二重の意味〉の中身が不明瞭なので、加点なし。

採点例

普遍的な真理や正義を知っているはずの第三者の審級が
未来に待っていると想定できなくなったから。

②3点　①b1点　①c1点

計5点

問四

＊末尾、〈…こと〉〈…事情〉〈…から〉〈…事情から〉、いずれでも○。

問十一

採点ポイント

⬆〈想定〉は、③としては弱いので、〈①cではなくなった〉という趣旨として1点。

10 『「場所」論』 丸田 一

解答

問一 ア＝迎合　イ＝墨守　ウ＝した
エ＝普遍　オ＝こんぜんいったい

問二 c

問三 同じ場所で売られている商品の中に、生産や流通の過程で消費者の住む地域を超えて世界の様々な地域とかかわったものが、混在していること。

問四 自己の同一性や継続性が担保されにくい

問五 （最初）言葉を覚え　（最後）を獲得する

問六 X＝立身出世　Y＝錦

問七 各地域が場所としての固有性を失っている現代では、人々は自分の生まれ育った場所に帰ることで自己のアイデンティティを回復しようという発想自体を持っていないこと。

問八 現代では、地域がかつてのように様々な活動空間を統合する共有された空間でなくなり、他の諸地域と接続し多元的空間が交錯する「混在郷」となっているため、人々のアイデンティティの拠り所となるはずの「故郷」は、生まれ育った現実の地域ではなく、各個人の幼少期の記憶の中に追い求められるほかないものになっていること。

出典

丸田《まるた》一《はじめ》『「場所」論――ウェブのリアリズム、地域のロマンチシズム』〈第六章　地域のロマンチシズム〉の一節。

丸田一は一九六〇年生まれの評論家。地域情報化の研究に携わるとともに、情報社会学や空間論の視点から現代社会の分析を行っている。著書に『ウェブが創る新しい郷土』など。

本文解説

本文は一九の形式段落（[1]、[2]…と表記する）からなる（犀星の詩の引用は[11]に含める）。

[1]～[6]は、人間の「活動空間」の「**混在郷**」化について。かつては、ある地域の「**生活**空間、**消費**空間、**政治**空間」などは「**統合**」されていた（例えば、農民が自分の土地を耕して**生活**し、その作物をその地域の人々が**消費**し、農民たちの長がその地域の**政治**的なリーダーとなる、など）。だが、**現代ではそれらがバラバラになっている**（例えば、地域外の会社へ通勤して**生活**し、全国チェーンのスーパーで**消費**し、マスコミを通じてしか知らない政治家に**政治**を託し…というように）（[1]）。さらに、「生活空間、消費空間、政治空間」のうちの「一つの空間」、例えば「消費空間」を

取り出してみても、その「空間全部を**特定の地域内にとどめおくのが困難になっている**」(①末)。商品の「原料やパーツの調達も、加工組み立ても、運搬配送の経路も、(それが売られている)**地域を大きく逸脱し**」「**世界に大きく張り出している**」のである。——昔は(地元で作られた農作物や工芸品をその地域の人々が消費する、というふうに)〈消費空間〉の範囲は現実の地域と重なっていた。しかし現代では、消費に関わる空間がその「**地域から…分離**」し、**世界大に広がっている**のである。同じ「スーパーの売場」の商品の中にも、「**世界**」**中の様々な国のものが**「**混在**」**している**。その意味で、私たちの住む空間は「**混在郷**」となっているのだ(以上②)。さらに、インターネット上の「**ウェブ空間**」も(仕事・消費・趣味活動など)「目的や機能の異なる」様々な空間が「**混在する多元的空間**」である(③)。

かつては、家族や親戚《しんせき》、あるいは昔から顔なじみの人たちと、**同じ地域で長年ともに生活している**(「直接的な相互関係」)ことで、〈自分は××家の人間だ〉〈自分は△△村の人間だ〉といった「**自己の同一性や継続性**」「**アイデンティティ**」を**実感**できた。しかし、「**混在郷**」と化した現代の生活空間では、そのような〈**地域ごとのまとまり**〉**は失われた**ため、それをよりどころにしていた「**アイデンティティ**」**も失われた**。「共時的に(=ある一時点における構造・体系として)」は、先のような〈地域ごとのまとまり〉としての「共通の空間」を失い、「通時的に(=時間的な変化の中において)」は、〈会社での自分、消費者としての自分、ネットの中での自分〉というふうに「その時々の自己が分断され」、また先祖とのつながりや伝統との連続性を失って「『故郷喪失』に陥っ」ている(以上⑤・⑥)。このように、「**活動空間全体**」**が**「**混在郷**」「**多元的空間**」**と化した**ことで、人々は「**漠然とした不安**を感じている」のである(④)。

⑦~⑬は、⑥で述べられた「故郷喪失」の詳説。⑦は、近代社会が「徹底的な**未来志向**」の「**変化を志向**し続けてきた」社会であるため、人々は「(昔ながらの人間関係や風習に縛られる)**故郷を捨てて**都会を目指し」、また「捨てられた**故郷も**(社会の変化に対応しようと)…**大きく変質して**、帰るべき場所ではなくなってしまう」ので、「**故郷喪失**」が生じる、と述べる。⑧~⑫は、そのように、「今自分が於てある場所…を捨て、別の場所…を探しにいき(⑧)、「決して故郷に帰ることが許されない」(⑩)近代人の「故郷喪失」を描いた文学者たちの具体例。⑬は「近代人は…**故郷を否定し…前進あるのみ**の姿勢を貫いた」と⑦の論旨を繰り返した上で、そうした「近代人には、**望郷の念**(=故郷をなつかしむ思い)が募るばかり」だと述べる。

⑭~⑲は、その「**近代**」**の次の時代**である「**現代**」について。現代人にとって、**生まれ育った土地**はすでに「混在郷」(①~⑥)となっている——つまり、**自らのアイデンティティの拠り所ではなくなっている**。そうした「生まれながらの失郷者」にとっては、

「出身地方」に戻ることも、（元いた場所に）「帰る」というより、（新たな場所に）「行く」というイメージになる⑭。それに合わせて「地域」の方も、かつてのように「社会資産を継承し、伝統習慣を墨守する」場所ではなく、現代的な「シミュラークル（＝模像）環境を志向する」（地方の〈テーマパーク〉などがその例）が、成功せず「地域はますます置き去りにされる」⑮。**本来、**人は「生まれ育った地域」で「自我を形成し」、その場所に「心の拠り所として」の「愛着」を持つ⑯・⑰ものなのだが、現在では、「現実の場所」としての「地域」が先のような状態になってしまったため、**かつては「現実空間」**としてあった**「故郷」**が、**「記憶だけの存在となっている」**のである⑱・⑲。

要約

活動空間が特定の地域を超えて多元化した「混在郷」を生きる現代人は、自己のアイデンティティの拠り所となるはずの「故郷」を、自らが生まれ育った現実の場所ではなく、各人の幼少期の記憶の中に追い求めるほかなくなっている。

設問解説

問一 漢字の書き取り。イ「墨守」は〈かたくなに守る〉意。

問二 文学史。室生犀星《むろうさいせい》は大正・昭和期の詩人・小説家（ａｂは小説、ｄは詩集）。ｃは同時期の詩人萩原朔太郎《はぎわらさくたろう》の詩集。

問三 傍線部の内容説明。①・②の論旨の理解を問うもの。

傍線部Ａは①末や②末の論旨を説明するための具体例（p.14問題2の問二のポイント①参照）。次のような対応である。

一つの空間…**空間全部**を特定の地域内にとどめおくのが困難
＝ たとえば ＝
消費空間は…売場のバックヤードで世界に大きく張り出し…
原料…加工組み立て…運搬配送…地域を…逸脱
＝ ＝
地域からの諸空間の分離が、地域を混在郷に変え…

〈生産→配送→売買〉という「消費」に関わる「空間」が、原料は外国で、加工は日本の他の地域で…という具合に、売られている地域を「逸脱」して「世界に大きく張り出し」ているため、地域は「混在郷」となっている、というのである。この趣旨を、傍線部Ａの表現に即した答案にまとめよう。「売場（から）…世界に大きく張り出している」の説明は〈**売られている地域を逸脱した（域外の）商品がある**〉などとするが、「混在郷」の例であることをふまえ〈**同じ「売場」にも様々な地域の商品が混在**〉などと書ければなおよい（**Ａ**）。「売場のバックヤード（＝裏庭。ここでは〈裏側・背景〉といった意）」は先の「原料やパーツの調達…配送の経路」だが、〈**生産や流通の過程**〉などとまとめてもよい（**Ｂ**）。さらに、傍線部Ａは現代人が「混在郷を…**生活**している」([2]末)ことを述べるための例だから、単に「商品」について書くだけでなく、〈消費者が生活する（住む）地域を超えて…〉などと、**人々の〈生活のあり方〉という方向**で書けるとなおよい（**C**）。以上**A**〜**C**をまとめる。

問四　傍線部の内容説明。[4]〜[6]の論旨の理解を問うもの。

傍線部Bを直接うけているのは、次段落末「この漠然とした不安とは…」。その前々文・前文と直後に、「不安」の内容が説明されている。が、前文や直後には「『〜ということ』につながるように」「十八字（ちょうど）で」という指定に合う形で抜き出せる箇所がない。どちらの指定にも合う前々文の「自己の同一性や継続性が担保されにくい」が正解となる。

問五　傍線部に関する論旨の把握。本文後半の論の前提となる概念の理解を問うもの。設問要求は「『故郷』とは、**本来**、人間にとっていかなる場所…か…その**定義**」。［本文解説］で見た通り、傍線部Cを含む[7]〜[15]・[18]初めは〈本来の故郷〉の逆側についての説明。[19]「個人の記憶にだけでなく…できた」は〈本来の故郷〉の説明だが、指定字数に合わない。[17]は〈故郷愛〉の説明で、「故郷」それ自体の「定義」ではない。結局、解答箇所は[16]にしぼられる。[16]第二文・第三文は〈そこを離れた人間にとって「故郷」はどのようなものになるか〉の説明なので、「故郷」それ自体の「**定義**」としては、[16]第一文「言葉を覚え…を獲得する」が最適である。

問六　傍線部に関する論旨の把握。[7]〜[13]の論旨の理解と、熟語・慣用句の知識を問うもの。問六「故郷を離れた近代人が夢見た」ことについては、[8]に「夢見る近代人は…『**田舎から都会へ**』…『**下流階級から中流階級へ**』」とある。この内容に合う「『立』の字から始まる四字熟語」として、Xには「立身出世」が入る。また「**立身出世」した人間が「故郷」に戻る**ことを言う慣用句として、Yは〈故郷に錦を飾る〉となる。

問七　傍線部の内容説明。[7]〜[13]の論旨をふまえて[14]の論旨の理解を問うもの。まず、傍線部Eの「帰郷」とは、[16]「故郷」を「自らのルーツであり、生涯にわたる心の拠り所」だと考え、「その土地を発った後…迷いが生じたらそこに遡《さかのぼ》って自分を確認」する行為（**A**）。この「帰郷」について、「近代人」と「現代人」とを対比したのが傍線部Eの箇所である。

近代人は…**痩せ我慢して**でも故郷に**帰らない**（[13]）	↕	現代人は**失郷者**として、**初めから帰ろうなどと発想しない**
＝		
近代人が「帰郷」を**否定**	↕	現代人は「帰郷」を**忘却**（E）

つまり〈「帰郷」を否定＝「故郷」に帰りたいけど帰ってはいけないと考える〉に対して〈「帰郷」を忘却＝**「故郷」に帰るという発想自体を持たない**〉（**B**）ということ。それは、現代人が「失郷」した――「故郷」が〈失われた〉＝「混在郷」化したから

〈[1]～[6]〉であるが、先のAにつなげる説明としては〈（様々な空間が）**混在する場所**＝**「特定の地域と特定の生活様式」**[17]**を失った場所**〉とするのがよい（C）。生まれ育った地域が、**その地域独特のものを失ってしまったため**、「自分（の**独自性**）を確認」するための**「拠り所」にならなくなった**、ということである。以上A～Cをまとめる。

問八　傍線部に関する論旨の把握。全文の論旨をふまえた[14]～[19]の理解を問うもの。傍線部Fは「故郷は、本来着地すべき現実の場所（A）を失い…記憶のなかを彷徨《さまよ》っている（B）」という対比。前後の論旨と重ねれば、故郷は〈[16]・[17]や傍線部F直後のような〝本来のあり方（A）〟を失い、[18]や[19]末文のように〝その人の記憶のなかだけのもの〟になっている（B）〉ということになる。設問条件の「混在郷」を論じた[1]～[6]なども合わせて下図のように整理し、〈統合↕多元〉〈特定の地域↕他の地域と接続〉〈共通↕各個人〉〈生まれ育った場所↕生まれ育った時期（時間）〉〈現実↕記憶〉といった**対比を意識しつつ解答にまとめればよい。**

〈本来のあり方〉		〈現在のあり方〉
地域に各空間を**統合**	↕	**多元的空間化**（[1]～[4]）
活動空間が**特定地域内**	↕	**他の地域や空間と接続**（[2]・[15]）
⇩		⇩
共通の空間	→	**失われた**（[1]・[6]）
生まれ育った**場所** 地域という**現実空間**が **自分を確認する拠り所** となる故郷（[16]～[19]）	↕	生まれ育った**時期**の **その人**（**個人**）の**記憶**だけが 「故郷」の実体（[18]・[19]）

採点基準・配点

〈計50点〉　問一＝各1点　問二＝2点　問三＝9点　問四＝4点　問五＝4点　問六＝各2点
問七＝9点　問八＝13点

問三（9点）

◇①（3点）〈a商品の　b生産や流通の過程／原材料の調達や加工組み立てや配送〉…a1点、b2点

▼〈モノ、金、人の動き〉は、「売場のバックヤード」という意味が明瞭に出てはいないので、b△1点。

②（4点）〈a消費者の　住む／生活する　b地域を超えて／特定の地域にとどまらず／地域を逸脱して／域外から　c様々な地域のものが〉…ac各1点、b2点

▼〈全貌は捉えられない〉は、「世界に…張り出し」という意味が明瞭に出てはいないので、**b**△1点。

③（2点）〈同じ場所に②**c**がある／②**c**が混在している〉

問七（9点）

①（2点）〈（地域が／故郷が）固有性／特定の生活様式を失った／共通の空間ではなくなった〉

▼〈混在郷になった〉は△1点。〈没場所性〉や〈失郷した／帰るべき場所でなくなった〉は、中身が不明瞭なので、加点なし。

②（7点）〈**a**生まれ育った場所は **b**アイデンティティの根拠／心の拠り所 **c**（**a**に帰ることで）**b**を回復する／自分を確認する **d**発想自体がない／もともと考えていない〉…**abd**各2点、**c**1点

▼〈帰郷／故郷に帰る〉は、傍線部の表現そのままで〈説明〉になっていないので、**a**の加点はなし。

問八（13点）

◇①（4点）〈（地域が）**a**様々な活動空間を統合する **b**共有された／共通の 空間（でなくなった）**c**他の諸地域と接続し **d**多元的空間（としての「混在郷」となった）〉…**a**～**d**各1点

②（2点）〈（故郷は）アイデンティティの拠り所／自分を確かめるもの〉

③（7点）〈（故郷が）**a**現実の **b**生まれ育った 地域／場所／空間 でなく **c**個人の／各人の **d**幼少期／モラトリアム期の／生まれ育った時期の 記憶／内面の情景（でしかなくなった）〉…**a**1点、**b**～**d**各2点

▼単に〈場所ではなく記憶になっている〉のみでは、傍線部Fの表現そのままなので、**bd**の加点なし。

採点例

かつてはあらゆる異質な空間を含んでいた地域は、いまや様々な空間が流入する混在郷となった。そうした変化により現代人は、生まれ育った地域に戻って心の拠り所を得ることができず、「故郷」は現実空間ではなく「記憶」としてとらえられるようになった、ということ。

①a1点　①d1点　③b2点　②2点　③a1点

計7点

問七

＊例えば〈故郷に帰ろうと思わない〉は、〈故郷に帰りたくないと実際に思う〉意味に解せてしまうので（本文は〈実際に故郷に「Uターン」しても〈帰る〉という意識ではない〉という趣旨である）、②**d**要素は加点なし、②**a**要素も加点なし。

問八

＊「混在郷」が入っていないものは、設問条件違反で全体から-3点。

採点ポイント

⬆いつの〈記憶〉なのかが説明されていないので、③**d**の加点はなし。

11 「日本人と色」

戸井田 道三

■東京学芸大学■

解答

問一 a＝稚拙　b＝厳密　c＝画然　d＝そご
e＝ひょうびょう　f＝あじろぎ　g＝旋律
h＝簡素　i＝さっそう　j＝継起

問二 Ⅰ＝余白
Ⅱ＝心でおしはかることのできないもの
Ⅲ＝注意して聞きとろうとする

問三 A＝つかむ　B＝食って　C＝数学　D＝体言止め

問四 朝日の存在をそれ自体として見る原型的認識に基づき赤い丸だけで日の丸とみなす日本人と、太陽と青空とを対をなす相互存在として見る西欧人との、感覚の違いを示すものだ。(80字)

問五 欧米では国旗を近代国家と強く結びつく明晰な意味を持つものとし、意識的計算に基づくデザインとしてとらえるのに対し、日本の国旗は近代以前から存在する個人を超える文化的原型の表現であり、構成要素の配置や色の対比に関し厳密な意識はない、という違い。(120字)

問六 実朝の歌によまれた波音が、身体そのものにおける無意識な共鳴として、音のとだえる瞬間の間《ま》に生命のリズムや充実を感じさせる点で。

問七 白地に赤い丸があるだけで日の丸だと感じ、そのデザインとしての構成には関心をもたない日本人の感覚には、色の対比や輪郭などの不分明さに神韻縹渺たる趣を見いだす絵画や、音と音との間において生命のリズムや充実を感じさせる音楽と同じく、明晰な観念に基づく個人の意識的計算を重んじる西欧的表現とは異質な、人々に共通する無意識的な文化の原型を志向し身体そのものによる直接体験を求める芸術的傾向が現れている。(196字)

出典

戸井田道三《といだみちぞう》「日本人と色」(『戸井田道三の本 4』所収)の一節。
戸井田道三は一九〇九年生まれの評論家。能・狂言の評論を専門としつつ、文化・文明論の著作も多く残した。一九八八年没。著書に『能芸論』『忘れの構造』『色とつやの日本文化』など。

本文解説

本文は二二の形式段落(1、2…と表記する)からなる(実朝の歌の引用は18に含める)。

1〜3は、西洋人が「日の丸が朝日なら、なぜバックを(空の色である)ブルーにしないのか」と言った(1)とか「日の丸の旗を、デザインが稚拙だと笑った」（[3]）といったエピソードを紹介し、**日本人には（西洋人とは異なる）「共通の何かがある」のではないか**（[1]・[3]）と問題提起する。

これをうけて[4]~[9]は、**アメリカやフランス**の国旗が「**意識的に計算**」（[7]）された「**デザイン**」（[4]・[7]）であるのに対し、**日本**の日の丸は「**個人**」**を超える**（[7]・[9]）「共通の**無意識**」（[8]）に基づく「**原型**的なもの」（[7]）「文化の**原型**を志向する表現」（[9]）だと述べる。さらに、この対比は〈「観念が明晰」な西洋↔「**明晰さに欠けている」日本**〉ということでもある（[9]）とし、[10]・[11]でそれを「絵画」を例として述べる。西洋の絵画が〈〈太陽の赤と空の青〉（[11]）といった〉「色の対比の**計算**」（[10]）に基づくのに対し、日本画は「対比無視」の「**ボカシ**」「**不分明**」さ（[10]）、「神韻縹渺」（[11]）を重んじた、というのである。

[12]~[20]はこうした特徴が、**日本人の「音」に対する感覚**についてもいえると述べる。日本人は、音の「**構成**」（[12]）「**計算**」（[12]・[13]）**に重きを置かない**代わりに、「音のとだえ」「音のせぬ瞬間」（[16]）「**間**《ま》」（[19]）に、「**生命**」の「**リズム**」（[15]・[19]）「**生命**の充実」（[17]）を、「**身体そのものが感じる**無意識な共鳴」（[15]）「〈直接的な〉**体験**」（[20]）として感じ、「永遠」（[16]）「光を発する真の瞬間」（[17]）を見てとる、というのである。

[21]・[22]は以上の論について、西欧と日本の「優劣」ではなく、両者の特質の「ちがい」を述べたものだ、と付言している。

要約

日本の芸術は、個人の意識的計算に基づく明晰な表現ではなく、個人を超えた共通の無意識に根差す文化の原型を志向し、境界の不明瞭なボカシや生命のリズムを感じさせる間などを身体的に直接体験させる表現である。

設問解説

問一　漢字の読み書き。dは〈食い違い〉、eは〈かすかではっきりしない〉、fは〈網代（＝竹や木を編んで網を引く形に立てた、魚を捕る仕掛け）に用いる杭《くい》〉の意。jは「ケイキし連続する」だから、〈契機（＝きっかけ・要因）〉ではなく〈継起（＝引き続いて起こる）〉。

問二　語意の知識。Ⅰは「日の丸」の「赤い丸」の外側の「白地のところ」。「Ⅰ白地のところ**に署名をして兄弟や友人を戦場に送りだし…**」＝[9]「**出征兵によせ書きをする**という余白」という対応もヒント。正解は「余白」。

Ⅱ「思議」は〈考えをめぐらすこと・思いはかること〉。「思議すべからざる」とはつまり〈不可思議〉で、〈心でおしはかれない〉〈いくら考えをめぐらしてもわからない〉の意。

Ⅲ「耳をそばだてる」は〈注意力を集中して聞く〉意。

問三　空欄補充。A・Bは慣用句の知識を問うもの。直後に「**とんとつかみどころのない**形容」とあるので、「雲を[つかむ]ような話（＝漠然としてとらえどころがない話）」「霞《かすみ》を食って生きている仙人（＝俗世間を超越している（俗世間の価値観でははかりかねる）人）」となる。

Cは本文前半の対比関係の理解を問うもの。次文からの説明中「…絃も長さの比例で音階が出る…これは…計算をほかにしてはなりたたない」とあるので、**「比例」関係を「計算」するような営み**が空欄Cに入ることになる。続く箇所に「色彩と色彩との対比と分割との精密な計算…に似ている」とあるのを手がかりに、〈色彩の対比〉について述べた9にある「数学的な明晰さ」の「数学」を答える。「音楽はCを基本としている」とあるから、「音楽」と並ぶものとして（「計算」よりも）「数学」が最適解である。

Dは設問に「修辞法」（＝表現技巧）とある。「上の五・七・五」について、その最後の〈五〉に当たる部分を「よする波」と名詞で終えている箇所だから、〈体言止め（＝句の最後を体言で終えること）〉である。

問四　傍線部の内容説明。本文前半の論旨の理解を問うもの。

傍線部①の「フランス人」の「問い」は、それと対照的に「**ただ白地に赤く丸を染めただけで、これを日の丸と思いこんできた**われわれ日本人」に「共通の何かがあるのではないだろうか」という思い（1末）を筆者に抱かせている。つまり傍線部①は、〈**西欧人と日本人との感覚の違い**〉を示すものとして引用されている（A）。この話題は、ヨーロッパ人の日の丸に対する「デザインが稚拙で滑稽だ」という感想を紹介した3でも提示され、4以降で、両者の違いが具体的に説明される。そのうち、傍線部①「日の丸が**朝日**なら、なぜバックを**ブルー**にしないのか」に直接対応する説明は、11「日の丸は…**青空**の中にある**太陽**ではない」「**赤い丸だけが存在**なのであって、それ以外は無視されている」（B）である。

そして、これは幼児が「目をまゆと…同時的に**相互存在として見ていない**」のと「同様」なのだという。つまり日本人は〈青空と太陽とを相互存在として見ていないというのである（逆に、**西欧人は両者を相互存在として〈見ている〉**（C）から、太陽だけで青空（ブルー）がない「日の丸」を奇異に思う、ということである）。そしてこうした「幼児」的な感覚は、11後半で「幼児（**原型**）」的な「認識」だと述べられている（D）。以上A～Dをまとめる。

問五　比較対照説明。本文前半の論旨の理解を問うもの。欧米と日本との「国旗への感覚のちがい」の説明は4～11にある。

〈欧米〉		〈日本〉
デザイン（4・7）	↕	デザインと考えない（4・5）
意識的計算（7・9）	↕	共通の無意識　個人を超える文化の原型（7～9）
意味をもつ　明晰	↕	厳密さを要求しない（5）
対比は画然（9）	↕	対比が固定しない（9・10）
近代国家との結びつき	↕	古くからすでに…（8）

右のような〈対比のセット〉を意識しつつまとめる。[10]・[11]からは、「ボカシ」は〈直接「日の丸」に該当するものではないので〉採らず、〈対比の無視〉を採るべきだろう。

問六　傍線部の内容説明。本文後半の論旨の理解を問うもの。傍線部③「太鼓のとどろとうちならされるばあい」と「何が」「どう」同じなのか、という問いである。まず「何が」かといえば、[16]・[17]の「波音」についての説明をうけた[18]・[19]の〈実朝の歌によまれた波音が〉（**A**）。そこで、これに関する筆者の論と、[14]・[15]および傍線部③直後の「太鼓」についての論とを見比べ、「どう」同じなのかを考える。――まず、太鼓について「見るものの**胸にひびいて心が躍る**」(14)「**身体**そのものが感じる**無意識**な**共鳴**」(15)とあり、これが「指示的に**体験**される」(20)「**意識的**な芸術」**とは違う**「**直接体験**」(21)という記述と重なる（**B**）。次に、傍線部③直後には「バチがうちおろされ、音がし、つぎのバチが…」「大事なのは…間《ま》」とあり、これが「**音のとだえ**を感じる」(16)「**波音のとだえる瞬間**を感じさせる」(19)と重なる（**C**）。そして、[15]「生命のリズム…」は、「生命の充実」(17)「生命的なリズム」(19)と重なる（**D**）。以上**A**～**D**をまとめる。

問七　傍線部の内容説明。全文の要旨の理解を問うもの。

まず、「われわれの日の丸に対する感覚」とは、「白地に**赤く丸を染めただけ**で…日の丸」(1)「**赤い丸がかかれていれば**…日の丸」(4)、「デザインとは考えていない」(4)といったもの（**A**）。そこに見られる「われわれ（日本人）」に「共通の何か」は、[本文解説]に示したように、

・意識的に計算した表現でなく(6)～(13)・(20)・(21)、共通の無意識に基づく文化の原型を志向する(6)～(11)（**B**）

・明晰な観念がなく、区別・境界をはっきりさせない絵画においても、明確な対比ではなく、神韻縹渺たる趣をよしとする(9)～(11)（**C**）

・音楽においても、構成や計算ではなく、身体的な直接体験によって(15)・(20)・(21)、音と音との間に生命のリズムや充実を感じさせる(15)～(19)（**D**）

といったものである。解答としてはまず、西欧人とは「別の」「われわれ（日本人）…に…共通の何か」の説明という設問要求に応じて**〈西欧↔日本〉の対比**を明示した上で、「絵画と音楽の例が持ち出されている意味も含めて」という設問条件に即して、右の**C**・**D**に示した「絵画」「音楽」それぞれの特徴を簡潔に書き、それらすべてに共通する〈**芸術全般**の傾向だ〉(21)・(22)とする本文の結論をふまえたまとめ方をすればよい。

採点基準・配点

〈計50点〉 問一＝各1点　問二＝各2点　問三＝各1点　問四＝5点　問五＝8点　問六＝5点　問七＝12点

問四（5点）

◇①（2点）〈朝日 a の存在をそれ自体として／を独立して／をそれだけで 見る b 原型的〉…a b 各1点

②（1点）〈（日本人は）赤い丸だけで日の丸とみなす〉

③（1点）〈（西欧人は、太陽と青空を）相互存在／同じ秩序の中にあるもの／対をなすもの として見る〉

▼〈太陽の周りには空があるという視覚的事実を重んじる〉なども○。

④（1点）〈日本人と西欧人の感覚の違いを示す〉

▼〈西欧人の指摘により、逆に日本人に共通の何かに気づかせてくれる〉なども○。

採点例

日の丸は意識的に計算されたデザインではなく原型的な表現であり、青空は青空、太陽は太陽として別に見ている日本人の見方の西欧人との違いを示すものだと考えている。

③or①a 1点　①b 1点　④1点

計3点

問五（8点）

◇①（1点）〈近代国家との結びつき（欧米では強い／日本では弱い）／（日の丸は）近代以前からある〉

②（2点）〈a 明晰さ／意味 b 計算／数学的（欧米にはある／日本には欠ける）〉…a b 各1点

③（2点）〈a 意識的 b デザイン（欧米は③である／日本は③ではない）〉…a b 各1点

④（2点）〈a 個人を超える／共通の b 原型（欧米は④でない／日本は④である）〉…a b 各1点

⑤（1点）〈要素の 配置／対比 などが 固定／厳密（欧米は⑤である／日本は⑤ではない）〉

問四

＊③は〈日本人は③のようには見ない〉の形でも○。

採点ポイント

⬆③ or ①a、複合した形なので、いずれかの要素として1点。

採点例

西欧における国旗はデザイン・色が意味を持ち、数学的な明晰さも持つ、近代国家のアイデンティティと結びつくものだが、日本の国旗は、対比を無視したあやふやなもので、共通の無意識に基づいて文化の原型に戻ろうとする志向を持つものであるということ。

④a1点　③b1点　①1点　②a1点　②b1点　④b1点　③a1点　⑤1点

計8点

問六（5点）

◇①（1点）〈波音（をよんだ実朝の歌）が〉

②（2点）〈a無意識の／計算や判断とは異なる　b身体の共鳴／直接体験〉…ab各1点

③（2点）〈a音のとだえる瞬間に／音と音の間に　b生命の リズム／充実 を感じさせる〉…ab各1点

問七（12点）

◇①（2点）〈a白地に赤い丸があるだけで日の丸だと感じる　bデザインだと考えない〉…ab各1点

▼bは〈構成／（色や背景の）整合性／バランス を気にしない〉などでも○。

②（1点）〈（①と音楽や絵画は）共通だ／同様だ〉〈芸術全般の傾向だ〉

③（1点）〈（絵画において）色の対比や輪郭などの不分明さ／ボカシ／境界をはっきりさせないこと／神韻縹渺 に趣を見いだす〉

④（1点）〈（音楽において）音と音との間で、生命の リズム／充実 を感じさせる〉

⑤（2点）〈a明晰／厳密／計算に基づく　b意識的な（西欧的表現とは異なる）〉…ab各1点

⑥（3点）〈a個人を超えた／共通の　b無意識的な　c文化の原型を志向する〉…a〜c各1点

▼aは〈西欧の個人的な表現とは異なる〉といった形でも○。

⑦（2点）〈a身体的　b直接体験を求める〉

問五

採点ポイント

⬆〈明晰さ〉は②aだが、同じく②aの〈意味を持ち〉にすでに加点しているので、重複して加点はしない。

問六

＊①は、16からの流れからみて、〈波音〉に重点があるので、〈実朝の歌〉はなくても○とする。

12 『語りえぬものを語る』

野矢　茂樹

■名古屋市立大学■

解答

問一　a＝ようご　b＝獲得　c＝礎石
d＝とどこお　e＝露呈

問二　自他に概念枠の違いが存在するという相対主義をつきつめると、自分と異なる概念枠は翻訳できず理解不能であるからその存在を捉えられないことになり、概念枠における自他の区別自体が無意味になること。

問三　「異なる概念枠をもつ言語」を理解不能なものとして否定したデイヴィドソンに対し、筆者は、それが示す未知の概念自体を「習得」することで理解でき、事後的にその存在を認識しうるとして肯定した。

問四　翻訳＝ア・エ・ケ・コ・サ・シ・セ
習得＝イ・ウ・オ・カ・キ・ク・ス・ソ

問五　任せられた仕事や役割が、その人の力量からすれば軽すぎてふさわしくない、という意味。

問六　現在形

出典

野矢茂樹《のやしげき》『語りえぬものを語る』〈9　翻訳できないものは理解できないか〉の冒頭から末尾まで。

野矢茂樹は一九五四年生まれの哲学者。分析哲学を出発点に独自の思索を展開している。著書に『心と他者』『哲学・航海日誌』『論理トレーニング』など。

本文解説

本文は二六の形式段落（1、2…と表記する）からなる（15の後の「（1）…（2）…」は15に含める）。

1は「『私の』という所有格」についての説明。——〈私の××〉とは〈私のものでない××〉との区別をつけるための言葉である。だから**〈私の××〉以外の××が存在しないものについては、「私の」と言う必要がない**。——例えば、〈国〉は複数あるから、自分の国を言う場合には〈私の国〉と言う。しかし、〈あなたの国は？〉という問いには、単に〈日本〉と答えるのであって、〈私の日本〉と答えはしない——といったことである。

2「世界とは私が捉えたかぎりのものでしかない」とは〈**私の前にある（と感じられる）世界のすべては私の意識内容である**〉ということ（目の前の風景は〈**私の目に映った**風景〉であり、隣にいる友人は〈**私にとって**〃××な人〃と感じられている友人〉であり、過去の歴史は〈**私が理解しているかぎりの**歴史〉だ、といったことである）。——さて、このことは常識的には〈一つの実在する〈客観的な〉世界があって、それを「私」と他者が別々の見方で（それぞれの主観で）見ている〉ということだと考えられている。しかし実際には、**「私」は〈私に見えている世界〉以外の世界を見ることはできない**（「私」が他者になることはできないのだから）。つまり、〈〃私の世界〃以外の世界〉〈〃私に見えている世界〃ではない〃実在の世界〃〉という言葉は、**「私」にとって、それが実際にどのようなものなのかを確かめようがないもの**を指す言葉である。だとすれば、そのような言葉（概念）は**「意味をもたない」**（[2]）。つまり、**〈私の世界〉と〈私の世界以外の世界〉〈私の主観的見方とは別の〃（客観的）実在の世界〃〉とを区別することに意味はない**（区別したとしても、後者がどのようなものなのかは知りようがないのだから）。だとすれば（〈私の日本〉と言う必要がないのと同様）**〈私の世界〉と言う必要もない**。**私にとって認識可能な〈世界〉は〈私の世界〉だけ**なのだから、それを単に〈世界〉〈実在する世界〉と呼べばよい（というより、そう呼ぶしかない）。かくして「**独我論**は実在論に一致する（＝**私の主観が捉えた世界だけが**、私にとって〈実在する世界〉であることになる）」（[2]）のである。

「同様」に、「相対主義」の徹底は「相対主義を蒸発させ」る（[3]・[4]）。——**〈ものの見方（概念枠）は立場によって違う〉**と考えるのが「**相対主義**」。例えば、豚肉は私たち日本人にとって〈食物〉であるが、イスラム教徒にとっては〈不浄なもの・禁忌の対象〉である、といったことである。——しかしこの場合なら、後者にとっての豚肉を、私たちが考える〈不浄なもの・禁忌の対象〉に置き換えて（＝翻訳して）理解することは可能だろう。つまり、この例では厳密にいえば、「概念枠」はある意味で〈共有されている〉のであり、本当の意味で〈異なる概念枠〉だとは言えない。

本当の意味で〈異なる概念枠〉とは、例えば[7]「タコが足をくねらせているが、あれは実は手話なんだ」といったケースであろう。〈タコの足のくねり〉を「言語」的意味をもつものとして理解するような「概念枠」をもたない私たちには〈タコの足のくねり〉は単に〈タコの足のくねり〉にしか見えない。つまり私たちは「**自分と異なる他の概念枠の存在を捉えることができない**」（[4]半ば）。すると、（先の「世界」の場合と同様に）**〈自分の概念枠〉と〈自分と異なる概念枠〉を区別することに意味はなくなる**（区別したとしても、後者がどのようなものであるかは知りようがないのだから）。〈概念枠〉とは（少なくとも、**それがどのようなものであるかを自分が認識できる〈概念枠〉とは）〈自分の概念枠〉でしかありえないことになる**。——かくして「**相対主義**を徹底」する（＝本当の意味で**〈自分とは異なる概念枠〉**を想定する）と「**相対主義**」は「蒸発」する（**〈概念枠〉**というもの自体の意味が失われる）（[3]）のである。

[5]以降で筆者は、以上のような考えと「格闘」し、それらに反論していく。——「翻訳不可能」な「異なる概念枠」は、その「存在を捉えること」すらできない、というデイヴィドソンの考え（[4]・

[6]）に対し、筆者は「日本人は、**翻訳できないものを…取り入れてきた**」と述べる⑧。明治以降の〈西欧化＝近代化〉の中で、日本人は、自分たちの従来の「概念枠」の中に〈置き換え（翻訳し）うるもの〉を見つけられない「**未知の概念**」を、「新たに**習得する**ことによって**理解**」してきたのである⑨。

[10]～[14]は、右の論旨を「論理空間」という概念を用いて説明する。――「論理空間」とは「いま私にとって**考えられるかぎりの**世界のあり方の**可能性**」⑪のこと。文中の例に「富士山が液状化して崩れる」とあるように、現実にはありそうにないことでも、とにかく〈想像し、理解しうる可能性〉であればよいのである。――「**明治の人たちの論理空間**」には、**西欧的な様々な概念**は「**含まれてはいなかった**」⑬。江戸時代の身分制社会で育った人々にとって、〈想像しうる〉限界は例えば〈農民が何かの拍子に武士に取り立てられる〉といったことまでであって、〈すべての人が平等である社会〉は**〈可能性〉としてすら頭に浮かばなかった**かもしれない。そうした〈西欧的な社会のあり方〉は、「**新たな概念**」として「**習得**」し、自らの「論理空間」を「拡大」する⑬＝**〈想像しうる可能性〉の範囲自体を広げる**ことではじめて**〈理解しうる〉**ことだったのだ。――いやそもそも「子どもの頃、はじめての言語を学」ぶ過程自体、そのように〈想像し、理解しうる可能性〉の範囲を「習得」し広げていくことなのである⑭。

[15]～[20]は「翻訳」と「習得」の違いについて。例えば、「お湯がふきこぼれそうになった」ら「水を差す」ことを「**すでに知っている**」人が、それを「びっくり水」という**言葉で表すことを新たに知った**、といった場合が「**翻訳**」⑰。対して、「三枚におろす」とは「魚を身と骨の三つの部分に切り分ける」ことだと説明されても、その**状態自体が「よく分からない」**場合、「実際にやってもらい」**どういうことなのかを知る**、といったことが「**習得**」⑲。つまり、**すでに知っていることがらについての新しい言い方を知ること**が「**翻訳**」であり、**未知のことがらをそれを表す言い方とともに知ること**が「**習得**」である。そして、日常のコミュニケーションとは、「相手が私の知らない概念を用いて話をしたとき」、自分は「その概念を学」び（＝習得し）⑳、「自分の論理空間を変化させ」て㉑理解することである。

[22]～[26]はデイヴィドソンの「異なる概念枠など存在しない」㉓という見解に対する反論。デイヴィドソンは「翻訳」も「理解」も不可能な概念枠はその「存在を捉えることができない」（**A**）のだし[4]一方で「異なる概念枠をもつ言語は**翻訳不可能**でなければならない」⑥、すなわち〈もし理解や翻訳が可能ならば概念枠はある点で〝共有されている〟のであり、本当の意味で自己と異なる概念枠とは言えない（**B**）〉のだから、どちらにしろ「異なる概念枠など存在しない」と考えた。だが筆者は、「習得」とは右の**A**から**B**への移行だと考える（㉔の「ポックン」の例のように）。――**A**の時点では確かに〈自己と異なる概念枠〉の存在は捉えら

れていないし、Bの時点ではそれは〈自己と異なる概念枠〉ではなくなっている㉕。しかし、Bの時点からAの時点を振り返れば〈これは**あの時点では〝自己と異なる概念枠〟だった**〉と「過去形で」㉔**認識することができる**のである。すなわち「〈新たな概念の〉理解の運動において、異なる概念枠の存在は示される」㉕。――デイヴィドソンは「絶対翻訳できないようなものなど『言語』とは言えない」⑥と述べた。これに対し筆者は、右のAの時点で「翻訳不可能」であったとしても、「習得」によってBに移行する可能性がある以上、それは**「言語」だといえる**㉖と考えているのである。

要約

自らの概念枠と異なる概念枠はその存在さえ捉えられず、翻訳不可能なのだから「言語」として意味をなさない、とデイヴィドソンは述べたが、もともとは翻訳不可能だった未知の概念も、「習得」されることで理解しうるし、習得後にはかつてそれが自己のものとは異なる概念枠であったことを認識しうるのだから、異なる概念枠をもつ言語は存在しうる。

設問解説

問一 漢字の読み書き。cは〈土台・いしずえ〉の意。

問二 傍線部の内容説明。本文の論の出発点の理解を問うもの。

④末「かくして、相対主義の考え方を徹底することによって…」が、傍線部①と重なる表現。つまり「かくして(＝このようにして)」の指示内容である④全体が、傍線部①の内容に当たる。ただし、解答欄は3行だからあまり長くは書けない。傍線部①「相対主義(A)を徹底し、その結果(B)、相対主義を蒸発させてしまう(C)」という趣旨がくっきり出るように注意しつつ、解答として適切な表現をしぼっていこう。

まず、解答の着地点となるC「**相対主義**を蒸発させてしまう」の説明。該当する本文中の表現は、「**『他の概念枠』という考え**が却下される」(④半ば)「**概念枠という考え**は消失する」(④末)など。これにつなげるには、A「相対主義」の説明を、④初め「**ひとは自分の概念枠を離れられない**」そのままでなく〈相対主義は**自他**の間に**概念枠の違いが存在する**と主張する〉(A)などとするのがよい。こうすれば〈概念枠の違いが存在すると主張すると→その主張自体が消失する(C)〉と言う形で、傍線部①に対応した説明になる。

B「…を徹底し、**その結果**」は④半ば「かくして、相対主義をつきつめることに**よって…**」および④末「かくして、相対主義の考え方を徹底することに**よって…**」に該当する。二つの

「かくして」の指示内容をおさえ、**どのような〈原因→結果〉の関係なのか**をつかもう。

> 相対主義は自他の概念枠に違いがあると主張する（A）
> ←
> 自分の概念枠に翻訳できないものは**理解できない**（B１）
> ←
> 自分と異なる他の概念枠を**理解できない**のだとすれば、その**存在を捉えることもできない**（B２）
> ←
> （自分が認識できる世界に）「他の**概念枠**」が**存在しない**なら、（それと区別して）「自分の**概念枠**」と言う必要もなくなる（B３）
> ←
> 概念枠という考えは消失する（C）

B１・B２を重複表現をカットして短くし、B３とCを〈自他を概念枠で区別する必要がなくなる（意味がなくなる）〉のようにまとめれば、解答欄に収まる長さになるだろう。

問三　傍線部の内容説明。本文全体の論旨の理解を問うもの。

設問文「文章全体の論理の流れ」を確認しよう。傍線部②「デイヴィドソン」の論旨を[4]と[6]で紹介した上で、[7]以降でそれと「格闘」する筆者の論が述べられ、[26]で「**デイヴィドソンに反して**、私はそう結論したい」とまとめられる、という流れである。両者の意見はどのように「反して」いるのか。違いは二点で、デイヴィドソンが「**（異なる）概念枠**」について、それが「**理解できない**」以上その「存在を捉えることができない」とした（[4]・[6]）のに対し、筆者は「…**異なる概念枠**の存在は示される」（[25]末）としたこと（A１）、および、デイヴィドソンが「**翻訳できない**ようなものなど『言語』とは言えない」（[6]）としたのに対し、筆者は「**翻訳不可能**でも言語でありうる」（A２）（[26]）としたことである。

では、右の筆者の「結論」の根拠はどのようなものか。「本文解説」に示した通り、筆者はまず[5]～[21]で、

翻訳＝**既知の概念**を表す**新たな表現**を知ること

習得＝**概念自体が未知**であるものを学ぶこと

とした上で、「翻訳」では「解決」できない未知の概念も、「**習得」によって**「理解」はできる（[9]・[19]・[20]など）と述べる（B）。「理解」できる以上、それは「言語」だ、と筆者は考えるのである。これが先のA２の根拠である。

さらに筆者は[23]～[26]で、「異なる概念枠」「未知の概念」は、習得する前には（デイヴィドソンがいう通り）その存在を「確かめることができない」が、**習得後**に「**かつての私にとって未知の概念であった**」（[24]）という形でその存在が「示される」（[25]）と述べる（C）。これが先のA１の根拠である。

解答欄は3行しかないので、A1・A2を〈「異なる概念枠に基づく言語」をデイヴィドソンは否定し、筆者は肯定した〉とまとめ、その根拠としてB・Cを書く形にするとよい。

問四　空欄補充。本文のキー・ワードの理解を問うもの。

「翻訳」と「習得」の違いは（右の）問三解説で見た通り。すると、まずイ・ウは「**新たな概念**の…」だから「習得」。それは「論理空間の拡大」だとあるから、「自分の論理空間を変化させることによって…」のオも「習得」。その逆のア「相手の言葉を私の論理空間において理解する」やエ「手持ちの論理空間を変化させずに…」は「翻訳」。その反対に「まったく**新しい**論理空間の…」「**はじめての**論理空間を編み上げて…」とあるカ・キ・クは「習得」。

「…概念がすべて…**既知のもの**…相手が私と**論理空間を共有している**ならば」とあるケは「翻訳」。コはこれに「だが」と逆接する「**論理空間**を完璧に**共有している**ことなどありはしない…」だから「翻訳は無力」。サは「私の論理空間の内で理解」だからア・エやケと同じで「翻訳」。シは「私の論理空間をはみ出たもの」だからコと同じで「翻訳によっては理解できない」。スは「**新たな概念**を…自分の論理空間を変化させ…」だから「習得」。以上のように〈翻訳が無力であるような未知の概念を習得によって身につける〉というのが筆者の論旨だから、セ・ソはそれぞれ「翻訳不可能であっても習得可能」となる。

問五　語意の知識。「役不足」は、近年では傍線部③直前のように〈与えられた役割や仕事をこなす力が自分には不足していること〉の意で誤用されることもあるが、本来は〈役者が自分に与えられた役に不満を抱くこと〉から転じた〈与えられた役割や仕事が自分の力量からすれば軽すぎること〉の意。

問六　空欄補充。本文最後の部分の論旨を問うもの。〈本文中から抜き出せ〉という指定ではないことに注意。設問文にあるように「文中の他の表現との対応関係に留意」して、適切な言葉を自分で考えて答えるのである。

「**異なる概念枠**は…タで確かめることができない」とは、次々文「「どういう概念であるかを知らない」時点」では「それが概念だと分かる」ことさえない、ということである。24末に「**未知の概念**とは、（それを「習得」した後の時点において）『かつての私にとって未知の概念であった』という過去形でしか、姿を現わさない」とある。これを裏返せばタに入れるものとして「異なる概念枠は…現在形で確かめることができない」という語を思いつくことができるだろう。未知の概念は、それが本当に〈自分の概念枠とは異なる概念枠に基づく概念〉である時点＝〈現在形の「未知の概念」である時点〉では、それが〈概念〉であるかどうかさえわからない、ということである（「本文解説」の22～26の箇所を参照）。

採点基準・配点

〈計50点〉問一＝各1点　問二＝12点　問三＝12点　問四＝各1点　問五＝3点　問六＝3点

問二（12点）

◇①（4点）〈a概念枠　b違いが自他の間にある（という相対主義）　cつきつめる〉…ac各1点、b2点

▼〈ひとは自分の概念枠を離れられない〉はa1点＋b△1点。〈ものの見方は各人で違う〉はb2点。

②（5点）〈a自分と異なる／自分の概念枠をはみ出た／他者の　概念枠は　b翻訳不能　c理解不能　d存在を捉えられない〉…a～c各1点、d2点

③（3点）〈a概念枠が　否定／消失　b自他の区別が無意味になる／必要なくなる〉…a1点、b2点

▼bは〈他の概念枠がありえないのだから、自分の概念枠という言い方も無意味になる〉などでも○。

採点例

ひとは自分の概念枠を離れられないとする相対主義をつきつめると、異なる概念枠をもつ言語は翻訳不可能でなければならないことになるが、絶対翻訳できないものは「言語」とは言えないので、異なる概念枠などありはしないということ。

①a1点＋b△1点　②b1点　①c1点　②a1点　②d△1点　③△1点

計7点

問三（12点）

◇①（4点）〈（デイヴィドソンは）a異なる概念枠　bをもつ言語は　c理解不能だとして　d否定した／ありえないものだとした〉…a～d各1点

②（8点）〈（筆者は）a未知の概念を　b「習得」により　c理解できる　d事後的に／「習得」した後で／かつて未知の概念だったものとして　その存在を認識しうると考えて　e（①abを）肯定する〉…ac各1点、bde各2点

▼eは〈異なる概念枠は示されるし、翻訳不可能でも言語でありうる、と考える〉でも○。〈概念枠〉〈言語〉一方のみしかなければ、△1点。

問二

採点ポイント

⬆解答の最初の部分の「相対主義」の説明表現と、途中の「言語」に関する説明および解答最後の部分とが、論理的にどうつながるのかがやや不明瞭なので、②dおよび③を△とする。

13 『贅沢の条件』

山田　登世子

■奈良女子大学■

解答

問一　A＝縫　B＝風雪　C＝想起　D＝獲得　E＝自失

問二　効率が重視される近代社会では、魂がこもるほどの時間と精神をかけ、作品の一切を自らの手でつくりあげる創造のよろこびと誇りを味わうことが難しいから。

問三　分業体制で規格品の大量生産・大量消費を行う、近代における効率重視の商業システム。

問四　石をじっと見ていると、石工自身が考えなくても石の性質や特徴がおのずと開示され、その扱い方が明らかになるということ。

問五　手仕事の真髄は、文字や言葉といった情報で伝えられるものではなく、長い時間をかけ身体で学び覚えるしかないから。

問六　「マエストロの修練」＝経験の世界を言い表す日常語の習得。
「情報」＝学問的授受を容易にする、一般化されている専門語。

問七　職人が長年の修練を経て体得する身体感覚に基づく言葉は、情報化できない精密さをそなえており、それを数値で規格化しても、恣意的な単純化でしかないから。

問八　時間的効率や金銭的価値にとらわれることなく、手間をかけ自らの手で作りあげることによって魂がこもる作品の、言葉に表せない究極の贅沢をたたえる美しさ。

出典

山田登世子《やまだとよこ》『贅沢の条件』〈4章　禁欲のパラドクス〉の一節。

山田登世子は一九四六年生まれのフランス文学者。バルザックなどを専門としつつ、ファッションなどに関する、文化的・社会学的な評論やエッセイも数多く手掛けている。著書に『モードの帝国』『ブランドの条件』『誰も知らない印象派　娼婦の美術史』など。

本文解説

本文は一五の形式段落（1、2…と表記する。内田義彦からの引用は11に含める）からなり、内容と展開の上から大きく三つに分けてとらえることができる。

1〜5では、白洲正子の自伝の一節を引用しつつ**「手作りの作品」**について言及している。「能率」重視の「近代の機械制大工業」が生む「規格品」（5）とは異なり、**「時間と精神をかけて」**（4）すべての過程を職人がつくる作品には、「創造のよろこびと誇り」（5）が伴い、それは**「魂がこもる」「贅沢品」**（4）になる。

6～9でもウェーバーや白洲正子を引きながら、「職人技」についての主張を展開する。**「職人技」**の習得には「無駄」とも見える**「時間と手間暇」**(6)を要するのであり、そしてそれはまた言葉などに**「情報化」できない**、**「からだで覚える」**しかないものである。だから手仕事のマエストロ（親方職人）になるには「修行」しかなく、かれらの作品や仕事は、それだけの時間を費やした「贅沢」な技能に基づくからこそ、**贅沢**なのである(9)。

10～15でも、情報化できない**「手仕事」の「精密さ」**について語られる。内田義彦の文章を引きつつ、「誰でも簡単にわかる」「情報」が「粗雑」でしかないのに対し、「こまやかな五感のはたらき」に基づく**「手仕事」は**「あまりにも『精密』」なために**「情報化」できず**、**「『からだで覚える』しかない」**ことが繰り返し述べられる。織物の田島隆夫の経験を例に引き、時間や金銭にとらわれず手をかけた作品は、「命」や「心」がこもり、「『口では説明しがたい』美」が織り込まれた**「究極のラグジュアリー」**であると言われる。

要約

効率を重視する近代の工業生産の規格品とは異なり、時間と精神をかけた手作りの作品は魂のこもる贅沢品であり、それを生み出す職人技も、言葉に情報化することは不可能なため、時間と手間暇をかけ身体で習得していくしかない。

設問解説

問一 漢字の書き取り。B「風雪」は〈風と雪。厳しい苦難〉の意。E「自失」は〈我を忘れてぼんやりすること〉の意。

問二 傍線部の理由説明。近代の機械生産と対比される職人のあり様が問われている。

傍線部中の「そう」は「この『贅沢』」を指しており、**「魂がこもるほどの時間と精神をかけて」「手作りの作品」をつくる**ことは職人にとっても**「贅沢」**である、というのが傍線部の意味になる。なぜそう言えるのか？ 5に着目。「能率」重視の「近代の機械制大工業」では、「大量生産・大量消費のシステム」のもとで「規格品」がつくられ、そこに「創造のよろこび」が伴うことはないのだが、**職人生産**では**「一つのもののすべて」を職人が自分の手でつくりあげる**ので、現代社会では失われつつある**「創造のよろこびと誇り」**という「贅沢」な思いを味わえるのである。

以上から、解答に必要な要素は次のようになる。

A 能率や効率が重視される近代社会〈近代社会との対比〉
B 魂がこもるほどの時間と精神をかける〈贅沢の説明〉
C 作品を一切自分の手でつくりあげる創造のよろこびと誇り

問三 傍線部の内容説明。近代の「ビジネス原理」への理解が問われている。

「タイム・イズ・マネー」の日本語訳は〈時は金なり〉。5を読み返そう。「近代の機械制大工業」では、「生産工程をバラバラに分解」する**分業制**のもとで**「大量生産・大量消費のシステム」**がとられ、**「規格品」**の「能率的な生産」が行われている。この**効率重視の仕組み**が「タイム・イズ・マネー」である。

以上から、解答に必要な要素は次のようになる。

A　分業体制で規格品を大量生産・大量消費するシステム

B　近代の効率重視の仕組み

問四　傍線部の内容説明。職人の技能への理解が問われている。

[7]、[8]に着目する。「ただ黙って石を見」て「じっと」待っていると、「どう割って石を動かす」のかを、石工が「自分で考え」なくても**「向う（＝石）の方から教えてくれる」**、という職人の技能を傍線部は指している。時間をかけて技をみがいた職人には、石にじっと対するだけでその**石の特徴や性質が自然と見えてくる**のであり、その**扱い方が分かってくる**のである。

以上から、解答に必要な要素は次のようになる。

A　石をじっと見る

B　石工自身が考えなくても石の性質や特徴がおのずと分かる

C　石の扱い方が自然と明らかになる

問五　傍線部の理由説明。「手仕事」に関する本文後半の論旨の理解が問われている。

[9]および[10]冒頭に着目。**「手仕事」**は「文字や言葉」に**「情報化」して伝えることが不可能な**、**「からだで覚える」しかないもの**であるため、職人が技能を習得するのには**「時間がかか」り**、「マエストロ」＝「親方職人」（[6]）になるには「修行」を積むしかない、というのが論旨。

以上から、解答に必要な要素は次のようになる。

A　手仕事の真髄は文字や言葉といった情報で伝えられない

B　習得には時間がかかる

C　からだで覚えるしかない

問六　傍線部の内容把握。「マエストロの修練」と「情報」との違いを読み取ることが求められている。

前者に関しては内田義彦の「経験の世界」についての説明に着目する。**「経験の世界」**で使う**「日常語」**、例えば味付けの時の塩の量を示す「適当に」という言葉は、グラムといった数値では言い表せない「極めて精密」な表現であり、経験を積んでこの**「日常語」を習得すること**、それが「修練」に対応している。

以上から、解答に必要な要素は次のようになる。

A　経験の世界を言い表す日常語

B　（Aの）習得

後者に関しては内田義彦の「学問」についての叙述に着目する。**「学問」**とは**「専門語」＝「情報」**によって、**「誰でも獲得できるもの」**に「加工」されており、そのため「マエストロ」の世界と違って**「伝授」は「やさしい」**のである。

以上から、解答に必要な要素は次のようになる。

C　学問の専門語

D　誰でも獲得できる＝一般的・普遍的

E　学問的伝授を容易にする

問七　傍線部の理由説明。職人の言葉の「精密」さについての理解が問われている。

「職人の言葉」は⑩にあるように「こまやかな五感のはたらき」に基づくものであり、「さじ加減や勘」⑫といった**「情報化」して伝えられない「精密」**なものを示すため、**「時間のかかる」**⑨**「修練」**⑪によって**「からだで覚える」**⑫しかないのである。これに対して「グラム」というのは**単純な「マニュアル化」**⑫であって、本来「情報化」できないものをレシピにする**恣意的な数値化**であり、所詮いい加減なもの（＝「粗雑」）にしかなり得ないのである。

以上から、解答に必要な要素は次のようになる。

Ⅰ　「職人の言葉」の説明

A　長年の修練によってからだで覚えるものである

B　情報化できない精密さをそなえている

Ⅱ　「グラム」の説明

C　数値はマニュアル化・規格化である

D　数値は恣意的な単純化でしかない

問八　傍線部の内容説明。全文の趣旨を把握することが求められている。

傍線部の直前に「この糸から学んだ」とある。では、田島氏は何を学んだのであろうか？　「農家の蔵」で見つけた糸は「家族のためにひいた」ものであり、**「時間を忘れ、金に換えることを忘れた糸」**には、**「命」や「心」**が宿っていて「口では説明しがたい美しさ」⑭をたたえていたのである。このことを学んだ田島氏はその「美」を作品に織り込んでいったのであり、そこには**「情報化」できない「究極のラグジュアリー」**⑬があるのである。そしてこの内容は**本文前半の論旨**、つまりは「能率」重視の近代の工業生産と異なって、**「時間と手間暇をかけて」**⑥つくられた**「手作り」**の『作品』」は、**「『魂』がこもる」「贅沢品」**④である、という内容**を踏まえている。設問が全文の内容に関わる場合、傍線部の前後にばかりとらわれず、その論旨を踏まえて解答をまとめるよう心掛けよう。**

以上から、解答に必要な要素は次のようになる。

Ⅰ　「手作りの作品」の説明

A　時間的効率や金銭的価値にとらわれない

B　時間と手間暇をかけることで魂がこもる

Ⅱ　「口では説明しがたい」美自体の説明

C　言葉に情報化できない究極のラグジュアリーといえる美

ポイント　随筆の設問も評論と同様に、傍線部の前後や意味段落の内容を問うものと、**全文の趣旨を把握する**ことを求めるものとがある。**各設問がどのレベルの読解を要求しているのか**、それを的確に判断することを心掛けていこう。

採点基準・配点

〈計50点〉問一＝各1点　問二＝7点　問三＝5点　問四＝6点　問五＝6点　問六＝各3点　問七＝8点　問八＝7点

問二（7点）

◇①（2点）〈a効率／能率 が重視される b近代社会では難しい〉…ab各1点

▼bは〈近代社会〉と対比されていれば○。

②（2点）〈a魂／命 がこもるほどの b時間と精神をかけ〉…ab各1点

▼bは〈時間〉があれば○。〈精神〉だけの場合は加点しない。

③（3点）〈a作品の一切を自らの手でつくりあげる b創造のよろこびと誇りを味わう〉…a2点、b1点

▼aは〈一切を自分でつくる〉という内容で1点。〈手作り〉という内容で1点。

▼bは〈創造のよろこび〉の内容があれば○。〈誇り〉だけの場合は加点しない。

問三（5点）

◇①（3点）〈a分業体制で／生産工程をバラバラに分解して b規格品の c大量生産・大量消費を行う〉a〜c各1点

▼〈働き手を機械の「部品」と化し〉とだけある場合、比喩であるのでaの加点はしない。

▼c〈大量生産〉と〈大量消費〉は両方あって1点。

②（2点）〈a近代における b効率／能率 重視の商業システム〉…ab各1点

▼bは〈効率〉や〈能率〉といった内容があれば○。

問四（6点）

◇①（1点）〈石をじっと見ていると〉

②（1点）〈石工自身が考えなくても〉

③（4点）〈a石の 性質／特徴 が自ずと開示され bその扱い方が明らかになる〉…ab各2点

▼〈石の方から教えてくれる〉は、擬人化した表現のままで説明として不十分なので、a△1点。

問五（6点）

◇①（3点）〈手仕事の真髄は、文字や言葉といった情報で伝えられるものではなく〉

問二

＊末尾が理由説明に対応していないもの、-1点。

問五

＊末尾が理由説明に対応していないもの、-1点。

▼〈情報にできない〉という内容で2点。〈文字や言葉〉に言及していればさらに1点加点。

②（3点）〈a長い時間をかけ b身体で学び覚えるしかない〉…a1点、b2点

問六「マエストロの修練」（3点）

◇（3点）〈a経験の世界を言い表す b日常語の習得〉…a1点、b2点

▼aは〈経験の世界〉があれば○。bは〈習得〉の意味合いを欠くもの△1点。

問六「情報」（3点）

◇（3点）〈a学問的 授受／伝授 を容易にする b一般化／普遍化 された c専門語〉…a～c各1点

問七（8点）

◇①（3点）〈a職人が 長年の修練を経て／時間をかけて b体得する身体感覚に基づく／からだで覚える c言葉は〉…a～c各1点

▼cは〈職人の言葉〉と読み取れるものに加点する。

②（2点）〈a情報化できない b精密さをそなえており〉…ab各1点

③（3点）〈それを a数値で 規格化／マニュアル化 しても b恣意的な／いい加減な／強引な c単純化でしかない〉…a～c各1点

問八（7点）

◇①（2点）〈a時間的効率や b金銭的価値にとらわれることなく〉…ab各1点

②（3点）〈a手間をかけ b自らの手で作りあげることによって c魂／命／心 がこもる作品の〉…a～c各1点

③（2点）〈a言葉に表せない b究極の 贅沢／ラグジュアリー をたたえる美しさ〉…ab各1点

▼bは〈贅沢〉の内容があれば○。

採点例

時間と精神をかけ魂をこめて手作業でつくられたという贅沢さ。

①a1点　②c1点　②b1点　③b1点

計4点

問八

採点ポイント

⬆①a〈時間と精神をかけ〉は〈時間的効率にとらわれることなく〉と同内容と認める。

14 「音楽展望」

吉田 秀和

大阪市立大学

解答

問一 ⓐ＝勝手 ⓑ＝陣取 ⓒ＝懸命 ⓓ＝気息 ⓔ＝困窮

問二 複雑で集合的な現象や出来事を極度に簡潔な形に集約してみせた演劇的天才（34字）

問三 同じに思える演技の繰り返しのなかで、微妙だがあるべき姿へと演技の質が向上している、という違い。

問四 女優が息をきらし全身で懸命に舞台を歩くことで、生か死かという極限状況を逃げ惑う緊迫感が表現され、舞台に戦場を現前化することができるから。

問五 一人の女性が赤子を背負って回り舞台を歩くという簡潔なシーンに、戦場という本来複雑で多様な事象からなる世界全体の意味が集約され、見る者を圧倒するような臨場感をもって描き出されていったこと。

問六 底知れない人間の悪に満ちていた《リア王》の舞台で、コーディリアの発した一言が舞台の描く世界全体の意味を一変させ、一瞬にして愛の赦しにすべてが包まれるように感じたから。

出典

吉田秀和《よしだひでかず》「音楽展望」（『朝日新聞』二〇〇九年一月二四日朝刊掲載〈舞台と世界〉）の全文。

吉田秀和は、一九一三年生まれの音楽評論家。クラシック音楽に関する豊富な知識を基に、深い洞察に満ちた言葉を音楽ばかりか幅広く文化・文芸の世界に展開した。二〇一二年没。著書に『ソロモンの歌』『マネの肖像』『この一枚』『永遠の故郷』など。

本文解説

本文は一八の形式段落（1、2…と表記する）からなり、内容と展開の上から大きく三つに分けてとらえることができる。

1～5では、「舞台芸術」における「練習の段階と本番」との間の「大きな差」について述べられる。**稽古の段階では「混乱し」「すべてがバラバラ」であっても、それが本番では「万事あるべき場所にあるべき姿で収められ」る**（1）ことになる。「私」は旧東ベルリンでブレヒト率いる劇団が行う公演《コーカサスの白墨の輪》のリハーサルを見る機会を得たのだが、ブレヒトの指示のもと、役者たちが「同じことを繰り返しやらされる」うちに、そこに「剃刀の刃のように薄いが鋭い違い」（5）が生じ、**「あるべき姿」へと演技が近づいていく**のを目にしたのである。

6～12では、ブレヒトの演出する劇の一シーンについて語られる。**「複雑で集合的な現象や出来事を極度に簡潔な形に集約して**

みせた演劇的天才」というのが「私のブレヒト観の根本」⑫であり、今回のシーンでも、赤子を背負い息をきらして歩く一人の女性の姿で、戦場を目の前に描いてみせたのである。

⑬〜⑱では、かつてロンドンで観た《リア王》について述べられる。前述のブレヒトの芝居同様、**演劇には「舞台全体、つまり世界の意味を示す、時には変えてしまう」「一つのシーン」**⑬があるのであり、《リア王》でも劇の人物から**「あたりの風景が一変するような言葉」**⑭が放たれる。人間の底知れない悪が支配する舞台でコーディリアの言う優しい一言が、「愛の赦しの光」によって瞬間に「すべてを照らす」。「その一言」で「良い芝居は忘れられないもの」⑱になっていくのである。

設問解説

問一　漢字の書き取り。ⓐ「勝手」は〈様子、事情〉の意。ⓑ「陣取(る)」は〈ある場所を占める。占有する〉の意。ⓓは「気息奄々」で〈息が絶え絶えの非常に苦しい状態にあるさま〉の意。

問二　本文の内容把握。筆者がブレヒトをどのような人物ととらえているかが問われている。

筆者の抱くブレヒトの人物像に関しては、⑫に**「私のブレヒト観」**としてまとめられている。**「複雑で集合的な現象や出来事を極度に簡潔な形に集約してみせた演劇的天才」**がその内容。

問三　傍線部の内容説明。比喩表現への理解が問われている。

傍線部は、ブレヒトの指示に従って舞台上の役者たちが「繰り返しやらされる」演技について言ったもの。同じ演技でもそれを繰り返すうちに「剃刀の刃のように薄い」、つまりは**非常に微妙**だが、同時に「（剃刀の刃のように）鋭い違い」が見えてくるのだと述べている。ここでのブレヒトの公演が**①の〈例〉と言える点に着目**。「練習の段階」ではすべてが混乱していても、**「本番」では「万事あるべき場所にあるべき姿で収められている」**のが「舞台芸術」だとある。リハーサルを行うなか、ブレヒトの指示に従ううちに、同じと思われる演技でも、「本番」に向け**演技の質が高められており**、それが**「あるべき姿」へと向上している**点を指して「鋭い違い」と述べたのである。

以上から、解答に必要な要素は次のようになる。

A　同じと思われる演技の繰り返し
B　微妙な違いが生じている
C　あるべき姿へと演技の質が向上している

ポイント　随筆中に**具体的なエピソード**が取り上げられている場合、（評論での〈具体例〉同様⇩p.14問題2の解説、問二のポイント参照）前後の筆者の**〈論〉と関係づけて理解**したり、**複数のエピソードが並立される**場合にはそれらの関係性を読み取るなどして、**何を言うためのエピソードなのか**を考える。

問四　傍線部の理由説明。ブレヒトが女優に厳しい指示を出す理由が問われている。

　舞台は赤ん坊を背負う「召使の女が戦場の混乱の中で右往左往し、逃げ回」る⑥シーンである。ブレヒトは、戦場では「敵に捕まるか、殺される」のだ、と「速く歩く」ことを求め、女優に回り舞台を歩かせる。それは、**全身「汗みずく」**⑨**になり「息をきらして」**⑫**「懸命に」**⑦**歩く**その姿で、**生か死かという極限的な状況下で逃げ惑う人間**を表現し、その場の空気が「ピンと張り詰め」る⑨なか、**〈論〉である**⑫にあるように、**戦場を「目の前に持ってきて見せ」ようとした**のである。

　以上から、解答に必要な要素は次のようになる。

A　息をきらして全身汗みずくになり懸命に歩く女優

B　生か死かという極限的な状況下で逃げ惑っている

C　緊迫感のなか、舞台に戦場を現前化している

問五　傍線部の内容把握。筆者がブレヒトの舞台の何に心を動かされたのかが問われている。

　「複雑で集合的な現象や出来事を極度に簡潔な形に集約してみせ」る⑫ブレヒトは、**「一つのシーン」で「舞台全体」つまりは「世界の意味」を示す**⑬。**今回の舞台もその〈例〉であり、**ブレヒトは一人の女性が赤子を背負い回り舞台を歩くという「簡潔な形」によって、戦場という「複雑で」多様な事象からなる世界全体の「意味」を「集約して」みせたのである。そこに「私」は戦場を「目の前に」する臨場感を感じ圧倒されて「黙りこく」り、ついには涙を流したのである。

　以上から、解答に必要な要素は次のようになる。

A　一人の女性が赤子を背負って回り舞台を歩くという簡潔なシーン

B　戦場という複雑で多様な現象や出来事からなる世界全体の意味を集約してみせる

C　見る者を圧倒するような臨場感

問六　傍線部の理由説明。筆者が《リア王》の舞台を観て何を感じたのかが問われている。

　《リア王》の舞台は、⑬にある**「一つのシーンが舞台全体、つまり世界の意味」を時に「変えてしまう」舞台の〈例〉であり、**傍線部は、コーディリアの言葉が「あたりの風景が一変する」⑭ものであったことを言ったものである。**人間の「底知れない」「悪」**⑱に支配され「卑しい悪臭を放つ」《リア王》の舞台の上に、コーディリアの発する「本当に優しい」一言によって、「無明の世界（＝煩悩にとらわれた迷いの世界）」に**「愛の赦しの光が差し、すべてを照らす瞬間」**⑱を出現させ、**「世界の意味」を一変させた**のであり、そのことを「一條の光が差し込んでくる」心地だったと述べたのである。

　以上から、解答に必要な要素は次のようになる。

A　《リア王》の舞台の描く世界全体の意味が一変する

B　底知れない人間の悪に満ちていた《リア王》の舞台

C　コーディリアの一言が瞬間に愛の赦しですべてを包む

採点基準・配点

〈計50点〉　問一＝各1点　問二＝4点　問三＝8点　問四＝11点　問五＝12点　問六＝10点

問三（8点）

◇①（2点）〈同じに思える／ほとんど変わらない 演技の繰り返しのなかで〉

▼〈同じように思える演技〉という内容があれば○。解答全体を通して、〈演技〉を欠くもの-1点。

②（6点）〈a 微妙／わずかな違い だが b あるべき姿へと c 演技の質が向上している〉…a～c各2点

▼単に〈質の違い〉を指摘しただけで、〈質の高まり〉の意味合いを欠くもの、c△1点。

問四（11点）

◇①（2点）〈女優が息をきらし全身で懸命に舞台を歩くことで〉

▼〈女優の歩く様子〉を十分表現できていないもの、△1点。

②（6点）〈a 生か死かという極限状況を b 逃げ惑う／右往左往する c 緊迫感が表現され〉…a～c各2点

▼aは〈死が目の前に迫っている状況〉という意味合いがあれば○。不十分なものは△1点。

③（3点）〈舞台に戦場を 現前化する／目の前に持ってきて見せる／臨場感をもって表す〉

採点例

演劇の中であっても、実際の戦場のような殺されるかもしれない
危険が差し迫る臨場感を出したかったから。

②a2点　②c2点　③3点　計7点

問五（12点）

◇①（4点）〈a 一人の女性が赤子を背負って回り舞台を歩くという b 簡潔なシーンに集約される〉…ab各2点

問四

＊末尾が理由説明に対応していないもの、-1点。

採点ポイント

⬆②a〈殺されるかもしれない〉を〈死が目の前に迫っている状況〉の、c〈危険が差し迫る〉を〈緊迫感〉の同内容として許容。

▼aは〈簡潔なシーン〉の具体的な内容が読み取れれば○。不十分なものは△1点。

②（5点）〈a戦場という b本来複雑で多様な事象／集合的な現象や出来事 からなる c世界／舞台 全体の意味〉…a1点、bc各2点

▼cは〈世界／舞台 の意味〉で○だが、〈舞台全体〉とだけあって〈意味〉を欠くもの△1点。

③（3点）〈a見る者を圧倒するような b臨場感をもって／目の前に持ってきて見せるように 描き出されていった〉…a1点、b2点

問六（10点）

◇①（2点）〈底知れない人間の悪に満ちていた《リア王》の舞台で〉

▼〈悪〉があれば加点するが、〈底知れない〉の内容を欠くもの△1点。

②（4点）〈aコーディリアの発した一言が b舞台の描く世界全体の意味／舞台全体／世界の意味／舞台の風景を一変させ〉…a1点、b3点

③（4点）〈a一瞬にして b愛の赦しにすべてが包まれる／照らされるように感じた〉…a2点、b2点

▼b〈愛の赦しの光が差し〉とだけあり、傍線部の〈光が差し込んでくる〉を説明していないもの△1点。

採点例

コーディリアを演じた人の優しく、ゆっくりはっきりとした一言は、舞台全体の光景を一変させる言葉で、今まで可愛がってくれなかった父をゆるす場面を、筆者は思い浮かべることができたから。

②4点

③b△1点

筆者は実際に舞台を観ている -1点

計4点

問六

＊末尾が理由説明に対応していないもの、-1点。

採点ポイント

⬆③b単に〈ゆるす〉としかないもの△1点。

⬆筆者が舞台を観て実際に感じたことの理由を問う設問なので、解答の書き方としては不適切。-1点。

「目っぱじき」

石井 桃子

■千葉大学■

解答

問一 「背筋がぞくぞくする」とあるように、自分が期待していた通りに「目っぱじき」の草が群生するのを発見したときの心おどる喜びと、自然がその場所に自分を誘引することに感じる不思議さや畏怖の念。

問二 現在形で表現されることで、筆者の幼いころの体験が生き生きと臨場感をもって受けとめられることになる。

問三 ①は直前の内容に客観的な立場から補足的な説明を加えて論旨を明瞭にし、読み手の批判や疑問、誤解などにあらかじめ対処しておく効果を、②は細かく区切ることで文章に筆者独自の韻律を生み出すとともに、一つ一つの表現に着目させて文章全体の印象を深める効果をあげる。

問四 (1)普段の生活や遊びに結びついた自然の事物を、五感を通して身体的に体験することで、おのずから心にしみこんでいく。

(2)季節感を覚えさせるものに、その時々の花や畑で取れる野菜、果物がある。しかし現代の、特に都会での生活ではそれらが咲いたり畑になったりするのを実際に目にして体感することは難しい。その上、ビニールハウス等の技術の発達によりこれらが一年中店頭に並ぶことから、それぞれが元来どの季節のものなのかが理解できなくなっている。「季節感」は遠ざかりつつあると言わざるを得ない。

出典

石井《いしい》桃子《ももこ》「目っぱじき」(『幼ものがたり』所収)の全文。

石井桃子は一九〇七年生まれの児童文学作家。欧米の児童文学を数多く翻訳して日本に紹介するとともに、自らも創作を行った日本の児童文学の草分け的存在である。二〇〇八年没。著書に『ノンちゃん雲に乗る』など、翻訳に『プー横丁にたった家』『トム・ソーヤーの冒険』『ピーターラビット』シリーズなど。

本文解説

本文は一二の形式段落([1]、[2]…と表記する)からなり、内容と展開の上から大きく四つに分けてとらえることができる。

[1]は問題提起と言える段落である。現代の「私たちの生活」からは「季節感」は「だんだん遠ざかりつつある」と譲歩しつつ、「**季節感**というものは、**いつごろから**、子どもの心にしみこんでゆくものだろう」と**筆者は読者に問いかけ、話題を提示している。**

2〜6では、1の問題提起を踏まえて、前書きにあるように幼年期を回想していく。「幼いころ」に筆者は、「よく何となく、**何かに誘われて、**家の、あるところにいってみることがあった」という。するとそこには、「咲いているだろうと**思った花が咲いていたり、**そうなっているだろうと**思ったように草が出ていたり**した」という。このことは、**幼年期の筆者に、季節の変化のなかでどこにどんな植物が生えるのかを自然に感じ取る確かな「季節感」があったこと**を示している。そしてそれらのなかで「いつも胸のおどった」のは、「遊びと結びついていた」「目っぱじき」という草であったという。「家の風呂場の裏」にある「溜池」のまわりに茂っているその草は、「一年のある季節になると」、「つんとした、うす緑の茎」を出すのであり、幼い筆者を「その池へ誘った」のが「何だったのか」はわからないが、「ある日」誘われるように「ひとりでそこへゆく」と、**「期待していた」通り**にその茎が「突きでてい」て、「私はうれしくなって、ぞっとする」のだと述べられる。「遊び」などを通して、生活の場に生える植物を**直接身体で体験することにより、**どんな植物がいつ頃どこに生えるのかという**「季節感」が、子どもの頃の筆者に自然と身についていった**ことが読み取れる。

7〜11では、子どもの頃「目っぱじき」と呼んでいた草が、正式には何という名のどのような草であるのかが、それを知るに至った経緯とともに述べられる。「目っぱじき」は、菖蒲に似ているがそれより小型の「石菖（せきしょう）」という名の草だったのであり、図鑑によるとサトイモ科の常緑の草であって、初夏に「葉のあいだから…茎が出」て「上にのびる」のだという。

こうした事実がわかったことから、12では、「四、五歳の私」が溜池に誘われていったのは初夏であり、その季節に「あたたかくなって、にわかに庭のほうまでただよいだした溜池のにおい」が「私に働きかけ」て（5の冒頭にある、「幼い私を、その池へ誘ったのは、何だったのか」に対する答えである）、「背筋がぞくぞくするほどたくさんの『目っぱじき』を発見させた」のではないか、と話が結ばれる。「溜池の**におい**」に誘われ、たくさんの「目っぱじき」を目にして胸をおどらせ（3）、実際にそれを手にして遊んだ体験。**無邪気な幼年期の、五感を働かせる全身的な体験を通して「季節感」は「子どもの心にしみこんでゆく」**（1）、というのが本文を通して筆者が読者に伝えたかったことである。

設問解説

問一　傍線部に示された筆者の感覚をとらえる設問。幼年期の筆者の心情への理解が問われている。

本文の展開に着目しよう。2で筆者は、「幼いころ…何かに誘われて、家のあるところにいってみる」と、「そこに、**咲いているだろうと思った花が咲いていたり、**そうなっているだろう**と思ったように草が出ていたり**した」と述べ、そのなかで「い**つも胸のおどった**」のは、「遊びと結びついていた」「『目っぱじき』という草であった」（3）として、5でそのことに具体的に言及している。傍線部はそのなかの一部分であり、溜池のところへと誘われ、ひとりでそこへいってみると、「**見つかる**のではあるまいか、と、なんとなく**期待していた**ものが、ちゃんとあって」「私はうれしくなっ」たと述べた部分である。よって、ここでの「うれし」さは、3の「**胸のおどった**」を受けており、**「期待していた」通りに「目っぱじき」の草が見つかったことへの深い喜び**を示している。

では、「ぞっとする」はどのような心情であろうか？ 「ぞっとする」は〈強い感動が身体をかけ抜けるさま〉を表すとともに、〈寒気・**畏怖**・恐怖などのために、瞬間的に**心身が震えあがる**ような感じになるさま〉を表すことばである。ここでは前者ばかりでなく、後者をも読み取ろう。一年のある季節に、何かに誘われるように溜池のところにゆくと、そこに**期待通りに「目っぱじき」の草が生えているのが「私」には不思議だったのであり、自分を引き寄せていくそんな自然の営みに畏怖の念を抱かざるを得なかった**のである。以上、〈心おどる喜び〉と〈畏怖〉の二方向が解答の中心になる。また、設問文の要求にある、「似たような語句が使われている部分」は最終段落。ここでも再び、幼い頃「溜池まで誘」われ「たくさんの『目っぱじき』を発見」したことが取り上げられており、その時の感覚を「**背筋がぞくぞくする**」と述べている。「ぞくぞく」は〈喜びや期待、恐怖などのために緊張・興奮を覚えて震えそうになるさま〉の意。「目っぱじき」を発見したことへの喜びと自然への畏怖の念との二つから震えあがりそうになった幼年期の筆者の心情を述べている。

解答に必要な要素を整理すると、以下の三点になる。

A 背筋がぞくぞくする

B 自分が期待していた通りにたくさんの「目っぱじき」を発見した喜び

C 自然の営みに感じる不思議さや畏怖の念

問二 表現の特徴に関する設問。過去の出来事に助動詞「た」を使わないことへの表現効果が問われている。

「幼い私」の「ある日」の経験が描かれているのは、5と6である。文末表現に着目すれば、「…ひとりでそこへゆく」、「私は…ぞっとする」、「…ぞろぞろ、庭を練り歩く」などと、現在形で表現されていることが見て取れる。過去の経験を**現在形で表現する**ことには、読み手を筆者の体験に立ち会わせるような**臨場感を生む効果**がある。過去形で表現されると、既に過ぎ去った一時点の出来事として読み手に遠く感じられる事柄も、現在形で表されると、まるで今、**目の前で事態が進行している**ように読者には受け取られ、読み手は筆者の経験や思いを**生き生きと**味わうことになる。

以上の内容を解答にまとめていく。

ポイント　随筆や小説では**過去の出来事**がときに**現在形で表現される**ことがあり、このことには筆者や登場人物の体験や行動を**生き生きと感じさせる効果**がある。過去形で描かれると既に過ぎ去った一時点のこととして、出来事が読者に遠く感じられるが、それが**現在形**で表されると、今目の前で事態が進行し、それに立ち会っているかのような**臨場感を読者に与える**ことになる。随筆や小説では、内容ばかりでなく表現の面にも留意して読むことを心掛けていこう。

問三　表現の特徴に関する設問。カッコや読点を用いることの表現上の効果が問われている。

まずは①の「カッコで括られた文の存在」があげる効果について考える。最初のカッコは、「季節感というものは、いつごろから、子どもの心にしみこんでゆくものだろう」という問題提起に対し、「もっとも…けれども」と補足説明をしている。「もっとも」は〈前の事柄を受けながらも、それに反することをつけ加える〉働きをする接続詞である。「季節感」を文章の話題として取り上げることに、それがもはや現代人の生活に合わなくなりつつあると、本文の語り手とは異なる**客観的な視点や立場から言及する**ことで、「季節感」など既に失われているのではないかという**読者からの予想される批判や反論にあらかじめ譲歩し、それを踏まえた上での論であることを読者に示している**のである。二つ目のカッコは、「家の風呂場の裏」にある「溜池」のところに「ある日、私」が「ひとりで…ゆく」ことが、「ふだん」にはない特異な出来事（＝「季節感」に関わる出来事）であることをやはり**客観的な立場から明瞭に示して**おり、家の敷地内にある以上その場所に行くのはさして珍しいことではないのではないかと**疑義をはさむ読者のことを想像し、その疑問に前もって答える**効果をあげている。三つ目のカッコは、「ほんとうの菖蒲」というと「ハナショウブ」のことではないかとやはり疑問に思われたり誤解されたりしてしまう可能性を顧慮し、その**疑問や誤解に先回りして客観的な立場から対処する**ことで、**論旨を明確化し**読者に正確な認識をもたらしている。

次に②。読点を打つことの効果の一つに、文章を書いたり読んだりする際の**一定のリズムを生み出す**ことがある。その読点を多用し文章を細かく区切ることで**筆者独自のリズムを生む**とともに、読点で一旦読者を立ちどまらせ、**一つ一つの表現に着目させて、文章全体の印象を深める**効果をあげている。

以上から、解答に必要な要素は、①に関しては、

A　直前の内容に補足的な説明を加える

B　客観的な視点や立場からの説明

C　論旨の明確化

D　読み手の批判や疑問、誤解などにあらかじめ対処する

の四点に、②に関しては

E　筆者独自のリズムを生み出す

F　読者に一つ一つの表現に着目させ文章全体の印象を深める

の二点になる。

問四　全文の趣旨を問い、それに対する意見を求める設問。本文における「季節感」への理解が問われている。

(1)　［本文解説］の項を参照しよう。1の「季節感というものは、いつごろから、子どもの心にしみこんでゆくものだろう」という問題提起を受け、第二意味段落（2〜6）で「目っぱじき」を取り上げる。「目っぱじき」は「家の風呂場の裏」にある「溜池」のまわりに生えており、幼いころの「私」はその草で遊んだのであるが、ある季節になり何かに誘われるようにその池のところにいくと、「そこに見つかるのではあるまいか、と、何となく期待していた」「目っぱじき」が「ちゃんとあっ」たのだと述べている。**生活の場に生えている**植物に、**「遊び」などを通して、直接身体で触れる**ことにより、どんな植物がいつ頃どこに生えるのかという**「季節感」**が、子どもの頃の筆者に**自然と身についていった**ことが読み取れる。

さらに最終段落12でも、「初夏」に「四、五歳の私に働きかけ…溜池まで誘って…『目っぱじき』を発見させたのは…溜池の**においだった**のではないか」と言及されている。触覚や嗅覚、視覚といった**五感を通して自然を身体的に体験する**ことで、「季節感」が子どもの心にしみこんでゆくとする筆者の考えを、ここからも窺い知ることができる。

以上から解答に必要な要素は、以下の三点になる。

A　日常生活や遊びに結びついた自然の事物（を通した体験）

B　五感を通した身体的な体験

C　自然と（心にしみこんでいく）

(2)　(1)で見たように、自然の事物に対する身体的な経験が「季節感」を育むのだとするのが筆者の考えである。現代の、特に都会の生活ではそのような経験を積むことが難しいことから、筆者は「『季節感』とは…遠ざかりつつある」と述べている。

設問に**「自分の考えを述べなさい」**とあるからといって何を書いてもよいわけではなく、**本文の論旨を踏まえ、それに対する自らの主張を展開する**ことが求められている。筆者の意見に対する自分の考えを、論拠を明瞭に示し、その論の構築に妥当な例を挙げつつ述べていくことが大切である。

今回の文章では、現代の生活で、身体的経験を通して「季節感」を身につけることが難しいことが述べられている。よって設問の要求する「身近な例」には、身体的経験に関わるものを挙げることが望ましい。解答は筆者に賛成、反対の立場のどちらを選ぼうと構わないが、現代の、特に都会の生活に「季節感」が溢《あふ》れているとするのは、よほど慎重に論を構築しないかぎり難しいだろう。

ポイント

「自分の考えを述べなさい」という設問は、何でも自分の思うことを好きに書けばよい、というわけではない。**本文の趣旨を押さえ**、その**筆者の主張に対して自らの考えを展開する**ことが求められている。**論旨が首尾一貫している**こと、無用な繰り返しをせず、適切な例を挙げつつ論を構築していくことが大切である。

採点基準・配点

〈計50点〉 問一＝14点　問二＝6点　問三＝12点　問四（1）＝8点　（2）＝10点

問一（14点）

◇①（2点）〈背筋がぞくぞくする〉

②（6点）〈a期待していた通りに／思ったように　b（「目っぱじき」の草が）群生する／びっしり茂る／たくさん　c発見する／見つける　d心おどる喜び／胸がおどる気持ち／感動〉…a d各2点、b c各1点

③（6点）〈a自然が　b自分を誘引する／私を溜池に誘う　c不思議さ　d畏怖の念〉…a b各1点、c d各2点。

▼単なる〈喜び〉は傍線部〈うれしくなって〉の言い換えでしかないので、c△1点。

問二（6点）

◇①（1点）〈現在形で表現される〉

②（5点）〈a筆者の（幼いころの）体験が　b生き生きと　c臨場感をもつ／目の前のことのように感じる〉

…a1点、b c各2点

問三（12点）

◇①（8点）〈a客観的な立場　b（直前の内容に）補足的な説明を加える　c論旨を明瞭にする　d読み手の批判や疑問、誤解などにあらかじめ対処しておく〉…a～d各2点

▼dは〈読み手の意見に対処する〉という方向があれば○。

②（4点）〈a筆者独自の韻律を生み出す　b一つ一つの表現に着目させて文章全体の印象を深める〉

…a b各2点

▼aは〈韻律（リズム）〉の内容が必須で1点。〈独自〉があってさらに1点。bは〈表現に着目させる〉〈印象を深める〉各1点。

問四（18点）

（1）（8点）

◇①（3点）〈a普段の生活や遊びに結びついたb自然の事物〉…a2点、b1点

▼aは〈日常〉に関する内容があれば○。bは〈自然〉があれば○。

②（3点）〈五感を通して身体的に体験する〉

▼〈身体〉があれば○。〈五感〉や〈視覚〉、〈嗅覚〉などで書かれ〈身体〉を欠くもの△1点。

③（2点）〈おのずから／自然と〉

（2）（10点）

◇①（2点）〈季節感〉に関する身近な例が挙げられている

②（4点）筆者の主張する〈身体経験を通して季節感は体得される〉という内容を踏まえている

③（4点）〈季節感〉が〈遠ざかりつつある〉かどうかを、適切な論拠に基づき主張している

▼①～③、程度により適宜減点する。表現未熟、一箇所につき-1～-2点。

▼他は、［本書の構成と利用法］の〈採点上の細則〉に準ずるものとする。

採点例

現代の生活は町にビルが建ち並び自然が減ってしまったことや、子どもの遊びにゲームや漫画といった部屋の中でのものが増えて外で遊ばなくなったことで、自然と触れ合う機会が減り、季節感が子どもの心にしみこみづらくなっていると思う。

①2点　②4点　③4点

計10点

問四（2）

採点ポイント

⬆②〈触れ合う〉を〈身体経験〉として加点。単に〈目で見る〉にとどまり〈身体性〉の弱いものは△2点。

16 「冬物語」

南木 佳士

■和歌山大学■

解答

問一 ア＝後遺症　イ＝辞　ウ＝懐中　エ＝最敬礼

問二 努力の果てに死を見な

問三 治療の徒労や死の責任を問われない、死を受け入れ家族を家で看取った者の満足感に包まれた、おだやかな死。（50字）

問四 夫の死を悲しみながらも、長い間世話し家で看取ったことに満足して、その世話から解放された今後の人生を、夫との思い出を胸に新たな気持ちで生きていこうとしていたから。（80字）

出典

南木佳士《なぎけいし》『冬物語』〈冬物語〉の一節。

南木佳士は一九五一年生まれの小説家。一九八九年『ダイヤモンドダスト』で芥川賞受賞。医者であり、自らうつ病にもなった体験から、生と死に関わる作品を数多く描いている。小説に『エチオピアからの手紙』『医学生』『先生のあさがお』など、エッセイに『医者という仕事』『天地有情』など著書多数。

本文解説

小説では、それまでのあらすじを前書き（リード）として付してあることが多く、そこにはときに読解のための重要な情報や設問を解くための手がかりが含まれている。前書きを軽く読み飛ばしたり、いきなり本文を読み始めたりするのではなく、そこに含まれている情報をきちんと整理する習慣を身につけていこう。

〈前書き〉

① 一人の医師が、湖でのワカサギ釣りに熱中していたころの思い出を回想した文章。

② 湖に落ちかけたところを「園田かよ」に助けられ、ぬれた衣服を乾かすために「かよ」の家に立ち寄る。

以上を踏まえた上で、本文の内容を読んでいこう。

本文全体は、その展開と内容から大きく三つの場面（一～三と表記する）に分けてとらえることができる。

一〈かよさんから～そっと教えてくれた。〉では、〈前書き〉②を受けてかよさんの家でのやりとりが綴られる。夫の安男さんは「脳出血の後遺症で右半身がきかなくなり」、三年前から奥の部屋で寝たきりになっているのだが、その顔は「絶えず笑って」いて、「見る者を深いところで安心させてくれる無防備な笑顔」であったことが語られる。そしてその後、筆者は**〈錯時法〉**を用いて話を展開していく。〈錯時法〉とは**〈物語内容の出来事が生起する順序と、語りの順序とが時間的に一致しない表現形式〉**である。「無防備な笑顔だった」と安男さんの笑顔に対する印象を述べた後、「安男さんに食事を」以降で**さらに過去へと話を一旦戻して**語り手（この文章では、「私」や「僕」などの語り手を示す第一人称が表記されていない。これも小説の一つの手法であって、語り手の体験を読者に自らのもののように味わわせる効果がある）が安男さんの部屋に案内された場面を描き、93ページの4行目の「いい笑顔をたたえていた」のところで、「無防備な笑顔だった」と**語った時の時制に再び追いついている**。これは〈前書き〉①にある、文章が語り手の回想であることから生じている。

〈錯時法〉はもう一箇所用いられている。93ページの16行目で「その日は昼近くまでズボンが乾くのを待ってかよさんの家を辞した」と語った後、ズボンが乾く前へと話を戻しており、実際に「辞した」のは、94ページの9行目「ようやく乾いたズボンをはき、何度も礼を述べると」のところである。

〈錯時法〉を用いて過去へと遡った場面で、かよさん夫婦が三十年も前からワカサギを釣ってきたことが語られる。十年前に定年退職した安男さんが近くの旅館などに依頼されて釣るようになり、夫が倒れたあとも、かよさんは「頼まれるまま小遣いかせぎに釣っている」。だから、ワカサギ釣りは「道楽」ではなくて「商売」であり、「私はプロだだよ」とかよさんは言う。

二〈朝四時に家を出て～隠せそうな気がしていた。〉では、医者である語り手にとっての、ワカサギ釣りの持つ意味が語られる。毎朝出勤前に釣りをするという「日課」を、「十二月末から二月中旬まで」の間毎年かよさんと並んでこなすようになるのだが、このことには**医者**という仕事が「**肌になじまなくなっていた**」ことが関わっている。「**治療の成否とは無関係に、死すべき者は死んでゆくあたりまえで冷酷な現実**」を見せつけられ、「**努力の果てに死を見なければならない**」ことに、自らの仕事が「**徒労**（＝懸命に働いても役に立たないこと。無駄な労苦）」に思えてならない毎日が続く。「死を他人事として」処理できないことから、「自らの余命の短さばかり考え」、「暗い袋小路（＝行き止まり。行き詰まり）」を進むような生活の中で、語り手はワカサギ釣りに出会ったのだった（この場面には、筆者南木佳士の実体験が投影されているだろう。南木自身医者であり、多くの患者の死を看取るうちにパニック障害やうつ病になった経験を持っている）。「**ワカサギの釣果**」は「目で確認でき、数で記憶される**進歩**」や「**向上**」であり、「**明日を生きる**」**多くの**「**活力を与えてくれ**」るのであって、それにのめり込むことで「悲観に包囲された毎日から頭だけは隠せそうな気がし」たのだった。たとえ現実からの些細な逃避にすぎないとしても、出口のない苦悩のなかに生きる語り手にとって、**ワカサギ釣りは唯一明日への希望をもたらすもの**だったのである。

三〈ある二月初旬の早朝～よく光っていた。〉では、安男さんの臨終の場面が語られる。ある二月の早朝、いつものように釣りのため湖畔に行くと、かよさんが走り寄ってくる。父ちゃんの具合が変なので一緒に来てほしいと言われて付いていくが、その時語り手は「事が終わってしまっている」、つまり安男さんが既に亡くなっている「予感」がする。それはかよさんの「足どりが軽」く、「全力で走ってはいなかった」ことによるのだが、このことはかよさんが安男さんの死を冷静に受けとめていることを意味している。果たして安男さんの死亡が確認される。「残念ですが」という語り手の言葉に、かよさんが「畳に額がつくほどの最敬礼」を返したその臨終の光景は、**「不思議になごやか」**なものだった。それは「長わずらいの病人」――初めて出会った時に既に三年寝たきりであり、更にそれから数年が経過している――を「家で看取った」**かよさんの「満足感」**と、**「死亡の責任を問われない医師の安堵感」**とが混ざり合う**「おだやかな空気」**によるものだった。病院で死亡診断書を取ってもどるとすでに通夜の準備が始まっていたが、かよさんは「どこか晴ればれとした」表情をしている。これは先の満足感と、夫の世話という大変な作業からの**解放感**によるものだと言える。「葬式が終わったらまた釣りに出るからさあ」と笑顔を造る途中でふいの涙におおわれながらも、かよさんの目は「祭りを待つ少女」のように「よく光っていた」。ここには夫の死を悲しみながらも、**これから始まる人生に気持ちも新たに一歩を踏み出そうとするかよさんの思い**を読み取ることができる。

設問解説

問一　漢字の書き取り。イ「辞す」は〈退出すること〉の意。エ「最敬礼」は〈最も丁重な、最上の敬礼〉の意。ここでは、〈とても丁寧に、深々としたお辞儀〉に対する形容として用いられている。

問二　傍線部の内容把握。語り手の医師の人生にとって、ワカサギ釣りがどのような意味をもつものなのかが問われている。

語り手にとってワカサギ釣りの持つ意味は、場面㈡の後半部分で言及されている。「**治療の成否とは無関係に、死すべき者は死んでゆくあたりまえで冷酷な現実**」を見せつけられる「医者という仕事」が「肌になじまなくな」り、「自らの余命の短さばかり考え」て「**暗い袋小路**」を進むような日々のなかで、語り手はワカサギ釣りに出会う。その「釣果」は「目で確認でき、数で記憶される」ことから、医師の仕事とは異なって「**進歩**」や「**向上**」を感じさせるものであり、ワカサギ釣りは「**努力の果てに死を見なければならない臨床医の徒労**」よりも「**はるかに多くの明日を生きる活力を与えてくれ**」るものだったのである。よって解答は、この「活力」に言及している「努力の果てに死を…」の一文になる。

問三　本文の内容把握。傍線部と対比される、「安男」の死における語り手の心情が問われている。

「病院で体験してきた死」の特徴を、［本文解説］の㈡から列挙してみよう。

＊**治療の成否とは無関係に、死すべき者は死んでゆく**あたりま

えで冷酷な現実を見せつけられる
＊努力の果てに死を見なければならない臨床医の徒労
これに対する、「安男」の死への医師の受け止め方は傍線部の直前に述べられている。
＊不思議に**なごやかな臨終**の光景
＊長わずらいの病人を家で看取った者の**満足感**と、**死亡の責任を問われない医師の安堵感**が混じり合ってできた**おだやかな空気に満ちていた**
単に「安男」の死に責任ある立場ではない、というだけでなく、夫の死を受け入れている「かよさん」のありように、懸命な治療の果てに徒労を味わう病院での死とは対照的なものを感じたのである。

よって解答は、以下の要素を用い「病院で体験してきた死」と「『安男』の死」を対比して答えることになる。

「病院で体験してきた死」
A　治療の徒労と死亡への責任
「『安男』の死」
B　（Aを）問われない
C　長わずらいの病人を家で看取った家族の満足感
D　死を受け入れている
E　おだやかな死／なごやかな臨終

問四　傍線部の内容説明。比喩表現に込められた「かよさん」の心情への理解が問われている。

［本文解説］三の後半の内容に着目する。語り手から夫の臨終を告げられたときには、「かよさん」はその現実を既に受け入れており、「不思議になごやかな」光景だったのであるが、そこには**「長わずらいの病人を家で看取った」「満足感」**が関わっている。さらに通夜の準備の始まるなかでも、かよさんは「どこか晴ればれとした表情」で安男さんのオムツをかたづけている。これは長く続いた安男さんの世話（［本文解説］三でも触れたが、三年以上続いていた）が終わった**解放感**の表れである。「葬式が終わったらまた釣りに出るからさあ」という言葉は、笑顔を造る途中で「ふいに涙におおわれ」**夫の死を悲しみながらも**、「満足感」や〈解放感〉を覚えるかよさんが、夫と一緒にしてきた**ワカサギ釣りの思い出を胸に、次の人生に新たな気持ちで踏みだそうとしている思い**の表れである。その思いが、**祭りを楽しみに待つ**少女のような、光の宿る目に見えたのである。

以上から、解答に必要な要素は次のようになる。
A　夫の死を悲しんでいる
B　長わずらいの夫を世話し家で看取った満足感
C　夫の世話から解放された思い
D　夫との思い出を胸にこれからの人生を新たな気持ちで生きようとしている

採点基準・配点

〈計50点〉問一＝各3点　問二＝8点　問三＝12点　問四＝18点

問三（12点）

◇①（4点）〈a死を受け入れ　b家族を家で看取った者の満足感〉…ab各2点

▼bはかよさんの〈満足感〉に言及していれば○。

②（6点）〈a治療の徒労／治療の成否とは無関係に死すべき者は死んでゆくあたりまえで冷酷な現実／努力の果てに死を見なければならない治療の徒労　や　b死の責任を　c問われない〉…a〜c各2点

▼aは〈冷酷な現実〉〈努力の果ての死〉だけで〈治療〉や〈医療〉に言及していないもの、△1点。

③（2点）〈おだやかな／なごやかな　死〉

採点例

自分にはどうすることもできない冷酷な現実へのむなしさではなく、おだやかな最期に温かみを感じている。

②a△1点

③2点

計3点

問四（18点）

◇①（3点）〈夫の死を悲しみながらも〉

▼〈ふいの涙におおわれながらも〉を抜き出しただけのものは説明として不十分なので、△1点。

②（5点）〈a長い間世話し／長わずらいの夫を　b家で看取ったことに満足して〉…a2点、b3点

▼bで〈家で看取った〉を欠くもの、-1点。

③（3点）その世話から解放された

▼〈解放感〉の内容が読み取れれば○。〈晴ればれ〉を抜き出しただけのものは説明不十分、△1点。

④（3点）〈夫との思い出を胸に〉

▼〈釣り〉を使って書いていても〈思い出〉の方向が読み取れれば○。

⑤（4点）〈今後の人生を新たな気持ちで生きていこう〉

問三

採点ポイント

⬆②a〈冷酷な現実〉は〈治療〉や〈医療〉に言及していないので△1点。

問四

＊末尾が理由説明に対応していないもの、-1点。

採点例1

長わずらいの病人を家で看取った満足感から晴ればれと
し、ふいの涙におおわれながらも多くの明日への活力と
なる釣りを待ちわびるかよさんの姿が生き生きとしてい
たから。

②5点　①△1点　③△1点　⑤4点

計11点

採点例2

釣りは、長年寄り添い思い続けた安男さんの生きがいで
あった。その釣りをすることはかよさんにとって亡き夫
の思いを継ぐことであり、懐かしい思い出にふれられる
から。

④3点

計3点

採点ポイント

採点例1

⬆①、③はそれぞれ本文から抜き出しただけで、説明表現としては不十分なので△1点。

⬆〈明日への活力〉はワカサギ釣りでの医師の実感を表す言葉だが、これと〈生き生きとしていた〉で⑤の内容は十分表現されていると判断し、加点する。

採点例2

⬆長々と書いているが、④の内容しか書かれていない。同じ方向の内容は、何度書いても一度しか加点されない。

17 「よもぎ苦いか、しょっぱいか」

重松 清

■筑波大学■

解答

問一　女性としての魅力を持つ友だちの母に憧れ、その象徴である化粧の香りに華やいだ甘美な思いを味わいつつも、逆に大好きな母は化粧もせずに土まみれになって働いていて、自分のそばにはあまりいてくれない寂しさを痛感して悲しくなるから。

問二　(イ)仕事でいない夜に自分が友だちの家で過ごすのを許さないのは、女手一つで息子を育てる母が、誰にも迷惑をかけまいと意地になっていたからだということ。

(ロ)母の置かれた立場や愛情をわかっていながらも、母のいない夜を一人で過ごす心細さや寂しさに耐えきれなかったから。

問三　大好きな母と一緒に過ごして心から甘えることのできない寂しさから、その原因に思える母の仕事を嫌悪し、その象徴である「土」を通して母を責めずにはいられなかったから。

問四　親との強い関係性に置かれる娘や少年期の「私」が親のにおいを嫌っているように、親の庇護下にある思春期や年少期の子どもは、成長の一過程において親を身体的に拒否することで、それまでの関係を相対化して自立しようともがくものだ、ということ。

出典

重松清《しげまつきよし》「よもぎ苦いか、しょっぱいか」(『ツバメ記念日　季節風　春』所収)の一節。

重松清は一九六三年生まれの小説家。二〇〇〇年『ビタミンF』で直木賞受賞。いじめをはじめ子どもの抱える問題に焦点を当てた作品を数多く描いている。『ナイフ』『エイジ』『定年ゴジラ』『十字架』など著書多数。

本文解説

本文全体は、その展開と内容から、一行アキとは別に大きく三つの場面(一〜三と表記する)に分けることができる。

一　〈私の脱いだ靴下〜嫌うようになった。〉では、主に「娘」との関係から「家族のにおい」について語られる。「娘」は小学生の頃から私の衣服を、「思春期」の今では「私自身」を「くさい」と言って嫌がるが、「におい」は「距離が近い」からこそ感じ取れるものであり、子どもが**親のそれを嫌う**のは、**「家族の距離の近さを拒みたい**からではないのか」として、「私」が小学生の頃「たった一人の家族のにおいを嫌」った過去のことを回想していく。

二 〈母のにおいは、～染みている。〉では、「私」が嫌った「母のにおい」のことが述べられる。それは、一人で子どもを育てるために陽暮れまで働いていた**「工事現場の土のにおい」**であり、それが「華やいだ」甘美な思いを誘う「友だちのお母さん」の**化粧品の香り**と対比される。生活に追われて化粧などしない母とは対照的なその存在に**「憧れ」の母親像**を感じる一方で、「私」は逆に**自分の母のことを思って「寂しさ」**を痛感してしまう。一人で部屋にいると「土のにおい」をなぜか嗅ぎ取り、「友だちのお母さん」の甘美な「におい」を求めてしまう。一人で「留守番」する時間は「ほんとうに寂しくて不安」なのであり、だからこそ母の帰宅後は「まとわりついて」しきりに話しかける。しかし心身ともに疲れている母がそっけない相槌しかうたないと、「私」は母についた**「土の汚れ」**ばかりに目がいき、「大好き」な母の、「友だちのお母さんに負けているところばかり探し」て**「土のにおい」**を嗅いでしまう。なぜだろうか？ **「土」**は「私」から**母を奪う工事現場の仕事を象徴する**ものであり、それこそが「私」に**「寂しさ」をもたらす**ものである。この**「土」への嫌悪**を通し、**満たされぬ「寂しさ」の裏返し**として「私」は**母を責めている**のである。

三 〈母は学校が～ことだった。〉では、「土のにおい」のことをついに口にし、母を実際に責めてしまう。夜中の突貫作業のとき、一人になる「私」が友だちの家で過ごすことを母が許さないのは「女手一つで息子を育てる」意地であることも、母がおにぎりをつくってくれるのは一人で留守番をする「私」の「寂しさ」を思っての愛情の表れであることもわかっていたが、「私」はおにぎりに「土のにおい」を「嗅いでしまっ」て食べ残し、「土くさい」と言って母を責める。本当は**「大好きな」**母に「心の中で詫びながら」も**逆らってしまう**年少期のこの「私」のあり様を、**においを嫌うことで「家族の距離の近さを拒」もうとした**のだと、二で「私」は述べたのである。

設問解説

問一 「私」の心情を問う設問。自分の母と友だちのお母さんを比較する、「私」の気持ちへの理解が問われている。

ここでは二方向の矛盾する心情が語られている。「うれしくな」る、「頬がゆる」むという方向と、「寂しくな」る、「うつむいてしまう」という方向である。これを設問文は「悲喜こもごも」と言ったのである。それぞれの理由を考えてみよう。

①「うれしくな」る、「頬がゆる」む＝喜

生活に追われ、毎日夜まで土まみれで働く母が鏡台を持たず、化粧品も数少なくて使うことが「ほとんどない」のに対し、**「友だちのお母さん」**の鏡台には**化粧品**が並び、それらの香りが漂う。それを嗅ぐと「なんともいえない華やいだ気分」になり、「鼻腔の奥が甘いもので満たされる」のだが、それはここに母にはない**女性の魅力**を感じ取り、**理想とする「憧れ」の母親像**(＝「お母さんのにおい」)を見出すからである。

以上から、①での解答に必要な要素は次のようになる。

A （自分の母とは違う）友だちのお母さんの化粧品の香りがもたらす華やいだ気分、甘美な思い

B 女性の魅力を持つ母親への憧れ

②「寂しくな」る、「うつむいてしまう」＝悲

ここでの〈寂しさ〉は、母が**土にまみれて働き自分のそばにあまりいてくれないことによる〈寂しさ〉**である。①にある「憧れ」の母親像と自分の母との違いを思い、母がそうやって働くために自分が一人で過ごさなければならなくなる〈寂しさ〉を「私」は痛切に感じている。[本文解説]の[二]で見たように、「私」は母のことが「大好き」で**一緒にいたい**のである。しかしその**思いが満たされることはない**。その〈寂しさ〉から**悲しく**なり「私」は「うつむいてしまう」のである。

以上から、解答に必要な②の要素は次のようになる。

C 化粧をせずに土まみれになって働く母

D 大好きな母がそばにあまりいてくれない寂しさを痛感し、悲しくなる

問二 母の置かれた状況と「私」の心情とを問う設問。母への矛盾した思いを抱える「私」の心情への理解が問われている。

(イ) [本文解説]の項、[三]の冒頭から傍線部の直前までの内容に着目する。夜中の「突貫作業」の時に、母が「私」に友だちの家で過ごすことを許さなかったのは**「女手一つで息子を育てる母なりの意地」**であり、**「誰にも迷惑をかけない」**ことに「依怙地なほどこだわっていた」からだということを、小学生の「私」も「うっすらとわかっていた」のである。

以上から、解答に必要な要素は次のようになる。

A 仕事でいない夜に、母は「私」が友だちの家で過ごすことを許さない

B 女手一つで息子を育てる母なりの意地

C 誰にも迷惑をかけないということにこだわっていた

(ロ) 「すねる」とは、〈自分の思うとおりにならないため、ぐずぐずと逆らう態度をとること〉の意。ここでは（イ）で見たような**母の事情や立場をわかっていながらも、母に逆らう**「私」の態度のことを指している。次段落にある、留守番をする「私」の「寂しさ」を思っておにぎりをつくる母の愛情をわかりながらも、それらを食べ残す態度も同様である。なぜこのように母に逆らうのか？　場面[三]の冒頭にあるように、「夕方の留守番だけでも心細いのに、一人で夜を過ごさなければならない」となれば、なおさら寂しくて不安であり、母の立場や愛情を理解しながらも**それに耐えきれなかった**からである。

以上から、解答に必要な要素は次のようになる。

A 母の置かれた立場や母の愛情をわかっていた

B 母のいない夜を一人で過ごさなければならない

C 心細さや寂しさに耐えきれなかった

問三　傍線部の理由を問う設問。「土」の持つ象徴性と母に対して抱く「私」の矛盾した思いへの理解が求められている。

［本文解説］の項、㈡、㈢を参照しよう。「私」が**「土のにおい」**を嗅いでしまうのは、心に**「寂しさ」を感じたとき**である。㈢の後半にあるように、「私」は「母のことが大好き」なのであり、母と一緒に過ごして思いっきり甘えたいのである。しかし生活のために母は働かざるをえず、「私」の思いは満たされることはない。そんな「私」にとって、**母の仕事**は自分から**母を奪う嫌悪すべき対象**であり、**「土」はそれを象徴する存在**である。だから「寂しさ」を抱える「私」は、「そんなことがあるはずがない」おにぎりにも、「寂しさ」の原因に思える〈母の仕事＝**土**〉の「におい」を感じ取り、**それを通して母を責める**のである。

以上から、解答に必要な要素は次のようになる。

A　大好きな母と一緒に過ごして心から甘えたい
B　（Aが不可能な）寂しさ
C　（Bの原因に思える）母の仕事を嫌悪する
D　「土（のにおい）」は母の仕事の象徴である
E　（「土」を通して）母を責めずにはいられない

ポイント
「**象徴表現**」に留意しよう。「象徴」とは、〈直接的に知覚できない概念や意味を、具体的事物や形象によって間接的に表現すること〉の意。小説でも、**具体的な事象の裏に別の意味内容が関連づけられ表現される**ことがあり、それはときに**全文のテーマにも関わっている**。小説独自の表現なので、センター試験をはじめ入試では頻出である。普段から小説に触れ「象徴表現」を読み取る練習をしていこう。

問四　エピソードの共通性をとらえる設問。本文の主題に関する理解が問われている。

娘は思春期に、「私」は年少期に親の「におい」を嫌っていることに着目しよう。どちらも**大人への成長の一過程**と位置づけることができる。波線部に「家族の距離の近さを拒みたい」とある。親子の関係性は強く、あまりに身近な父親、「大好きな」母なのである。子どもは親の庇護下にあって、特に幼年期は精神的に親と一体となる生活を送っており、その「距離の近さ」を拒むとは、**親と精神的な距離をとって自立する**ことを意味している。娘も少年時代の「私」も「におい」という身体的なものに反応して親を嫌い、親に逆らうが、そうすることによって、それまでの**関係を相対化しようともがいている**のである。

以上から、解答に必要な要素は次のようになる。

A　娘も「私」も親との強い関係性に置かれ親のにおいを嫌う
B　思春期や年少期の子どもの成長の一過程である
C　身体的な反応／身体的に親を拒否
D　親の庇護下にあるそれまでの関係の相対化、自立への葛藤

採点基準・配点

〈計50点〉 問一＝12点 問二（イ）＝7点（ロ）＝7点 問三＝12点 問四＝12点

問一（12点）

◇①（4点）〈a女性としての魅力を持つ／女性らしい b友だちの母に 憧れる／うらやましい／理想に思う〉
〈友だちの母に抱く思い〉…a b各2点
②（2点）〈化粧の香りに a華やいだ b甘美な／甘い 思いを味わう〉〈化粧の香りの醸す思い〉…a b各1点
③（2点）〈a化粧もせず／数少ない化粧品しかもたない b土まみれになって働く／土のにおいがする〉母〈友だちの母と対比される自分の母〉…a b各1点
▼bは〈土〉を使っていれば○。
▼〈一人で負けを背負い込んでしまう〉とだけあるものは、③全体で1点。
④（4点）〈a大好きな母が bそばにいない 寂しさ／孤独 を痛感し c悲しくなる〉…a c各1点、b2点
▼bは〈母の不在〉、あるいは〈孤独〉という内容があればよい。単に〈寂しさ〉とあるだけでは傍線部のままなのでbの加点はしない。

問二（イ）＝7点（ロ）＝7点

（イ）◇①（3点）〈a仕事でいない夜に b自分が友だちの家で 過ごす／泊まる／夕食をとる／友だちと一緒にいる のを許さない〉…a1点、b2点
②（2点）〈女手一つで息子を育てる母〉
③（2点）〈誰にも迷惑をかけないことに 意地になって／こだわって／依怙地になって いた〉
（ロ）◇①（2点）〈母の置かれた a立場や b愛情をわかっていながらも〉…a b各1点
▼aは〈女手一つで息子を育てる〉など具体的な内容で書かれていても○。
②（5点）〈a母のいない夜を一人で過ごす b心細さ／不安 や寂しさ に c耐えきれなかった〉
…a2点、b2点、c1点
▼a〈母のいない〉、〈一人で過ごす〉の片方の内容があれば○。

問一
＊末尾が理由説明に対応していないもの、-1点。

問二（ロ）
＊末尾が理由説明に対応していないもの、-1点。

▼b〈心細さ／不安〉と〈寂しさ〉、片方を欠くもの-1点。

採点例

母の気持ちも分かるが、一人で夜を過ごさなければならない寂しさを理解して欲しく、友人の家に行きたかったから。

①a 1点
②a+b△+c 4点

計5点

問三（12点）

◇①（4点）〈a大好きな母と一緒に過ごして心から甘えることのできない b寂しさ〉…ab各2点

▼aは〈母と過ごせない／甘えられない〉という方向であれば加点するが、〈好き〉の内容を欠くもの-1点。

②（4点）〈aその〈寂しさの〉原因に思える b母の仕事を嫌悪し〉…ab各2点

③（4点）〈aその〈母の仕事の〉象徴である「土」を通して b母を責めずにはいられなかった〉…ab各2点

問四（12点）

◇①（2点）〈親との強い関係性に置かれる娘や「私」が親のにおいを嫌う〉

②（2点）〈思春期や年少期の子どもの成長の一過程である〉

▼〈思春期や年少期〉は不問。〈成長過程〉の内容があれば加点する。

③（2点）〈身体的に 親を拒否する／反応する〉

▼〈身体的〉が必須。単に〈拒否する〉だけでは傍線部のままなので②の加点はしない。

④（3点）〈a親の庇護下にある bそれまでの関係を相対化して〉…a1点、b2点

⑤（3点）〈a自立／独立 しようと bもがく／苦しむ／葛藤する〉…a2点、b1点

採点例

心身ともに子どもが成長する思春期には、最も身近な存在である家族に対して自立心や反抗心が芽生えてくるということ。

①△1点
②2点
⑤a2点

計5点

問二（ロ）

採点ポイント

⬆〈母の気持ち〉は①a〈母の立場〉と同内容表現。

⬆②は〈寂しく〉〈友人の家に行きたかった〉という表現に②cの要素を認め、a2点+b△1点+c1点で4点。

問三

＊末尾が理由説明に対応していないもの、-1点。

問四

採点ポイント

⬆〈身近な存在である家族に対して〉は〈親との強い関係性〉の不十分な説明として、①△1点。

18 「家霊」

岡本 かの子

■岡山大学■

解答

問一 (ア) しょんぼりとして元気のないさま。
(イ) 好感が持てること。気に入ること。
(ウ) 無意識のうちに。

問二 家業を守るために婿養子である夫の放蕩にじっと堪えるものの、それが切なくてたまらず縋りつける相手を求めており、徳永が精魂込めて作った簪をせめてもの心の慰めにして生きていきたいと思っている。

問三 病で倒れた母親にかわってきりもりする家業の小魚が好きになれずにいたが、それが徳永の孤独な心といのちを支え、母親をかげの慰め手になる徳永と結びつけたことを知り、人の生を支える小魚の存在に心ひかれるものを感じたから。

問四 若い頃は、全身の力を使う彫金師の仕事に必要な精を養うためのものだったが、孤独な鰥夫暮しの侘しさや苦しさを癒すものとなり、慰め手を求めるおかみさんの気持ちの表れとして伎倆を鍛える契機となった後、老い衰え体力も気力も失せた今では、その日を生き伸びるための唯一つのいのちのよすがとなっている。

出典

岡本《おかもと》かの子《こ》「家霊」の一節。

岡本かの子は一八八九年生まれの小説家、歌人。女性を主人公にする耽美的な世界を描いた。一九三九年没。小説に『鶴は病みき』『母子叙情』『老妓抄』『生々流転』など。

本文解説

〈前書き〉を整理するところから始めよう。

①くめ子は病で倒れた母親にかわって、どじょう汁の店をきりもりしている。

②彫金職人で母親の馴染の客である徳永老人が、夜食にどじょう汁を求めて通ってくる。

③勘定のたまった徳永老人に店の者はいい顔をしないが、自分の仕事について熱心に物語る老人にくめ子はつい与えてしまう。

以上を踏まえた上で、本文の内容を読んでいこう。

本文全体は、その展開と内容から大きく三つの場面（［一］～［三］と表記する）に分けてとらえることができる。

［一］（ある夜も、風の吹く～切ない心も止まる」）では、〈前書き〉②を受けて店に通う徳永老人の様子が描かれるが、「今夜は決意にみちた、しおしおとした表情」とあることから、**これまでとは違う様子**であることも読み取れる。「身体のしんを使う」彫金職人という仕事には「補いのつく」ものが必要で、「若いうちから」ど

じょうが「虫が好く」ものであったことや、「二十年あまり」の「鰥夫暮し（＝一人暮し）」の**「侘し」さや「苦し」さを感じる**ときにも、**小魚を見ると「切ない心も止まる」**ことなど、「掻き口説く（＝相手の理解や承諾を求めてくどくど述べること）ように」さまざまなことを喋る。徳永老人は**どじょう汁を無心するための言い訳**を並べ立てているのだが、その様子が〈前書き〉③と少し違った様子であるのは、[二]の最後にあるように、**勘定を払う当てもなくて切羽詰まり「嘆願」しに来ている**からである。

[二]（老人は遂に懐から～呪文のように唱えた。）では、徳永の口からおかみさんとの関係が語られる。以前勘定が滞ったとき、おかみさんはどじょうならいくらでもあげるから、その代わり**「一心うち込んでこれぞと思った（彫金の）品が出来たら」自分にくれるよう徳永に言った**という。「放蕩者」の婿に「じっと堪え」、「帳場」から離れず家業を守ろうとしていたが、**「人に縋りつきたい切ない限りの様子」**も見え、その顔は**「慰め手」を求めている**ように思えて、徳永は「いのちが刻み出たほどの作」をおかみさんに献じたのだと語る。しかし老齢の今では「身体も弱り」「仕事の張気も失せ」て勘定を払う当てもなく、とはいえ「こんな霜枯れた夜」に死ぬのは嫌で、**「今夜、一夜」は「小魚のいのち」を嚙み込んで「生き伸びたい」**とどじょう汁を「嘆願」したのだった。

[三]（くめ子は、われとしもなく～窓から差し出した。）では、徳永老人の話を聞いた後のくめ子の様子が語られる。何かに「酔わされた」ような気持ちで料理場に行くと、**「日頃は見るも嫌だと思ったこの小魚が今は親しみ易いものに見える」**とある。「日頃は見るも嫌」とあることから、「病で倒れた母親にかわって」（〈前書き〉①）店をきりもりしていてもくめ子自身は**家業のどじょうが、そしておそらくは家業自体も好きではなかった**ことを窺い知ることができる。そのどじょうが「親しみ易いもの」に変わったことには、**この小魚が母親と徳永とを結びつけたと知った**ことが大きく関与している。**「いのちの呼応」**とは、小魚の顫動が伝わり感じた**くめ子と小魚とのいのちの関わり**だけでなく、この**「小魚のいのち」が徳永のいのちを支えた**こと（[二]）や、さらには**母親と徳永とのかつて「呼応」し合っていた「いのち」**のことも指している。

設問解説

問一　ことばの意味。

(ア)「しおしお」には〈涙などにぬれるさま〉、〈しょんぼりして元気のないさま〉の意がある。ここでは後者。(イ)「虫が好かない」＝〈なんとなく好感が持てない〉が通常の用法。ここはその逆で、〈好感が持てる。気に入る〉の意。(ウ)「し」は強調を表す助詞。「われともなく」、つまりは〈自分でこれといった意識もなく。無意識のうちに〉の意。

問二　傍線部の心情説明。徳永老人がおかみさんの心情をどうとらえたのかが問われている。

傍線部(1)の直後から始まる徳永老人の話に着目。おかみさんは若くして「婿取り(＝娘に婿を迎えること)」をした(つまりは、どじょう汁の店を営んでいるのはおかみさんの家であり、夫は婿養子である)が、その「婿」が「放蕩者(＝思うままに振る舞う人。遊び人)」なため、家業を守るには「帳場」にかじりついて「じっと堪え」るしかなかったのである。しかしときに**「人に縋りつきたい」**ような**「切ない(＝つらくやるせない)限り」**の**様子**も見え、「おかみさんの顔」に**「慰め手」を求める思い**を読み取った徳永は、「身のしんを揺り動かして」「いのちが刻み出」るほどの簪を作って差し入れていく。そんな徳永が「一心うち込んでこれぞと思った品」を**せめてもの心の慰めとして、おかみさんは生きていこうとしている**と徳永は考えたのである。

以上から、解答に必要な要素は次のようになる。

A　婿養子である夫が放蕩者である

B　(Aに)じっと堪える

C　切なくてたまらず誰かに縋りつきたい

D　徳永が精魂込めて作った簪をせめてもの心の慰めとして生きていきたい

問三　傍線部の理由説明。徳永老人の話を聞いた後のくめ子の心情への理解が問われている。

まずはどじょうを「日頃は見るも嫌だと思っ」ていたくめ子の心情から考える。[本文解説]の項、三を参照しよう。〈前書き〉にあるように、「病で倒れた母親にかわって」くめ子はどじょう汁の店をきりもりしているが、その**家業の小魚が(そしておそらく家業自体も)好きになれずにいた**のである。それが徳永老人の話を聞いたことで、**小魚に対する心情が変化していく**。それは直後の**「いのちの呼応」にもつながっていく思い**である。この小魚に関して徳永が語ったことから解答を考えればよいのであり、ここでは**〈小魚と徳永〉**の**「いのちの呼応」**と**〈母親と徳永〉のそれ**とに着目していくことになる。

〈小魚と徳永〉に関しては、[本文解説]の項、一と三を参照しよう。「鰥夫暮し」が「佗しい」「苦しいとき」でも「あの小魚の姿を見ると、**どうやら切ない心も止まる**」(一)、「今夜、一夜は、**あの小魚のいのちを…嚙み込んで生き伸びたい**」(三)とあることから、**小魚が徳永の孤独な心といのちの支え**であることが読み取れる。

〈母親と徳永〉に関しては、どじょう汁をきっかけにして二人が結びつき、**かげで徳永が母親の「慰め手」になっていたこと**を二の内容から押さえる。**母親の心の支えになる相手をもたらしたのが小魚だった**のである。

徳永も母親も小魚に生を支えられていたことをくめ子は知り、**その存在に心ひかれ**「親しみ易いもの」に見えたのである。

以上から、解答に必要な要素は次のようになる。

A　病で倒れた母親にかわって店をきりもりするが、家業の小

魚を好きになれずにいた

B　小魚が徳永の孤独な心といのちを支えている

C　小魚が母親をかげの慰め手になる徳永と結びつけたと知る

D　人の生を支える小魚の存在に心ひかれるものを感じた

問四　全文の内容把握。徳永老人の人生における、どじょう汁の持つ意味の変化が問われている。

［本文解説］の項、㈠、㈡から、解答に関わる箇所をピックアップしていく。

㈠からは該当箇所を列挙してみよう。

＊若いうちから、このどじょうというものはわしの虫が好く…この身体のしんを使う**仕事には**始終、**補いのつく食いもの**を摂らねば業が続かん

＊二十年あまり、**鰥夫暮しのどんな佗しいときでも、苦しいときでも**…小魚は、妙にわしに**食いもの以上の馴染**になってしまった

＊あの小魚の姿を見ると、**どうやら切ない心も止まる**

以上から、解答に必要な要素は次のようになる。

A　若い頃は身体のしんを使う彫金師の仕事に必要な精を養ってくれる

B　孤独な鰥夫暮しの佗しさや苦しさを癒す

㈡ではまず、おかみさんとのやりとりに着目。「どじょうが欲しかったら、いくらでもあげ」るから「これぞと思った品が出来たら」自分にくれと言うおかみさんの言葉に、徳永は**おかみさんが「慰め手」を必要としている**と考え、そのことが**彫金の技倆をも鍛えた**と語る。ここから、以下が解答要素になる。

C　慰め手を求めるおかみさんの気持ちを表している

D　彫金の技倆を鍛える契機となる

次に、㈡の最後にある徳永の言葉から、どじょう汁が今持つ意味を取り上げよう。

＊身体も弱りました。仕事の張気も失せました…今夜、一夜は、**あの小魚のいのちを…嚙み込んで生き伸びたい**

老齢になり、**体力も気力も衰えた**徳永にとって、どじょうは**今日一日生き伸びていくための唯一つのよすが**なのである。

E　老い衰え体力も気力も失せた今では、その日を生き伸びるための唯一つのいのちのよすがになっている

採点基準・配点

〈計50点〉 問一＝各3点　問二＝12点　問三＝13点　問四＝16点

問一 (ア)〜(ウ)（各3点）

◇(ア)〈しょんぼり〉、〈元気のない〉片方でも○。

問二（12点）

◇①（4点）〈a家業を守るために b婿養子である夫の放蕩に／浮名を流す夫に cじっと堪え〉
…a2点、bc各1点

▼〈帳場から一足も動かない〉はa△1点。b〈婿養子〉の有無は不問。

②（4点）〈a切ないかぎりで／つらくて／悲しくて b縋りつける相手を求めており〉…ab各2点

③（4点）〈a徳永が精魂込めて作った簪を bせめてもの心の 慰め／支え にして生きていきたい〉…ab各2点

▼aは〈一心うち込んだ品〉を的確に言い換えているものに加点。〈簪〉は不問。〈一心うち込んでこれぞと思った品〉は傍線部のままなので、aの加点はしない。〈いのちを刻み込んだ品〉は○。

▼bは〈慰め／支え〉の方向があれば○。

問三（13点）

◇①（2点）〈a病で倒れた母親にかわってきりもりする b家業の小魚／家業 が好きになれずにいた〉
…ab各1点

▼aは〈母親のかわりに働く〉という内容があれば○。

▼bは単に〈小魚（どじょう）が好きになれない〉だけでは傍線部のままなので、bの加点はしない。

②（4点）〈（小魚が）a徳永の 孤独な／佗しい／苦しい 心と bいのちを支え〉…ab各2点

▼〈孤独な／佗しい／苦しい〉といった内容を欠くものa△1点。

③（2点）〈（小魚が）母親を徳永と結びつけた〉

④（1点）〈かげの慰め手になる徳永〉

▼〈慰め〉という内容があれば○。

⑤〈4点〉〈a人の生を支える小魚の存在に b心ひかれるものを感じた／好感を覚えた〉…a b各2点

▼aは②や③の内容を一般化しているものに加点。また、〈（母親の娘である）自分のいのちもこの小魚とつながっている〉といった方向で書いたものも、aとして加点する。

問四〈16点〉

◇①〈3点〉〈a若い頃は b全身の力を使う彫金師の仕事に必要な 精を養うためのもの／補いのつくもの〉
…a1点、b2点

▼bは〈仕事のために精をつける〉という方向があれば○。単に〈仕事のため〉は△1点。

②〈3点〉〈a鰥夫暮しの b孤独／侘しさ／苦しさ／切なさ を癒すもの〉…a1点、b2点

③〈4点〉〈a慰め手を求めるおかみさんの気持ちの表れとして b伎倆を鍛える契機となった〉…a b各2点

④〈6点〉〈a老いて b体力も気力も失せた／身体も弱まり仕事の張気も失せた 今では cその日を生き伸びるための d唯一つのいのちのよすがとなっている〉…a c各1点、b d各2点

▼bで〈体力〉と〈気力〉片方のもの、〈衰え〉しかないもの△1点。

採点例

若いうちは業を続けるため補いのつく食べ物をとどじょう汁を口にしていたが、長年つらいことの多い生活のなかでどじょうの姿は徳永を慰めるように見え、また店のおかみさんと接するきっかけにもなり、老いた今では冬の一夜を生き伸びるための糧であり、食べ物以上の馴染になっている。

①3点　②b2点　③a△1点　④ac2点　④d△1点

計9点

問三

＊末尾が理由説明に対応していないもの、-1点。

問四

採点ポイント

⬆③a〈おかみさんと接する〉だけでは〈おかみさんの気持ち〉に言及していないので△1点。

⬆④d〈食べ物以上の馴染〉は〈いのちのよすが〉の表現未熟と見て△1点。

19 「爆心地の夏」

青来 有一

■広島大学■

解答

問一　和子の母の、長崎で和子とともに被爆したという秘密。

問二　まばゆいばかりの現在の生活（13字）

問三　1　長崎に向かう列車の中から、半ば寝ぼけた眼で有明海の鉛色の干潟を見たとき。

2　確かな記憶がなくても、自分が被爆後の原子野の鮮烈な光景を長崎で見たこと。

問四　1　麻理子が原爆症関係の病気で入院したと誤解している。

2　自分が被爆者であるために、お腹にいる孫に原爆症の症状が現れたと思ったから。

問五　和子が被爆の不安と恐怖に苦しみ、自分の子どもにも原爆症の可能性があるのに、今の幸福を疑わず、原爆を過去の無関係な土地のことだとする麻理子の発言。

問六　母が自分に隠し通した秘密を今度は自分が背負う、その苦悩を息子たちが知るはずもないが、自分が長崎を訪れない理由も考えず、今ある幸福を疑うことなく自分に生活の世話を頼りきる彼らにあきれつつ、そこに幸せを感じてもいる。

出典

青来有一《せいらいゆういち》「爆心地の夏」の一節。

青来有一は一九五八年生まれの小説家。二〇〇一年『聖水』で芥川賞受賞。自らの出身地である長崎を舞台に、原爆や隠れキリシタンなどを題材にした小説を描いている。著書に『月夜見の島』『爆心』『てれんばれん』など。

本文解説

〈前書き〉を整理するところから始めよう。

①福岡で一人暮らしをする和子には、長崎に住む息子夫婦と三歳になる孫娘がいる。

②和子には、孫と同じ年齢のころ、原子爆弾が投下される数日前の長崎を母と一緒に歩いた記憶がある。

③母の首の後にはうっすらとした痣があった。

以上を踏まえた上で、本文の内容を読んでいこう。

本文全体は、その展開と内容から大きく三つの場面（一〜三と表記する）に分けてとらえることができる。

一（天神で母と〜過ぎてしまった。）では、自分が被爆者ではないかと疑う和子の過去が語られる。母と天神にいるとき中年女性に声をかけられ、火傷の跡が消え（〈前書き〉③）原爆症でなくてよかったと言われたが、母は無視して歩み去る。**「なにかを隠して」いたような生き方だった**が、戸籍から母の故郷は「長崎の浦上山里」と分かり、〈前書き〉②の記憶もあることから、**和子は自分が長崎で母と被爆したのではないかと疑う**。そのことを一度夫に話したが、「死んだ人の秘密を暴くものではない」とたしなめられ、以来母に関する話題は避けられ時だけが経過していた。

㊂（幸彦たち家族が～くっついた。）では、和子が長崎の息子夫婦を訪れることになった経緯と孫の面倒をみる様子とが語られる。二人目が生まれる幸彦たち家族の面倒を見るために、和子は長崎を訪れるが、**それまで一度も行こうとしなかったのは、そこが母の抱える秘密につながる場所であり、被爆の不安や恐怖と向き合うことになる場所だからである**。長崎に向かう列車の中で有明海の干潟を長崎だと誤解したことに、「被爆後の原子野」を自分は実際に目にしておりそれを「記憶の奥底」に封印したのではないか、と考えるが、ここに和子の不安を見て取れる。

しかし、長崎で孫と過ごす時間は**「生涯で最後の幸せな時間」**にも思えてくる。原爆から長い時間が経過し母の秘密につながるものなどあるはずがなく、すでに原爆の痕跡すらない場所であるのだから、**現在の生活を愉しめばいい**とも考えるが、そう簡単に割り切ることもできず、**和子は葛藤を抱え苦しんでいる**。

㊂（麻理子さんは～押し寄せてきた。）で主に描写されるのは、和子と息子夫婦の思いのズレである。和子は「母と長崎という土地の因縁」（㊁）について幸彦に話したことはない。**話せば幸彦と孫に原爆症の疑いが生じ、重荷を負わせてしまう**からである。何も知らない嫁の麻理子は、入院する原爆病院の名前を嫌がり、原爆は過去の無関係な土地のことだと、被爆の不安と恐怖を抱える和子の前で平気で語る。**自分の子どもが原爆症であり得るとは夢にも思わず、今の幸福を疑わない**その姿に、和子は**「すべての無垢を蹴散らして、なにもかも暴いてしまいたくな」る衝動**にかられる。仕事から帰った幸彦も、家のことは和子に頼り食事を終えると早々と娘と寝てしまう。「増えるばかりの子どもたちの面倒をみている」気がして和子はあきれるが、それでもそこに**「生涯で最後の幸せな時間」を感じてもいる**のである。**さまざまな思いを抱える和子の心情**を丹念に読み取りたい。

設問解説

問一　傍線部の内容説明。和子の母の抱える秘密が何であるかが問われている。

直前に「お母さんは死ぬまで…口にしなかった」とあることから、**和子の母の秘密**であることが分かる。本文冒頭にある中年女性の言葉に「火傷の跡」、「原爆症」とあることから、**和子の母が被爆していた可能性**が読み取れる。また、[本文解説]の項、〈前書き〉②にある記憶や傍線部直前の「わたしはね、被爆者かもしれないのよ」という和子の言葉から、**母親が長崎で被爆したとき、和子もその場にいあわせた可能性**も見て取れる。

以上から、解答に必要な要素は次のようになる。

A　和子の母
B　長崎で被爆した
C　（Bのとき）和子が一緒だった
問二　傍線部の心情把握。孫と過ごすときの和子の心情への理解が問われている。

問一で見たように、長崎は和子が母と被爆した可能性のある場所、つまりは**母の秘密に関わる場所**である。そのため、幸彦が赴任しても**一度も訪れようとはしなかった**のであるが、それでもそこで孫と過ごしていると、**「生涯で最後の幸せな時間」**にも思えてくる。そんな、原爆や母に関わる思いと対比される、**幸彦の家族と過ごす幸福感**に言及している箇所を本文中に求めていくことになる。二の後半にある、「ここ（＝長崎）に来ても母のなにがわかるというのか」と**母の秘密に関する思い**を吐露した後に言う、**「まばゆいばかりの現在の生活」**が、**今の幸彦の家族との「幸せな時間」**を指している。正解は、「まばゆいばかりの現在の生活」。

問三　心情把握。長崎に自分がいたことの痕跡を求めてしまう和子の心情への理解が求められている。

長崎に着いたときに、土地が「語りかけてくることはなかった」と和子が言うのは、裏を返せば何かが「語りかけてくる」、つまりは**かつて自分が長崎で被爆したことや母の秘密を示す何かがこの地で自ずと示されるのではないか**、と和子が思わずにはいられなかったことを意味している。そんな土地との関わりを「語りかけ」られたと感じたのは、傍線部の直前、長崎に向かう列車の中から、半ば寝ぼけた眼で有明海の干潟を見た時である。その「鉛色の干潟」を見たとき、**「長崎に帰りついた」と和子は思う**。「鉛色の干潟」に相当するものとは、原爆で全てのものが吹き飛ばされた後の「原子野」である。ここから自分は**「被爆後の原子野」を実際に目にしており**、その「鮮烈な光景」を**「記憶の奥底」に封印している**のかもしれないと考えるに至る。これが土地が「語りかけ」、和子に示したことである。

以上から、解答に必要な要素は次のようになる。
1　A　長崎に向かう列車の中
　　B　半ば寝ぼけた眼で有明海の鉛色の干潟を見たとき
2　C　被爆後の原子野という鮮烈な光景を長崎で見た
　　D　記憶の奥底に隠している＝確かな記憶はない
問四　本文の内容把握。「原爆病院」という病院名を聞いたときの和子の反応と、それへの麻理子の誤解が問われている。
1　「原爆病院」という病名を聞いて周囲の示す反応の理由を、**本文中に言及している箇所はない**。よって**推測して考えること**になる。**「原爆病院」**という名を初めて聞くと、大概の人は**〈原爆に関係する病気の人が通院・入院する病院〉**だと思ってしまうだろう。和子を含め「みんな」が「慌て」たのもそのような誤解からだと麻理子は考えたのである。解答に必要な要素は

A 麻理子が原爆症関係の病気で入院したになる。

2 和子が「慌て」た理由に関しては、三の半ばにある、幸彦から電話をもらった場面に着目する。嫁の麻理子が「原爆病院に入院した」と聞き、**「なにかが中空で音もなく炸裂して、和子の眼は白く眩んだ」**とある。しかし1同様**「慌て」た理由は明示されていないので、推測する**ことになる。4行後に「思いちがいだと知っても」とあることから、出産のためにすぎない麻理子の入院を別の理由、それも**悪いことと誤解したためにめまいを起こした**ことが読み取れる。それは1にある**「原爆病院」という言葉が喚起する意味合いと関係する**と言え、また、**自分が被爆者かもしれないという疑惑を和子がつねに抱いている**ことを鑑みれば、自分が被爆していたことで、**お腹の中にいる子どもに原爆症の症状が出た**（ここで1のような麻理子の発病と考えられないのは、彼女が千葉県出身だと知っており、自分の被爆と無関係な麻理子のことなら目が眩むほどのショックは受けないだろうからである）と和子は「思いちがい」をしたのだと判断できる。

以上から、解答に必要な要素は次のようになる。

B お腹の中にいる孫に原爆症の症状が出た

C （Bの理由は）自分が被爆者だからである

ポイント 小説ではときに**展開に関わる内容や登場人物の心情を明記せず、読者に推測させる**ことがある。そこに設問が設定されている場合、当然推測して解答を考えなければならないが、だからといって読書時の感想のような自由が許されるわけではなく、入試問題の解答である以上その**内容は客観的なものでなければならない。本文の展開や登場人物の置かれた状況などに即して適切に判断する**ことを心掛けよう。

問五 傍線部の理由説明。「溜息まじりに呟い」た和子の心情への理解が問われている。

直接には**「原爆なんて昔のことで、よそ者のあたしには関係もない」という麻理子の発言**が引き金になっているが、その言葉に何を「知らない」と和子が思ったのかを読み取っていく。原爆を自分とは無関係とする麻理子の言葉への批判であるから、**麻理子にも原爆は関わっている**と和子は考えている、ということになる。一つには義母の**自分に被爆の疑いがあり、その不安や恐怖に苦しんでいる**ことである。何も知らないからこそ麻理子は和子に酷に響く言葉を平気で口にできるのである。もう一つは、自分が被爆者であれば**麻理子の子どもにも原爆症の疑いが生じる**ことである。そんなことを夢にも思わず、お腹の子が動いたと言って娘の頭を撫でる**「無垢」な幸福の様子に溜息を**

ついたのである。

以上から、解答に必要な要素は次のようになる。

A　和子は自分が被爆した不安と恐怖に苦しんでいる
B　麻理子の子どもにも原爆症の可能性がある
C　「無垢」な幸福＝今の幸福を疑わない
D　原爆を〈昔のことで、よそ者の自分には関係ない〉と言う
　麻理子の発言

問六　傍線部の心情説明。本文全体をふまえた上で和子の心情を理解できるかが問われている。

傍線部は息子夫婦の**精神的な幼さ**を言ったものだが、それは病院での麻理子の様子や、**生活の世話を和子に頼りきり**娘と「早々に寝てしま」う幸彦のあり様に表れている。幸彦にも子どもたちにも**原爆症の可能性**があるが、母が自分にしたようにその**秘密を幸彦に語ることなく**和子は**一人で抱えて**生きている。**そんな苦悩を知る由もなく**、自分が長崎を訪れない理由を考えようともせずに、息子夫婦は幸せに暮らしている。その悩みのない「無垢」さ加減に**あきれている**のが傍線部での**和子の気持ちであると推測できる**。しかし、和子の心情はそう単純でもない。［本文解説］の項、三で述べたように、息子の家族との生活を**「生涯で最後の幸せな時間」**とも感じ、「まばゆいばかり」の生活だとも思っている。直後にある「むっとした熱気を孕んだ闇が顔に押し寄せてきた」はその複雑な心情の象徴といえる。**「闇」**は和子の抱える**被爆の苦悩の表れ**であるだろう。だがそれは迫りくるような「むっとした熱気」を孕む。「むっと」する＝息子夫婦へのあきれる思いを持ちながらも、そこには**「熱気」**が、**「生涯で最後の」新しい生活への胎動**があるのである。今まで「遠い土地」（三）でしかなかった長崎で子どもや孫の面倒を見ることに、和子は**新たな幸せ**を見出してもいる。

以上から、解答に必要な要素は次のようになる。

A　母が自分に隠し通した秘密を自分が抱えて生きていく
B　息子たちにあきれる思い
C　〈息子たちにあきれる理由〉
　1　（Aの）苦悩を知るはずもない
　2　自分が長崎を訪れない理由を考えない
　3　無垢で幸福な生活を送っている＝今ある幸福を疑うこともない
　4　生活の世話を自分に頼りきっている
D　新たな幸せを感じている

採点基準・配点

〈計50点〉問一＝5点　問二＝4点　問三　1＝4点　2＝5点　問四　1＝3点　2＝5点　問五＝9点　問六＝15点

問一（5点）

◇〈a和子の母の　b長崎で和子とともに被爆した〉…a2点、　b3点

▼b〈長崎〉、〈和子とともに〉の内容を欠くもの、それぞれ-1点。

問三1（4点）

◇〈a長崎に向かう列車の中から　b半ば寝ぼけた眼で有明海の鉛色の干潟を見たとき〉…ab各2点

▼〈長崎〉を欠くものa△1点。

▼〈有明海を見たとき〉という内容があればb加点。〈寝ぼける〉という内容を欠くものb△1点。

問三2（5点）

◇〈a確かな記憶がなくても／記憶の奥底に隠されていても　b自分が被爆後の原子野の鮮烈な光景を長崎で見た〉…a2点、　b3点

▼〈被爆後の原子野〉がb必須。〈長崎〉、〈鮮烈な光景〉の内容を欠くもの、それぞれ-1点。

問四1（3点）

◇〈麻理子が原爆症関係の病気で入院した〉

▼〈麻理子〉を欠くもの△2点。

問四2（5点）

◇〈a自分が被爆者であるために　bお腹にいる孫／子に原爆症の症状が現れたと思った〉…a2点、　b3点

▼〈孫が原爆症になる〉という内容があればb○。〈幸彦が自分を被爆二世だと知った〉はb△1点。

問五（9点）

◇①（2点）〈和子が被爆の不安と恐怖に苦しみ〉

▼〈不安〉、〈恐怖〉、〈苦しみ〉といった内容が、どれか一つあれば○。

②（3点）〈自分の子どもにも原爆症の可能性がある〉

問四2

＊末尾が理由説明に対応していないもの、-1点。

③（2点）〈（麻理子が）今の幸福を疑わず／無垢なまま／無邪気に〉

▼〈無防備な濁りのない眼〉は比喩なので△1点。〈平然と〉も△1点。

④（2点）〈原爆を 過去の無関係な土地のこと／よそ者のあたしには関係ないこと だとする麻理子の発言〉

▼〈過去〉と〈無関係な土地〉片方のもの△1点。

問六（15点）

◇①（3点）〈母が自分に隠し通した秘密を今度は自分が背負う苦悩〉

▼内容が不十分なもの適宜減点。〈秘密〉に言及せず単に〈被爆の 苦しみ／不安〉としているもの△2点。〈和子の 苦しみ／不安〉程度のものは△1点。

②（2点）〈（①を）息子たちが知るはずもない〉

③（2点）〈自分が長崎を訪れない理由も考えず〉

④（2点）〈今ある幸福を疑うこともなく／特に悩みもなく／無垢なままに／無邪気な様子で〉

⑤（4点）〈a自分に生活の世話を頼りきる b彼らに あきれ／不快に思い／不愉快に感じ つつ〉…a b各2点

⑥（2点）〈幸せ／充実感を感じてもいる〉

▼〈まばゆいばかりの現在の生活〉では、心情の説明として不十分なので△1点。単に〈家族とのつながり〉とだけあるのも、同様の理由で△1点。

採点例

和子自身が被爆者かもしれないと悩み、長崎に因縁を感じ近寄りがたいと思っているにもかかわらず、息子夫婦と孫はそれを知らず、長崎に連れてこようとするなど、無邪気に接してくることに対して幸せを感じつつも、複雑な思いを抱いている。

①△2点 ③2点 ②2点 ④2点 ⑤b△1点 ⑥2点

計11点

問六

採点ポイント

⬆③は〈それを知らず〉につながっているので加点。

⬆⑤〈複雑な思い〉は〈幸せ〉と対比される心情を表現しているが、中身が不明瞭なのでb△として加点。

20

『野川』

古井 由吉

熊本大学

解答

問一　以前何度か経験した外界の雰囲気が要所要所において現れる「外の反復」と、それを五感を通じて無意識のうちに感じ取って、方向感覚を働かせる「内の反復」とが相まって道を選んで生きていく、一定の手順に従う習慣化された人の行動のあり方。

問二　反復からなる習慣が成り立たせる日常の時空間が解体し、経験によって育まれた既知の感覚が崩れゆくとき、寄る辺ない孤独と不安のなかで開けてくるのが生の実相であり、言葉も消え自意識からも解き放たれ、存在の根底を流れる大いなる世界と一つになって永遠を感じるとき、沈黙は成る。

出典

古《ふる》井《い》由吉《よしきち》『野川』〈夜の髭〉の一節。

古井由吉は一九三七年生まれの小説家、ドイツ文学者。一九七一年『杳子』で芥川賞受賞。ドイツ文学の影響の下で作家活動を始め、現在では、重層的なイメージを喚起する独特の文体からなる作品を多く発表している。著書に『栖』『仮往生伝試文』『白髪の唄』『蜩の声』など多数。

『野川』は、老境にある主人公の、さまざまな時間からなる過去と現在、幻想と現実が交錯する心象風景を通じて、生死のあわいを往還するような人間存在のありようを描いた小説。本文は、芭蕉の俳諧連句撰集の一つである『冬の日』の一節（頭の露をふるふ赤馬）をきっかけに、主人公の脳裡を去来する様々な想念を記した箇所である。

本文解説

本文全体は、その展開と内容から大きく三つの場面（一～三と表記する）に分けてとらえることができる。

一（――頭の露をふるふ～よくあることだ。）では、「赤馬」の光景を引きながら、**「日常の一場の光景」が「永遠のように眺められる」ことがある**と語られる。それは「周囲の長い短い反復から、わずかの間、**零れ落ちかけた**徴」なのではないかと言う。**「反復」と「永遠」の関係**について述べられていることに注意しよう。

【二】（長い並木路〜返答のしようもなくなった。）では、（欧州での）旅のさなかに見聞した遺跡について語られる。「長い並木路に沿って」両側に「無数の石棺」が並んでいるが、もともと古代では「都市の城門に至る街道」であって、そこに「良家の死者たちの棺」を並べ「至福の野」と呼んでいたらしい。蓋も中身も奪われた後、農民たちは遺骨を埋め、棺を用水路に利用したと言われる。

近代の詩人は、その蓋のない棺を「睡りから覚めた眼」、「ふたたび開かれた口」に喩え、「沈黙とは何かを、すでに知った口」と称えて、生きている人間に「**沈黙の何たるかを知っているのか、知らずにいるのか**」と問いかけた。そして「**知ると知らぬとがふたつながら、ためらい進む時を人間の顔に刻む**」と結んでいる。これに対し「私」は「沈黙」を知らぬと言えば、「**人の一生などは沈黙の大流の中の、いささかの浅瀬のざわめきにすぎない**」と「沈黙」が笑うと言い、さらに「**知らぬということすら知らずにいる間こそ、知っている時になりはしないか**」と「大まじめに」つぶやくと、「沈黙」が「また笑う」のだと述べる。

「人の一生」が「大流の中」の「浅瀬のざわめきにすぎない」とは、**人の生の根底を流れるのが「沈黙」である**ことを意味し、「知らぬということすら知らずにいる間」とは、「知る」と「知らぬ」の二分法でとらえられる以前、つまりは**「沈黙」が言葉で対象化される以前の状態**を指している。そのときにこそ**自ずと「沈黙」は成る**のであり、言葉で「大まじめに」語ってしまえばそれはもはや「沈黙」ではなく、「知ると知らぬ」は「**ふたつながら（＝二つとも〈そのまま分かたれることなく〉）**」時を刻むのである。

【三】（反復から成り立つ〜言葉が点るかどうか。）では、「反復」と生の「実相」との関係が語られる。

年を取ると「反復から成り立つ現実に、すこしずつ置き残されていく」と「私」は言う。本来なら**要所要所で反復される「場所の雰囲気」（＝「外の反復」）を五感で感じ取り、その「安定した既視感」に頼ることで人は「方向感覚」を働かせて生きていく（＝「内の反復」）**のだが、老齢になるとこの「内の反復」がゆるみ習慣が綻んでいく。さらに高齢になると、夜中に寝覚め手洗いに立ったはいいが、家の中が「見知らぬ空間」と化し、遠近感と立体感が変質して空間が解けている。同じ所をうろうろし、やがて立ちつくしてしまう。「遠近も方角も」定まらず、空間は解体して時間も停まって感じられるが、じつは「**内の反復が掠れて、反復からなる空間が解ける**」この時にこそ、**生の「実相が見えて来はしないか**」と「私」は語る。

日常において、人は**反復からなる習慣的な生活**に安住している。たとえそれが生のほんの表面にすぎなくても、それに従って生きる方が楽だからである。しかしそのために、人は**生が本来持っているはずの多様性や一回的なあり様**を見失ってしまっている。**習慣のうち崩れた生**は**不安定**であり、「遠近や方角」も定まらない**不安**の中で誰も「助け」てくれるもののない**孤独**を人は味わうが、しかしそこにこそ**生の「実相」**があるのであり、そんな中で自分は生きてきたのだと「私」は言う（ここに、作家としての筆者の生を重ねることができるだろう）。それは**言葉も消え**、「あれもした、これもした」などという僅かな**自意識も失われゆく**世界であるが、ここに至って初めて「内」と「外」の区別はなくなり**存在の根底にある大いなる流れと一つに「つなが」る**ことができる。このとき二で語られた**「沈黙」が成る**のである。そして他の一切の存在とつながり合い、「反復」から外れた**「永遠」を感じさせる**（一）この沈黙の世界、これこそが「仏」なのである。

設問解説

問一　傍線部の内容説明。日常を形作る「反復」への理解が問われている。

　まずは傍線部を含む段落の内容に着目しよう。3行前に「場所の雰囲気も人の方向感覚も…反復から成り立っている」とある。この**「場所の雰囲気」の「反復」が「外の反復」**であり、**「人の方向感覚」の「反復」が「内の反復」**である。「人は要所要所で雰囲気に感じて」道を選ぶのであり、そのときに**「既視感」**があるのだと「私」は述べている。ここから、**以前何度か経験したことのあるような「場所の雰囲気」が、「要所要所で」繰り返し現れることが「外の反復」**であることが分かる。そしてこの雰囲気を、「視覚」ばかりでなく「聴覚や嗅覚」といった**五感**によって**「安定した既視感」**のうちに感じ取り、**「方向感覚」を働かせるのが「内の反復」**ということになる。この両者が「相携え」、つまりは**相互に作用し合って**道を取って「歩いている」、というのが傍線部の意味になるが、さらに次段落にも目を向けよう。直後に「年を取るほどに人の習慣は抜き難くな」る、あるいは「日常の行為には…長年定まった無意識の手順がある」とあることから、内外の「反復」が相まって**「習慣」**となり、人は**「無意識」のうちに「定まった」「手順」に従って行動し、生きていく**ことが読み取れる。

　以上から、解答に必要な要素は次のようになる。

「外の反復」の説明
A　外界（場所）の雰囲気
B　（**A**を）要所要所で感じる
C　安定した既視感がある＝以前何度も経験したことがある

「内の反復」の説明
D　五感を通じて感じ取る
E　方向感覚を働かせる

「相携えて、歩いている」の説明
F　（「内の反復」が「外の反復」と）相互に作用しあう
G　定まった無意識の手順
H　道を取る＝習慣化された行動

問二　傍線部の内容説明。全文の理解が問われている。

「本文解説」の項、三を読み返そう。**反復から成る習慣が形作る「空間が解け」**、「既視感」の中で「内の反復が外の反復と相携え」る**日常の感覚が崩れ**さり、**時間も停まって**感じられる時、それは夜中に家の内で道に迷う高齢の老人同様、「立ちつくす」ように**不安**であり、救いとなる「人の声」など聞こえぬ**孤独**な状態であるが、そんな時にこそ**生の「実相」**が「見えて来はしないか」と「私」は言う。**言葉も消え**「あれもした、これもした」という**自意識も「散って」**、「内」と「外」の区別がなくなり、「外」の世界、つまりは「本文解説」の項、二にある、**存在の根底にある「沈黙の大流」につながる**とき、「沈黙」は成るのである。そしてそれは一にあったように、「反復」から外れ**「永遠」を感じる**世界でもある。

以上から、解答に必要な要素は次のようになる。

「反復」と「実相」の関係

A　反復からなる習慣が形作る空間と時間が解体する

B　既視感のうちにある日常の感覚が崩れる

C　頼るもののない孤独と不安に置かれる

D　生きることの実相

「実相」と「沈黙」の関係

E　言葉が消え自意識から解き放たれる

F　存在の根底にある沈黙の大流と一つになる

G　永遠を感じる

採点基準・配点

〈計50点〉　問一＝20点　問二＝30点

問一（20点）

◇①（6点）〈外の反復〉の説明

〈a以前何度か経験した／既視感のある　b外界の／場所の　雰囲気が　c要所要所／さまざまな場所　において現れる〉…a〜c各2点

▼a〈既視感〉は②の説明で使われていても○。

②（6点）〈内の反復〉の説明

〈a五感／視覚ばかりでなく聴覚や嗅覚 を通じて　b無意識のうちに感じ取って　c方向感覚を働かせる〉

…a〜c各2点

▼b〈無意識〉は④の説明で使われていても○。
③（2点）〈両者が相まって／相互に作用しあって　道を選んで　生きていく／歩いていく〉
▼〈相携えて〉を適切に言い換えていれば○。
④（6点）〈a 一定の手順に従う　b 習慣化された　c 人の行動のあり方〉…a〜c各2点

問二（30点）

◇①（6点）〈a 反復からなる　b 習慣が成り立たせる　c 日常の時空間が解体し／空間が解け時間が停まり〉
…a〜c各2点
▼〈反復　が崩れる／から置き残される〉〈習慣が　成り立たない／綻ぶ〉という方向のものにa bは加点。
▼〈時間〉と〈空間〉が片方のもの、単に〈現実〉とだけあるものはc△1点。〈見知らぬ空間〉は〈空間が解け〉と同内容として扱う。〈遠近感や立体感の変質〉は部分的な説明であり、〈遠近も方角も孕まない〉は現代社会の特徴の説明であって、傍線部の内容とはズレるので、どちらも加点しない。
②（4点）〈a 経験によって育まれた／既視感を頼りとする　b 既知の感覚／内の反復　が　崩れゆく／掠れる〉
…a b各2点
③（4点）〈a 寄る辺ない孤独と　b 不安のなかで開けてくる〉…a b各2点
▼aは〈孤独〉の内容があれば○。
④（1点）〈生の実相〉
▼〈実相〉のみでは加点しない。
⑤（2点）〈反復が崩れる→実相が見える〉
▼〈反復〉と〈実相〉の関係が明瞭に読み取れるものに加点。曖昧なもの、不十分なものは△1点。
⑥（4点）〈a 言葉も消え　b 自意識からも解き放たれ〉…a b各2点
▼〈あれもした、これもしたというつぶやきも消え〉はb△1点だが、〈あれもした、これもしたというつぶやきが言葉の名残りとなる〉とあるもの（〈消える〉という方向性の明瞭でないもの）には加点しない。
⑦（4点）〈a 存在の根底を流れる　b 大いなる世界と一つになって〉…a b各2点

▼〈人の一生などはいささかの浅瀬のざわめきにすぎない〉は比喩なので、a△1点。
▼〈沈黙の大流〉も比喩で説明として不十分なので、b△1点。
⑧（3点）〈永遠を感じる〉
⑨（2点）〈実相→沈黙が成る〉
▼〈実相〉と〈沈黙〉の関係が明瞭に読み取れるものに加点。曖昧なもの、不十分なもの△1点。

採点例

反復から成り立つ空間が解体される時、習慣が綻び、
人の生きている実相が見えてくる。実相が見えれば
言葉が消えていき、そこで沈黙が成るのである。

①a2点　①c△1点　①b2点　④1点　⑤2点　⑥a2点　⑨2点

計12点

問二

採点ポイント

⬆〈反復〉は〈解体される〉につながっているので①a加点。

⬆〈反復の解体→実相が見える〉、〈実相→沈黙が成る〉の内容が明瞭に読み取れるので、⑤・⑨はそれぞれ加点。

国公立標準問題集《こっこうりつひょうじゅんもんだいしゅう》 CanPass 現代文《げんだいぶん》

著者 清《し》水《みず》 正《まさ》史《し》
多《た》田《だ》 圭《けい》太《た》朗《ろう》
発行者 山﨑良子
印刷・製本 株式会社ワコー

発行所 駿台文庫株式会社
〒101－0062 東京都千代田区神田駿河台1－7－4
小畑ビル内
TEL. 編集 03(5259)3302
販売 03(5259)3301
《⑪－284pp.》

落丁・乱丁がございましたら，送料小社負担にてお取替えいたします。
ISBN978－4－7961－1437－0 Printed in Japan

駿台文庫 Web サイト
https://www.sundaibunko.jp

駿台受験シリーズ

国公立標準問題集

CanPass

現代文

解答用紙

駿台文庫

問一

a

b

c

d

e

問二

問三

B

C

D

問四

問五

得点 ／ 50点

問一

問二

問三

得点 ／50点

問四

問一

a

b

c

d

e

問二

問三

②

③

問四

問五

得点 / 50点

問六

1

2

問七

問八

問一

①

②

③

④

⑤

⑥

⑦

⑧

⑨

⑩

問二

問三

問四

得点 / 50点

問一

①

②

③

④

⑤

問二

問三

問四

問五

得点　／50点

問一

問二

問三

問四

得点

50点

問五

問六

問七

問一

(1)

(3)

(5)

(2)

(4)

問二

問三

得点 /50点

問四

問五

問一

問二

問三

問四

問五

得点　／50点

問六

①

②

問七

a

b

c

d

e

問一

問二

あ

う

お

い

え

問三

カ

ク

コ

キ

ケ

問四

問五

得点 / 50点

問六

問七

問八

b

c

d

e

問九

問十

問十一

問一

ア

イ

ウ

エ

オ

問二

問三

問四

問五

〜

問六

X

Y

得点

50点

問七

問八

問一

a c e g i

b d f h j

問二

I II III

問三

A C

B D

得点 ／50点

問四

問五

問六

問七

問一

a

b

c

d

e

問二

問三

得点

50点

問四

翻訳

習得

問五

問六

問一

A

B

C

D

E

問二

問三

問四

得点 / 50点

問五

問六

マエストロの修練

情報

問七

問八

問一

ⓐ

ⓒ

ⓔ

ⓑ

ⓓ

問二

問三

問四

得点 / 50点

問五

問六

問一

問二

問三

得点　／50点

問四

(1)

(2)

問一

ア

イ

ウ

エ

問二

問三

問四

得点 ／ 50点

（草稿用紙）

問一

問二

(イ)

(ロ)

得点

50点

問三

問四

問一

(ア)

(イ)

(ウ)

問二

問三

得点 / 50点

問四

問一

問二

問三

1

2

問四

1

2

得点

50点

問五

問六

問一

問二

得点

／50点

⑪ 20250418